Mon képi pour
un océan

8, rue de l'Hôtel Dieu - 77230 DAMARTIN-EN-GOELE - France

ISBN 2-9509301-5-8

Jean-François Diné

Mon képi pour un océan

Éditions Eau d'Automne

Egalement disponible en cassettes audio
Enregistrement gratuit pour les non-voyants
S'adresser à la maison d'Edition

Pour toi ma fille.

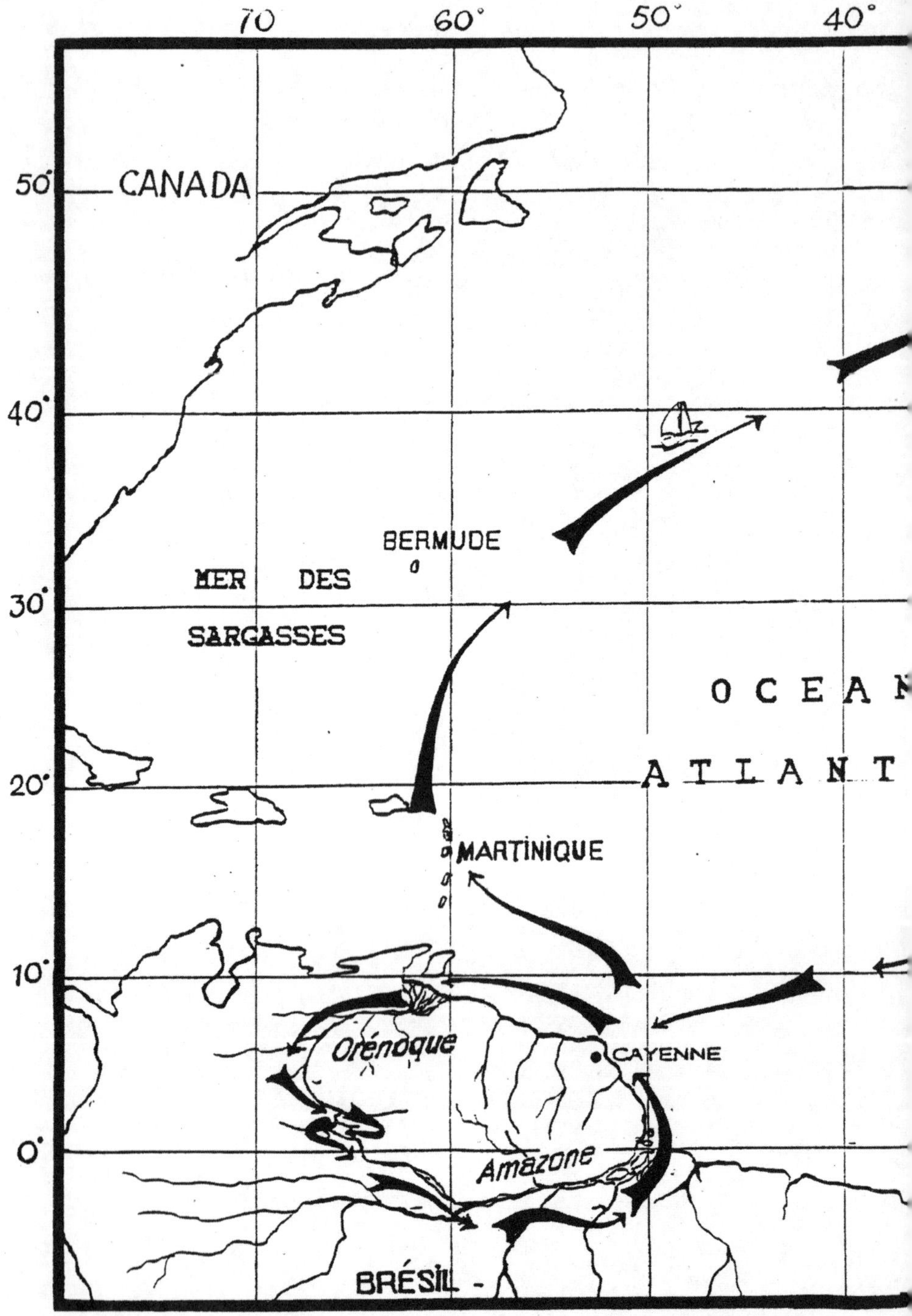
70
60°
50°
40°
50°
CANADA
40°
BERMUDE
MER DES
SARGASSES
30°
OCEAN
ATLANT
20°
MARTINIQUE
10°
Orénoque
CAYENNE
0°
Amazone
BRÉSIL

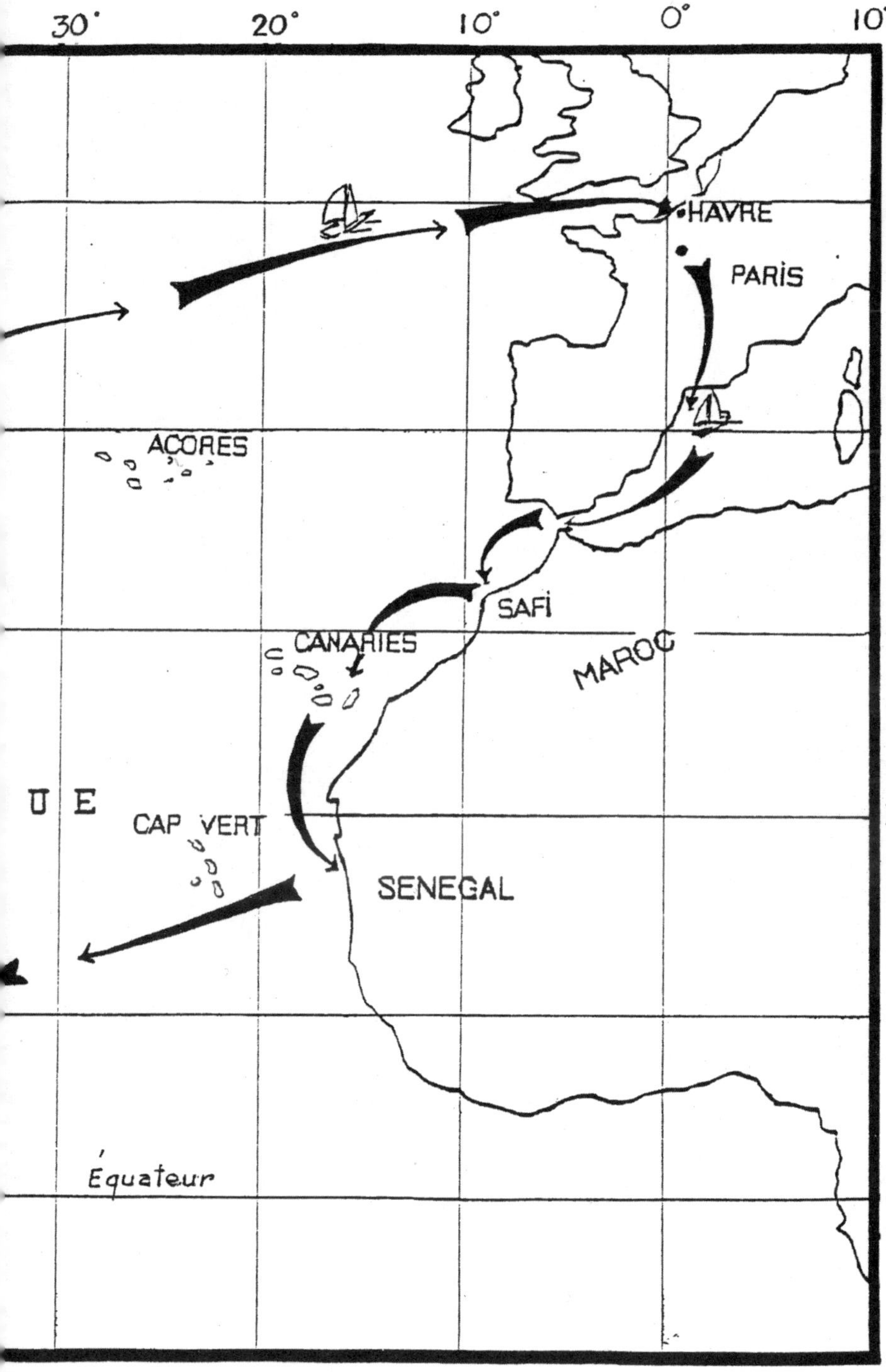

30°
20°
10°
0°
10°
50°
40°
30°
20°
10°
0°
HAVRE
PARIS
AÇORES
SAFI
CANARIES
MAROC
U E
CAP VERT
SENEGAL
Équateur

I

LA PROMESSE
(méa culpa)

P... est une petite ville sur les bords de Seine, en aval de Melun. Une petite ville où la vie des habitants est tranquillement réglée au rythme de ses trains de banlieue.

La brigade de Gendarmerie est située en bordure de la nationale sept. Il s'agit en fait d'une ancienne auberge où les malles postes s'arrêtaient volontiers, l'endroit étant fort agréable.

Derrière un imposant bâtiment, dont on ne peut voir que la façade, s'étend un parc verdoyant au centre duquel trône majestueusement un vieux chêne sans doute plusieurs fois centenaire.

Durant de longues années et jusqu'aux premiers instants de ce récit, la brigade de P... est commandée par un vieil adjudant-chef, un homme sur qui les années semblent avoir pesé trop lourdement et dont les cheveux blancs et les rides sinueuses d'un visage marqué par le temps attestent d'une vie sans doute plus intense que ne l'eût souhaitée une constitution somme toute quelque peu chétive.

La brigade de P... est une brigade comme tant d'autres en région parisienne. La proximité de la capitale lui assure son lot régulier d'une délinquance liée directement au mal-vivre de nos contemporains. Le paysage ne semble pourtant pas empreint des sombres couleurs de nos maladies sociales. Le bourg a conservé cette bonhomie propre aux petites bourgades de province, et il fait bon se promener à travers le centre ville un jour de marché, dans les hameaux environnants, ou longer le bord de

Seine en contemplant les superbes demeures bourgeoises dans un décor verdoyant.

Le promeneur qui se laisserait tenter par cette magnifique ballade du bord de Seine sur un chemin de halage cahoteux, arrive après une demi-heure de marche à l'un des endroits les plus agréables dans ce décor marinier.

D'un côté la Seine, de l'autre un groupe d'habitations au centre desquelles se détache une sorte de petit restaurant guinguette où l'on peut venir se rafraîchir à peu de frais. Face à ce restaurant, une rampe bétonnée, encombrée de remorques, descend jusqu'au fleuve et constitue le point de départ de longues promenades pour les marins d'eau douce de la région.

À quelques encablures en amont de cette rampe, tirant nonchalamment sur son ancre, un voilier d'une dizaine de mètres semble vouloir agrémenter cette atmosphère campagnarde d'un zeste d'exotisme, ou tout du moins y mêler quelque peu l'ambiance de nos rivages océaniques. Sur la poupe, au-dessous d'une sorte de longue plage arrière, sont artistiquement dessinées les lettres d'un nom composé : « Rêve d'Eden ».

C'est un bateau très large et dont le franc bord(1) n'est guère élevé. L'œil avisé y reconnaîtra de suite ce que l'on appelle un dériveur. Pour les gens du coin, il s'agit simplement du bateau du gendarme de P... En haut d'un long mat dressé autour de son haubanage, une éolienne s'agite en marquant la direction d'un vent plus ou moins régulier.

De petites embarcations sont amarrées sur la berge caillouteuse, quelques barques de pêcheurs, un autre voilier, bien plus petit et sans doute destiné à l'amusement des riverains, et une sorte de youyou en polyester jaune clair dont la forme laisse planer un affreux doute quant aux capacités de navigation et de flottabilité de celui-ci.

Face à ce coin de paradis, de l'autre côté du fleuve, la berge boisée figure ce qui semble être une grande forêt. Et même si l'on connaît pertinemment la région et que l'on n'ignore pas que cette barrière verdoyante n'est en fait qu'une sorte de large rempart derrière lequel passe une route à grande circulation, on se plaît à rêvasser en contemplant cet endroit d'apparence divinement sauvage.

C'est ici, dans ces lieux presque magiques, qu'il m'arrive de venir passer quelques instants de détente lorsque la pression d'un travail parfois difficile, dans un environnement peu catholique, commence à saturer mon esprit en obscurcissant mes idées.

---

(1) Un lexique des mots marins figure à la fin de l'ouvrage.

Contrairement au reste de la circonscription, les gens me connaissent autrement que par mon uniforme. Ce n'est pas le gendarme Diné qu'ils aperçoivent lorsque le Trafic bleu s'immobilise sur le chemin de halage, à hauteur du voilier, mais Jean-François, le doux rêveur dont la seule ambition est de partir, larguer les amarres et parcourir le monde loin des turpitudes d'un système pour lequel il ne ressent plus qu'une profonde lassitude.

-=oOo=-

Le vieil adjudant-chef de la brigade a rendu les armes, il y a peu de temps. L'année de ses cinquante-cinq ans avait sonné. Quelle que soit l'aptitude, l'amour du travail, la passion qui, durant toute une vie, peut animer un être humain et le pousser à se perfectionner toujours d'avantage, arrivé à cinquante-cinq ans, cette maîtresse infatigable que l'on nomme Gendarmerie lui dit « Je ne veux plus de toi, va-t'en... »

Et c'est ainsi que l'on voit de ces vieux gradés, ayant bien souvent consacré la plus grande partie de leur temps, de leurs loisirs même, délaissant parfois leur propre famille, au profit de ce qu'ils appelaient leur vocation, se retrouver maussades, pour ne pas dire désabusés, découvrant avec une certaine amertume que, malgré l'efficacité dont ils ont sans doute fait preuve durant plus de trente années de carrière, la Gendarmerie pouvait allègrement se passer de leurs services, et que le poste qu'ils occupaient, et dont la fonction les rendait si fiers, allait être pris par un autre, tout aussi compétent, sinon plus peut-être.

C'est ainsi que cet homme est parti, ne sachant que faire à présent, mais obligé d'accepter cette fatalité le contraignant à abandonner les honneurs de son rang de commandant de brigade, abandonner une identité lui collant si bien à la peau et pour laquelle il eût volontiers consacré le restant de son crédit de vie.

Il fit donner une grande fête dans le parc de la caserne et convia les plus hautes personnalités de sa circonscription. Il y parut très gai. Mais pour nous qui le connaissions autrement que derrière cette panoplie de masques dont il s'affublait suivant les circonstances, nous savions que sous ce képi qu'il allait devoir tomber, il y avait une âme mélancolique ressassant les souvenirs en s'interrogeant amèrement sur cette route suivie depuis de longues années.

L'heure du bilan est toujours douloureuse lorsque la seule issue acceptable se trouve derrière soi !

Pour moi, l'affaire se complique. L'adjudant-chef parti, les rênes reviennent de droit au maréchal des logis chef Morrat. Un de ces hommes comme il en existe encore de trop, tant en Gendarmerie que dans l'administration tout entière, et qui, ayant un beau jour réussi à se hisser au rang de maréchal des logis, entend bien n'en pas rester là et tente de prouver par un commandement inflexible que le galon d'adjudant siérait bien sur ses épaulettes de sous-officier. Étant le plus ancien dans le grade le plus élevé, c'est à lui que revient cette tâche d'assumer le rôle intérimaire de commandant de brigade avant l'arrivée d'un nouvel adjudant-chef.

Les caractères ne sont guère compatibles. Le courant a vraiment du mal à passer. La ligne de conduite m'est tout de suite donnée :

- Il va falloir marcher droit maintenant, sinon je ne vous louperai pas, Diné...

L'une des enquêtes les plus marquantes qu'il m'eut été données d'effectuer durant ces quelques années de brigade est celle concernant une bande de jeunes gens originaires des communes environnantes.

Durant plusieurs mois, à force de mettre bout à bout de petits renseignements, des informations d'apparence anodines que me communiquaient le garde champêtre, le maire ou l'une des nombreuses personnes qu'il m'arrivait de côtoyer à l'occasion de services routiniers, je finis par rassembler suffisamment d'éléments pour me permettre d'identifier clairement chacun des membres d'une bande de jeunes adolescents dont l'occupation favorite consistait à dérober des mobylettes et les faire rouler à l'éther jusqu'à ce que s'ensuive le blocage complet du moteur.

Ô, plaisirs candides des générations montantes !

Cela avait pour conséquences directes que, chaque samedi, lors des longues périodes de vacances, il se formait bien souvent à la brigade une queue de personnes venant quant à elles déposer plaintes pour le vol de leur cyclomoteur.

Cette période dura un long moment et allait en s'accentuant lorsque je réussis à identifier clairement les jeunes auteurs. Le jeu est alors aisé. Avec un peu de psychologie, et surtout beaucoup de dialogue, on arrive à obtenir de ces adolescents, d'apparence loyale et courageuse, des aveux dont plusieurs pages sont parfois nécessaires à la relation des faits délictueux.

Le vieil adjudant-chef, alors en activité, voyait d'un très bon œil cette avalanche de résultats, de délits solutionnés et de personnes appréhendées, qui rejaillissait de manière éclatante sur l'ensemble de la brigade et l'efficacité de son commandement.

L'officier commandant la compagnie de Melun, mis indirectement au fait des subtilités de cette longue et délicate enquête, promit qu'une place me serait spécialement ouverte à la brigade des recherches si je persévérais dans ce qu'il entrevoyait comme étant une aptitude particulière pour le judiciaire.

L'enquête fut en effet longue et fastidieuse. Vingt-trois adolescents furent entendus sur une durée de cinq mois, les restes de quatre-vingt un cyclomoteurs furent retrouvés, des cambriolages solutionnés, et surtout une région ayant retrouvé sa tranquillité d'antan.

Il n'en faut que peu, hélas, pour que s'installe dans un village, quel qu'il soit, un climat de crainte et de suspicion. Le vol de ces mobylettes était plus perçu par ces jeunes comme des actes de bravoure valorisant cette qualité propre à chacun d'entre nous, le courage. Un courage dont l'extériorisation n'est plus guère aisée dans cette société hyper sécurisée où nous vivons.

Mon enquête était donc sur le point d'être terminée lorsque le vieil adjudant-chef s'en alla. Il ne restait qu'à entendre Albin Maillot, l'un de ces intrépides cow-boys, lycéen au moment des faits, mais ayant interrompu ses études et travaillant à présent pour un exploitant agricole de la région.

Issu d'une famille modeste et n'ayant reçu qu'une instruction très primaire, je suis d'emblée pris de sympathie pour ce jeune qui n'hésitera pas longtemps avant de reconnaître ses méfaits. Il avouera sans problème ce dont il s'est rendu coupable, après que je lui eus fait la promesse de n'en jamais toucher mot à ses pauvres parents.

La chose est possible. Albin est majeur depuis quelques jours, et, contrairement aux mineurs pour lesquels chaque audition doit être suivie de celle des parents, il est libre de me déclarer quoi que ce soit sans pour cela que j'en sois obligé d'en informer sa famille.

Le jeune homme a confiance. L'uniforme que je porte, malgré les faits lui étant reprochés, représente à ses yeux le meilleur gage de ma loyauté.

C'est donc avec une certaine sérénité qu'il me conte comment, en compagnie de plusieurs de ses amis, il déroba quelques mobylettes, et comment, en l'espace d'une heure ou deux, après avoir versé un litre d’éther dans le réservoir, ils organisèrent une course folle autour de la place du village et roulèrent de manière effrénée jusqu'au blocage complet des moteurs. Les engins furent abandonnés à la lisière d'un petit bois avec d'autres squelettes provenant des précédentes échappées.

Il participa également au vol d'une voiture. Ce fut là son dernier méfait. Du reste, conclut-il, il ne s'agissait que d'un amusement, et s'il n'y avait eu la bande pour donner l'impulsion, aucun d'eux ne se serait jamais lancé dans de pareilles aventures.

Albin me regarde, confiant. Il me semble avoir reçu ses aveux non comme une déclaration faite à un gendarme, mais plutôt comme une confidence faite à un ami. Le courant passe bien, et s'il n'y avait pas cette barrière de l'uniforme, il est fort probable que nous aurions réellement sympathisé.

- N'oubliez pas, hein ! Vous m'avez promis de ne rien dire à mes parents... lance-t-il alors que je remonte dans le Trafic après l'avoir salué.

Il est déjà tard lorsque j'immobilise le fourgon dans la cour de la caserne. Les locaux sont pourtant encore ouverts et la lumière brille dans le couloir. J'entre dans le bureau des gendarmes et classe cette dernière audition dans l'épais dossier que constitue l'ensemble des éléments de l'enquête.

Puis, sans m'inquiéter de savoir qui se trouve dans la pièce du fond, je m'assois un instant et médite sur tout cela, sur les sanctions qui seront infligées à ces jeunes, sur le bien fondé de l'enquête et sur ce travail que j'effectue et pour lequel je me donne sans doute un peu plus que ne le réclame ma fonction.

Suis-je bien certain d'être dans le vrai ? N'y a-t-il pas dans l'acharnement que je porte à cette affaire et d'où découleront directement des condamnations, des amendes à payer, en tout cas des casiers judiciaires maculés de ces taches semblant indélébiles au commun des Français, une certaine quantité d'hypocrisie ?

Bien sûr, mon travail doit se limiter à la simple constatation des faits délictueux, mais je ne peux m'empêcher de penser aux conséquences de cette affaire qui, malgré la gravité apparente des délits commis, m'apparaît à présent comme n'étant qu'une sorte de gigantesque farce jouée à notre société bien pensante.

Certes, les victimes sont là, nombreuses. Le préjudice se calcule en centaines de milliers de francs, et ces faits sont prévus et réprimés par quelques-uns des articles du Code Pénal. Mais pour moi qui ai découvert les auteurs, les ai côtoyés, ai évolué dans leur univers, qui ai pu non seulement recueillir leurs aveux, mais également presque comprendre le cheminement de ces jeunes âmes, ce tracé suivi par des esprits somme toute intelligents et les ayant amené à accomplir quelques actes que la loi et la bonne conscience du citoyen moyen répriment, je ne peux m'empêcher de ressentir au plus profond de moi-même un bien étrange sentiment d'impuissance.

Il me semble que ce dossier que je m'apprête à clore avant l'envoi au procureur, loin de servir la société, soit quelque chose comme ce que l'on pourrait appeler une sorte d'aggravation de la condition humaine.

Non, il ne s'agit pas d'absoudre des fautes au demeurant répréhensibles, mais bien de trouver une autre solution que cette seule issue possible offerte par les juges et tribunaux. Du reste, certaines conditions étant réunies, qui peut réellement affirmer que durant notre adolescence, vous ou moi, quel que soit votre rang et malgré mon uniforme, n'aurions-nous pas également fauté de cette manière insouciante propre aux jeunes années ?

Des pas résonnent dans le couloir. Une silhouette apparaît dans l'entrebâillement de la porte, celle de Morrat. Le néon de la pièce éclaire cette face blême qui m'observe silencieusement. Après un court instant d'immobilité, il pousse la porte et s'avance vers moi.

- D'où revenez-vous à cette heure-ci ? demande-t-il d'un ton violent.

Sans rien répondre, je sors l'audition d'Albin et la lui tends nonchalamment. Il saisit la feuille, s'avance sous le néon et la lit silencieusement. Puis il se met à réfléchir. Un étrange silence s'établit dans cette grande pièce encombrée de bureaux.

Il pose la feuille, puis la reprend et la lit une seconde fois, d'une manière plus attentive cette fois-ci, puis demande :

- Et les parents, vous les avez auditionnés j'espère...

J'attendais cette réflexion qui découle de source lorsque l'enquête concerne un mineur.

- Ce jeune homme est majeur, lui dis-je calmement.

Alors il reprend l'audition, la lit une troisième fois, et, tel un enfant sur le banc de l'école, se met à compter mentalement en s'aidant des doigts de la main. Certainement essaye-t-il de calculer l'âge exact d'Albin dont ne figure que la date de naissance, mais l'image est si comique que ne je peux m'empêcher de sourire.

L'homme s'en aperçoit.

- Qu'avez-vous à rire ? lance-t-il brusquement en crispant sa face.

Puis, ayant sans doute réussi à établir qu'il s'agit effectivement d'un majeur, même si cela ne date que de quelques jours, il repose la feuille et s'en retourne chez lui sans prononcer aucune parole.

À mon tour, je ferme les bureaux et rentre à mon domicile.

La procédure est close, l'enquête telle que je l'ai menée, depuis le premier renseignement recueilli jusqu'à la dernière audition, est retracée dans un épais dossier établi en trois exemplaires que je dépose enfin sur le bureau du commandant de brigade pour l'envoi au parquet de Melun.

Malgré tout le ressentiment que j'éprouve vis-à-vis de Morrat dont le travail consiste à présent à signer cette procédure et la transmettre au procureur, et cette espèce d'amertume qui m'étreint lorsque je pense à ces jeunes pour qui l'avenir devra désormais s'accommoder de ce fardeau que représente un casier judiciaire garni, je ne peux m'empêcher d'éprouver quelque fierté face à la somme de travail que constitue cette enquête et aux résultats obtenus.

Le lendemain, je suis appelé dans le bureau de Morrat. L'homme est assis de cette manière nonchalante qui affiche une certaine supériorité vis-à-vis de l'interlocuteur, debout devant lui.

- Votre procédure est incomplète, lance-t-il sèchement en posant sur moi un regard dédaigneux.

Puis il ouvre l'un des trois dossiers, faisant apparaître un long trait au stylo rouge barrant l'ensemble de la synthèse, ces six pages sur lesquelles je relate le déroulement de l'enquête.

- Il manque l'audition des parents d'Albin Maillot, dit-il avec dans l'intonation ce je ne sais quoi d'imperceptible qui vous glace le sang.

- Albin Maillot est majeur, lui dis-je d'un ton que je m'applique à être quelque peu sévère, nous en avions déjà parlé l'autre soir, souvenez-vous...

- Il était mineur au moment des faits, et vous devez joindre l'audition de ses parents, rétorque-t-il sèchement. Et, par la même occasion, vous me referez cette synthèse incomplète !

Un long frisson me parcourt le corps. Je ne dis rien de peur qu'il ne se bute complètement sur cette chose qu'il m'est impossible d'exécuter. Je ramasse les trois exemplaires de ma procédure et retourne silencieusement à mon bureau.

Comment pourrais-je ainsi trahir ma promesse ? Il est pour moi hors de question de me rendre de nouveau chez Albin dans le seul but de rencontrer ses parents.

Je m'installe derrière ma machine à écrire et retape les six pages du procès-verbal de synthèse telles qu'elles étaient au départ, sans en modifier quoi que ce soit de la contexture. Je range ensuite ce dossier dans un tiroir et commence la rédaction d'une autre procédure, une sombre histoire de voisinage où deux protagonistes se querellent pour une clôture mal placée.

Mais les phrases ont du mal à venir. Je griffonne un brouillon en alignant des mots dont la syntaxe me paraît malaisée. Je n'arrive pas à me concentrer, une seule idée me revient sans arrêt, cette promesse faite à un adolescent confiant en l'uniforme que je porte, uniforme qui fait que ma parole doit être sacrée.

La seule solution pour moi est d'essayer de faire passer cette procédure par Gérard, un autre maréchal des logis, ayant quant à lui le caractère et surtout l'intelligence plus propices aux contacts humains. Il comprendra certainement mon impossibilité d'auditionner les parents, et ne fera aucune difficulté pour transmettre ce procès-verbal en l'état.

J'ai beau essayer de me concentrer sur cette affaire de voisinage, cette promesse que l'on me demande de trahir me préoccupe plus que tout. Effectivement, en y réfléchissant de manière plus approfondie, il semble logique que ces faits, ayant été commis alors que l'auteur était encore sous la tutelle de ses parents, soient connus de ces derniers pour qui la responsabilité peut-être engagée vis-à-vis du tribunal.

J'ai donc commis une erreur en donnant ainsi ma parole, une grave erreur puisqu'elle engage non seulement mon travail, mais aussi et surtout ce quelque chose que chacun d'entre nous sent parfois vibrer au plus profond de soi-même, sa dignité.

Le lendemain matin, je m'empresse de prendre Gérard en aparté et lui expliquer la chose. Malheureusement, depuis le départ de l'adjudant-chef, Morrat ne lui a laissé aucun pouvoir. Aucune procédure ne peut-être envoyée sans qu'il ne l'ait préalablement visée.

Puis, après un court moment de réflexion, et sans fournir aucune explication, il me demande de lui confier le dossier. Morrat n'étant pas encore arrivé, je cours le chercher et lui ramène en souriant. Il le prend, le feuillette rapidement, puis me dit :

- Morrat à raison.... L'audition des parents doit être jointe à celle de leur enfant. Mais ne t'inquiète pas, ajoute-t-il, j'irai à ta place...

Un vide se fait alors dans mon esprit. Cette solution que m'annonce Gérard d'un ton calme et assuré, je ne l'avais bien sûr pas même ébauchée avant de me l'entendre proposer. Aussi je le regarde un instant, surpris de sa réponse, puis, sans rien dire, je m'en retourne à mon bureau.

Mes pensées se bousculent. Je m'assois devant ma machine à écrire, et, la tête entre les mains, tente de faire le point sur ce qui m'apparaît comme étant l'un des plus graves problèmes depuis mon entrée dans ce corps de métier.

Comment donc ai-je pu commettre une pareille erreur ? Est-il possible qu'une parole donnée puisse être ainsi reniée pour le simple fait qu'une faute de procédure a été commise ? Ma conscience va-t-elle devoir à présent s'accommoder d'un pareil fardeau ? Cette administration que l'on appelle la Justice est-elle à ce point rigide qu'aucune entorse, aussi légère, aussi involontaire soit-elle, ne puisse nous être permise ?

Durant un long moment, je demeure ainsi, sans rien faire, perdu dans une méditation aussi profonde que passionnée, sombrant peu à peu dans une résignation à travers laquelle il me semble que jamais plus les choses ne seront comme avant.

Et puis si vraiment les parents d'Albin doivent être mis au courant, est-il honnête de laisser faire Gérard ? Ne serait-ce pas là une sorte d'aggravation de mon erreur que de laisser accomplir par un autre cette trahison qui n'est en fait que le résultat de ma propre incompétence ? Pourrais-je encore ressentir quelque fierté pour quoi que ce soit si je laissais Gérard me débarrasser de cette malheureuse corvée en effectuant lui-même la triste besogne ? Ne serait-ce pas faire preuve d'une grande lâcheté que de laisser corrompre ma promesse de manière aussi facile, et sans même avoir à subir un tant soit peu la conséquence de mes propres erreurs ? Non. Si les parents d'Albin doivent être mis au courant, c'est à moi que revient le devoir de le faire, et à personne d'autre. Je retourne dans le bureau de Gérard et lui redemande le dossier.

Trois quarts d'heures plus tard, j'arrive devant la maison des Maillot. Il est neuf heures et nous sommes samedi. Je gare le Trafic et frappe à leur porte.

Un homme d'une cinquantaine d'années me répond, un de ces êtres comme il est commun d'en rencontrer dans cette campagne thierrypontaine, un énorme torse comme n'en peuvent avoir que ces gens habitués aux rudes travaux de la terre, un visage joufflu d'où ressort une longue moustache encadrant une bouche aux lèvres gercées, des mains calleuses, un regard étonné.

L'intérieur de sa demeure respire cette simplicité propre aux gens de condition modeste. Un petit couloir aux papiers peints unis dessert une longue pièce faisant apparemment office de cuisine, séjour et salle à manger. Une vieille femme, sans doute sa mère ou sa belle mère, assise dans un vieux fauteuil, caresse un chat blotti sur ses genoux.

L'homme me regarde, béat. Je le salue, puis lui demande de me suivre quelques instants, j'ai des choses à lui dire.

Sans même avoir prononcé aucune parole, malgré que son visage n'ait affiché aucun de ces mauvais traits communs chez ceux que l'uniforme irrite, il entre dans la cuisine, ressort en enfilant un paletot et m'accompagne jusqu'au Trafic. Je fouille dans une sacoche, sors l'audition de son fils, puis, d'un air qui se veut affable, je lui explique qu'une enquête a été ouverte sur les jeunes de la région et leurs agissements durant une certaine période.

À peine ai-je prononcé ces quelques mots que l'homme comprend l'objet de ma visite.

- Albin ? me demande-t-il d'un ton pitoyable.

Je secoue la tête en affichant un air navré.

À ce moment, une petite fenêtre située au-dessus même de la porte d'entrée s'ouvre bruyamment et un visage apparaît, baigné par les rayons d'un soleil éclatant, celui d'Albin.

Je n'ose le regarder.

- Que faites-vous là ? lance-t-il d'une voix exaspérée.

Je ne réponds pas et regarde le père en lui tendant honteusement l'audition.

- Mais que faites-vous là ? lance-t-il une nouvelle fois en donnant à ses mots une expression si désespérée qu'il me semble ressentir à chacun d'eux comme des coups de couteau que l'on porterait dans mon propre intérieur.

- Vous m'aviez promis, vous m'aviez promis... continue-t-il d'une manière de plus en plus affligée.

Son père, plongé dans la lecture de l'audition, parait ne pas entendre. Son esprit est absorbé par cette petite feuille qu'il tient du bout de ses doigts tremblants.

Les propos d'Albin s'enfièvrent d'une colère qu'il ne lui est plus possible de contenir. Ce ne sont plus des interrogations qu'il envoie de cette manière si malheureuse, mais des insultes auxquelles je ne puis opposer autre chose qu'un silence honteux.

Il me semble, à travers cet acte méprisable, cette espèce de faute morale que je suis en train de commettre du fait de mon incompétence professionnelle, être tombé plus bas encore que cet adolescent ne l'a jamais été, même lors de ses pires méfaits.

- Vous êtes un salaud, vous êtes un salaud... continue-t-il sur un ton exaspéré.

Je sors mon carnet de déclarations, le tend au père et lui demande de signer. L'homme est comme transi. Aucune explication n'a été demandée, aucune parole n'a même été prononcée. Mais à travers l'expression de son visage, derrière les traits qu'affiche cette physionomie propre aux gens de la terre, il me semble entrevoir cette triste lueur qui ne peut jaillir que des âmes affligées.

Je salue l'homme qui me serre une molle poignée de main, remonte dans le Trafic et m'en retourne à la brigade.

Le travail est terminé, le procès-verbal sera complet à présent, mais cette espèce de satisfaction que je ne pouvais m'empêcher d'éprouver lors de la clôture de la synthèse, s'est à présent transformée en une sombre amertume me remuant douloureusement la conscience.

II

PREMIERS BORDS

Une seule idée m'habite l'esprit à présent : Partir. Partir loin d'ici. Ne plus voir Morrat, me laver l'esprit en quelque sorte, dans l'eau salée de l'océan, et redevenir moi-même. Du reste, le moment est venu de larguer les amarres. Le bateau est prêt. Les soixante-dix mille francs lestant notre caisse de bord ne seront sans doute guère suffisants pour cinq années de voyage, mais peut-être pourrais-je retrouver un petit travail lors de notre passage en Guyane.

À peine suis-je rentré à la brigade que je m'installe derrière ma machine à écrire et entame la rédaction de ma demande de disponibilité.

Deux mois plus tard, la demande revient acceptée. Mes meubles sont revendus ou confiés à des parents. Michel Cusey, un ami de longue date, lui-même constructeur amateur d'une splendide unité de 11 mètres en férociment, se propose de recevoir notre courrier et transmettre le plus important aux postes restantes que nous lui communiquerons.

Une semaine plus tard, les amarres sont larguées. Nous sommes au mois de septembre et le golfe de Gascogne ne me paraît que peu approprié à nos premiers pas sur l'océan. C'est donc vers la Méditerranée que nous nous dirigeons.

L'itinéraire est rapidement établi ; la Seine, puis le canal du Nivernais, le canal du Centre, et enfin le Rhône. Un périple fluvial qui nous conduira jusqu'à Sète où le bateau sera préparé pour sa descente vers Gibraltar.

La navigation en eau intérieure est assez plaisante, mais les écluses ralentissent le rythme, et puis les paysages sont parfois d'une telle beauté qu'il est bien difficile de résister à l'envie de nous arrêter et savourer à loisir ce qui nous semble comme étant les premiers plaisirs de cette longue route de cinq années.

Sur les quais de la ville de Sète se trouve une vieille grue fixée au sol et dont l'usage commercial a depuis bien longtemps été abandonné. Ses rouages sont cependant encore graissés car, malgré sa petite taille, elle est toujours utile aux plaisanciers qui l'utilisent pour monter ou descendre le mât de leur voilier.

Cette opération quelque peu onéreuse en d'autres endroit est ici tout à fait gratuite, ce qui sied bien à notre caisse de bord dont le contenu ne nous permet guère de dépenser plus de mille francs chaque mois.

Sète, premier port de mer avant ce grand voyage. Les candidats au départ sont nombreux à venir enrouler leurs amarres autour des énormes bittes d'amarrage qui ponctuent ces longs quais rectilignes.

La vie y est déjà plus facile qu'à Paris. Le climat méditerranéen n'y est pas pour rien et l'on se plaît durant ce mois d'octobre à rêvasser sur les futures escales tout en préparant doucement le bateau sous la douce chaleur de ce soleil du midi.

La mer est là, à quelques minutes seulement. Son horizon a l'air de se mêler au bleu azur de la voûte céleste et semble nous tendre les bras. Il me semble vivre à ce moment une sorte de délivrance ; J'ai comme l'impression de palper ma liberté. Ce n'est pas simplement un horizon que j'aperçois en fixant mon regard sur cette ligne droite coupant l'immensité visible, mais l'univers tout entier, un univers fabuleux qui m'a jusqu'à présent fait profondément rêver et pour lequel j'aurais volontiers accepté de tout sacrifier.

Claudette ne me paraît pas vivre la même extase. Ce magnifique horizon, vers lequel se dirigera dans peu de temps notre bateau, la préoccupe plus que je ne l'aurais pensé. Cette eau bleu azur sur laquelle on distingue de temps à autre les silhouettes de quelques voiles déployées, loin de représenter la douceur de vivre et la liberté, semble produire sur elle un effet d'angoisse bien difficile à évacuer.

J'ai beau essayer de me montrer sûr de moi, confiant tant dans le bateau que dans les éléments, rien ne semble vouloir atténuer cette anxiété débordante la rendant non seulement intransigeante sur certains détails sans importance, mais également amère et pour ainsi dire très désagréable à vivre.

Jusque-là, elle n'avait sans doute pas réalisé ce que représentaient ces trois mots : Partir en voilier. Sur la Seine à Saint-Fargeau et au travers des discussions passionnées entre candidats au départ, cela pouvait sembler quelque chose de fabuleux.

Mais à présent qu'il lui faut y aller elle aussi, que ces chaleureuses discussions, qui n'étaient que des mots il y a encore peu de temps, se concrétisent et deviennent des réalités palpables, respirables et visibles au travers ce splendide horizon, un sombre nuage semble lui obscurcir l'esprit.

Il est dix heures. La météo est bonne, du moins pour la journée d'aujourd'hui. La route est tracée : Un saut de puce de dix milles jusqu'à Port-la-Nouvelle, une distance que j'aurais voulue plus longue, étant pressé de descendre vers le soleil. Mais il en va de l'itinéraire comme de tout ce qui concernera ce voyage : Les décisions doivent être prises à deux. Et Claudette, noyée dans un flot d'angoisse, n'en veut que le strict minimum : Dix milles, et rien de plus.

Le moteur est en route, les amarres larguées. Le voilier s'éloigne lentement de ce long quai grisâtre. Il parcourt les quelques centaines de mètres le séparant de l'avant-port et fait sa première sortie sur l'azur de la Méditerranée.

Je suis là, assis sur un banc du cockpit, savourant ces merveilleux instants. Ponthierry, Morrat, tout cela me semble bien loin à présent, et la seule réalité que j'entrevois est cette route qui mènera mon bateau sous les douces latitudes tropicales.

Nous avançons gaillardement, poussé par un léger mistral. Les voiles sont réglées suivant la configuration que le guide des Glénans ouvert en permanence sur un banc de cockpit nomme « grand largue », c'est-à-dire parallèles l'une à l'autre et perpendiculaires au bateau.

Claudette a l'air de reprendre un peu la maîtrise d'elle-même. La côte n'est guère loin, quelques milles seulement, et la vision de cette longue ligne jaune parsemée de petites taches noires, que l'on devine être des habitations, semble produire sur elle un effet apaisant.

Il ne nous faut que quelques heures pour rallier Port-la-Nouvelle.

De saut de puce en saut de puce, d'escale en escale, après plus de deux mois d'une tranquille navigation, nous atteignons l'immense port de Valence.

Nous sommes au mois de décembre et il fait bon vivre sur cette terre d'Espagne. Ce ne sont certes pas les grosses chaleurs, mais l'on se plaît à parcourir les chemins traversant d'immenses champs d'orangers sur nos vélos pliants.

À mesure de notre progression sur cette côte méditerranéenne, les escales se font de plus en plus longues. Cette idée de descendre rapidement vers le sud m'a quitté, et il ne me fait rien à présent de rester tout un long mois au même endroit, même si cela représente un rythme différent de celui projeté avant le départ.

Le fait est que Claudette y trouve son compte. Ce n'est pas du jour au lendemain que l'on s'improvise marin lorsque l'on est issu d'un milieu aussi terre-à-terre que celui des paysans champenois, et surtout lorsque l'on est une femme.

C'est du reste une très bonne chose pour l'apprentissage de la langue castillane que cette navigation en trait d'union. Au rythme d'une leçon par jour nous finissons par acquérir de bonnes bases, et, en l'espace de quelques mois, il nous paraît aisé de communiquer avec ces gens dont la chaleur et la simplicité de langage semblent refléter des tempéraments aimables et chaleureux. Nous passons Cullera, Alicante, Carthagène, puis Garrucha que nous quittons après seulement deux jours d'escale pour faire route sur Alméria distant d'une cinquantaine de milles.

Jusqu'à présent nous n'avions encore encaissé aucun coup de vent, tout juste quelques rafales de temps à autre, des brises thermiques ou de ces courants d'air comme il s'en trouve parfois dans certains goulets entre deux îles ou au passage d'un cap.

Nous sommes donc devenus confiants en nous-même, un peu plus peut-être qu'il serait sage de l'être lorsque l'on navigue depuis si peu de temps, considérant sans doute le facteur chance comme quelque chose d'acquis pour les cinq années à venir.

Cette fois-ci cependant, le vent se met à fraîchir comme il ne l'avait encore jamais fait durant nos courtes navigations. À peine ai-je établi la voilure que me voilà obligé de réduire le génois et grimper en toute hâte sur le pont prendre un ris dans la grand voile.

Le vent ne cesse de forcir à mesure que le soleil s'élève dans un ciel immaculé. En moins d'une demi-heure, les trois ris sont pris et le génois réduit tel un tourmentin. Le bateau avance pourtant gaillardement sur une mer de plus en plus agitée.

L'apprentissage de la voile et du mauvais temps est une expérience pouvant se révéler assez éprouvante lorsque l'on est peu habitué. Ne pas savoir, n'avoir de la mer qu'une expérience livresque, et se retrouver avec son bateau et sa famille, responsable de tout, seul maître à bord, au milieu des éléments. Et les voir s'agiter ces éléments, entendre le vent siffler de plus en plus fort dans les haubans, avoir l'horizon caché par des vagues de plus en plus hautes et qui nous paraissent effrayantes, sentir son bateau réagir aux assauts de ces flots tumultueux, et cela avec le grossissement que peut donner toute la quantité d'effroi dû à sa propre incompétence. C'est là, je crois, l'une des épreuves les plus intenses auxquelles je fus confronté durant ces premiers mois de vagabondage océanique.

Plus tard, l'expérience acquise opère quelques rajustements dans la perception que nous avons de cet univers marin. Et ce qui nous parait encore comme de la tourmente, peut-être un début de tempête, ne deviendra plus rien qu'un temps tout à fait normal où il fait bon naviguer !

Nous finissons par doubler le cap de Gate et entrer dans le petit port d'Alméria.

C'est un long quai rectiligne que nous longeons, un de ces quais crasseux comme le sont généralement ceux des ports de pêche de la côte espagnole. Le moteur ronronne doucement sous la table de carré. Tout est calme à présent, plus rien ne bouge dans le voilier. La carène semble glisser sur cette eau plate et sans ride.

L'impression est merveilleuse. Après ces longues heures de course avec les vagues, se retrouver ainsi, en toute sécurité, dans un petit port aussi tranquille que sympa, et entendre le doux chuintement de l'eau sur la coque tout en préparant enfin les amarres, si ce n'est pas du bonheur que l'on éprouve en ces instants divins, c’est en tout cas une sorte de profonde plénitude qui détend le corps et repose l'esprit.

Michka est en éveil. Un chien aboie au loin. Cela provient de l'extrémité du môle, un endroit où l'on aperçoit les mâts de deux voiliers amarrés l’un derrière l’autre. L'un arbore le pavillon britannique, l’autre les couleurs de l’hexagone. Mais il n'est guère besoin de voir les pavillons pour se faire une idée de leur nationalité ; le premier est rutilant de toutes parts, quant au second, une méchante ligne rouge aux bords plus ou moins rectilignes et sur laquelle sont accrochés quelques pneus usagés, donne le pendant à une coque de couleur jaune terne où la ligne de flottaison est à peine visible tant les algues qui la recouvrent sont épaisses.

Non loin sur le quai, un berger allemand efflanqué nous regarde arriver en gémissant. Il attend à l'endroit même où il est évident que nous amarrerons le bateau.

La pauvre bête tourne et retourne sur elle-même, à la manière d'un chien que quelque chose rendrait heureux. Ses gémissements sont entrecoupés d'aboiements courts et presque étouffés, comme s'il essayait de mettre un frein à ses instincts. Son corps est décharné, son squelette se dessine distinctement sur ses flancs, mais ses yeux étincellent d'une lueur joyeuse.

Il nous regarde en tirant la langue, comme s'il nous attendait. L'une de ses pattes est blessée, ce qui le fait boitiller de temps à autre. Alors il s'assoit sur son arrière-train, se mordille l'endroit douloureux du bout des dents, puis reprend son étrange mimique.

Alors que le bateau touche le quai et que je m'apprête à descendre poser l'amarre, son regard devient lugubre. Sa queue décharnée qui remuait à la manière de celle d'un chien faisant la fête à son maître, retombe entre ses jambes. On le voit comme tressaillir. Sa gueule se referme. Il ne bouge plus. Il demeure ainsi quelques minutes, le temps que nous amarrions le bateau, puis s'en retourne, la tête basse, la queue entre les jambes, en sautillant pour ne pas marcher sur sa patte malade.

Nous apprendrons par la suite que ce chien n'est autre que celui d'un splendide voilier français ayant fait escale dans ce port et l'ayant abandonné sur ce quai crasseux.

Lorsque le voilier repartit, la pauvre bête le suivit en aboyant jusqu'à l'extrémité de la jetée et regarda en gémissant le bateau disparaître sur l'horizon. Elle attendit désespérément, sans boire, ni manger, durant deux jours et deux nuits. À l'aube du troisième jour, on la vit revenir vers le port, perdue, ne sachant ou aller.

Depuis ce temps, quelques pécheurs espagnols lui donnent à manger. Mais d'autres, au contraire, lui lancent des pierres lorsqu'elle se met à aboyer comme elle l'a fait lors de notre arrivée. Car le pauvre animal, avec cette confiance aveugle de la bête fidèle, guette le retour de son maître et accourt dès qu'un voilier fait son entrée au port.

C'est ainsi qu'il fut blessé du reste, un méchant morceau de bois lancé par l'un de ces rudes hommes forgés par le vent, la pluie et les vagues, croyant en Dieu et la Sainte Vierge, courageux, accueillants, généreux, certes, mais peu habitués à penser, et dont l'horizon intérieur n'est guère plus étendu que celui du pont de leur bateau.

Sept heures du matin. Le moteur est en route, je grimpe sur le quai larguer l'amarre.

Le chien n'est pas venu, mais je l'aperçois à une centaine de mètres, sous la coque d'une vieille barcasse, nous observer silencieusement. Son regard croise mon regard et s'y arrête durant quelques instants, comme s'il voulait communiquer avec moi.

Comment donc, un être que l'on dit humain, propriétaire d'un voilier comme le mien, faisant route vers le soleil des tropiques, des rêves plein la tête sans doute, a-t-il pu agir de cette manière ? Comment peut-on aimer la mer, la vie, la liberté, et se conduire de façon aussi abjecte ? Est-il possible que l'on puisse avoir le désir de vivre réellement, d'enrichir son esprit, tout en ayant aussi peu de conscience ?

Qui sont donc ces misérables ? Quel est le nom de ce bateau ? Je n'ai pu obtenir aucune indication, ni de la part de la capitainerie, ni de la part d'aucun des pêcheurs rencontrés depuis hier. Quelque chose me fait très mal au fond de moi-même.

Le regard malheureux de cette pauvre bête est toujours posé sur le mien, comme s'il me disait :

- Je peux venir avec vous si vous voulez...

Mon bateau s'éloigne doucement vers la sortie du port. L'animal n'est plus à présent qu'un minuscule point marron qui finit par disparaître derrière la haute silhouette de quelques gros bateaux de pêche.

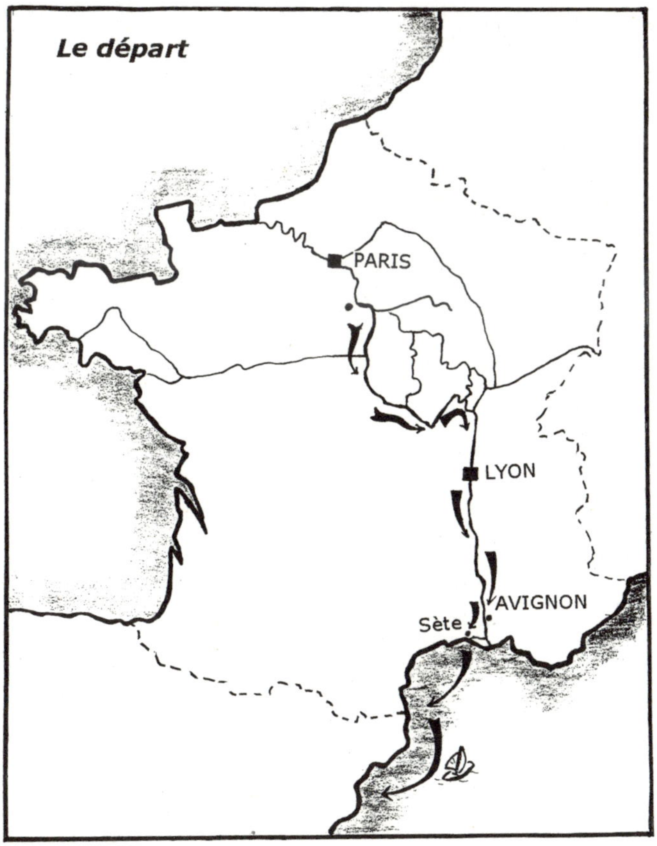

III

LE DÉTROIT

Nous entamons donc l'une de nos plus longues navigations depuis notre départ de France puisqu'elle devra nous emmener jusqu'à Marbella distante de plus de cent milles. Les conditions semblent favorables. Une petite brise de nord gonfle allègrement les voiles. L'allure est bonne. Durant la première journée, le voilier avance gaillardement, poussé par un vent tiède, sous un soleil resplendissant.

Au crépuscule nous doublons à bonne distance le petit port d'Adria. Mais le vent faiblit à mesure que les étoiles s'allument dans un firmament de plus en plus sombre. Le bateau ralentit sa course. Le cap devient difficile à tenir. Nous parcourons malgré tout encore une dizaine de milles, en essayant de nous éloigner de la côte afin de passer la nuit le plus tranquillement possible.

À vingt-trois heures, nous sommes complètement encalminés

Plus un souffle de vent ne vient remuer les voiles. Le génois retombe lamentablement sur le pont. La mer est plate. Pas de houle, aucune ride n'en vient troubler la surface transformée en un gigantesque miroir. Il n'y a pas de lune, ce qui confère à l'univers une dimension encore plus majestueuse, à tel point que, du côté de l'Orient, là où le ciel semble plus obscur qu'ailleurs, on ne distingue même plus l'horizon qui paraît se fondre dans l'infini du firmament. Aucun bruit, aucun son, de quelque nature qui soit, ne vient troubler cette formidable vision.

Où sommes nous réellement ? la côte espagnole s'efface de mon esprit. En haut, à la verticale du mât, j'aperçois la grande ourse, et puis l'étoile du berger, plus bas, à un endroit me semblant se situer en dessous du bateau. L'impression est étrange. J'ai le sentiment non pas de flotter sur un océan d'eau salée, mais bien de planer dans un espace intersidéral absolument fabuleux.

Le compas ne m'est plus d'aucune utilité. Le voilier dont la proue est dirigée vers le sud-ouest ne progresse plus d'un centimètre. Il me faudrait mettre le moteur en route pour espérer arriver à Marbella le lendemain. Mais Claudette dort à poings fermés, ce qui ne lui arrive que rarement en navigation. Et puis, pourquoi venir troubler cette fantastique ambiance qui fascine le rêveur que je suis bien plus qu'elle ne dérange le marin que je voudrais être. Il me semble y avoir de l'irréel dans cette mystérieuse solitude.

Peu à peu, cette obscurité où semble plongé l'orient se fait de plus en plus proche. Les étoiles s'éteignent doucement, comme si l'univers tout entier se mettait en sommeil. Je me retrouve alors entouré d'un manteau de brume me laissant à peine cinq cent mètres de visibilité.

Que se passe-t-il ? Comment peut-il se faire que cette brume puisse ainsi progresser alors même que le vent est nul, et que je suis encalminé sur cette mer d'huile ? Un silence spectral s'installe, uniquement troublé par le ronronnement caractéristique du moteur d'un bateau croisant au nord.

Le sommeil commence à se faire sentir. L'envie de fermer les yeux, ne serait-ce que quelques minutes, se fait de plus en plus forte. Mais je ne le dois pas, la fréquentation de ces eaux par une quantité de cargos ayant passé Gibraltar et ralliant les ports du nord de la Méditerranée rend le secteur dangereux. Mon minuteur, l'un des appareils les plus utiles à bord, est en panne, le ressort est corrodé, ce qui m'oblige à lutter contre le sommeil au lieu de composer avec lui.

Je descends dans le bateau me faire chauffer une soupe en sachet. Puis je glisse une cassette de musique dans le magnétophone et remonte m'allonger dans le cockpit après y avoir installé les deux haut-parleurs.

L'obscurité est vraiment très épaisse sous ce manteau de brume. Quelle impression bizarre... C'est encore une fois dans un univers différent que nous nous trouvons. Il me semble à présent naviguer dans une sorte de gigantesque tunnel. Plus une étoile ne vient resplendir dans l'im-

---

1 à 6 : Construction du bateau, dans une casse automobile située derrière la caserne.
7 à 9 : Intérieur du bateau.
10 à 11 : Navigation sur les canaux.

1

2

3

5

4

6

7

10

8

9

11

12

13

14

16

15

17

18

mensité du firmament, plus aucun linéament de lumière, aussi infime soit-il, comme il s'en trouve bien souvent même durant les nuits les plus obscures, ne vient percer cette voûte ténébreuse, et s'il n'y avait pas les feux de mât pour donner un peu de luminosité, il me semble que rien ne serait plus visible à l'œil nu.

Je suis tout à coup saisi d'une inexprimable stupeur en regardant à l'est. À une centaine de mètres du voilier, semblant surgir de la brume comme le feraient des spectres marins, deux grosses traînées phosphorescentes s'approchent du bateau à une vitesse fulgurante. On dirait deux torpilles.

À peine ai-je le temps de réfléchir que les deux traînées blanches arrivent à la coque. La mer s'illumine, comme si un énorme sous-marin se trouvant sous le voilier s'apprêtait à faire surface tous projecteurs allumés. Je suis complètement pétrifié. Qu'est-ce donc que cela ?

Des vagues se créent. Le voilier se met à bouger sous l'impulsion de l'eau en mouvement. Je ne comprends pas. Mon esprit, perdu dans d'extraordinaires conjectures, est en proie à un épouvantable effroi. Je ne dis rien de peur d'alarmer Claudette, mais durant quelques instants, qui ne sont peut-être que des secondes, mes pensées sont comme tétanisées par une terreur si subite que ma seule réaction est de saisir le rail d'écoute de grand voile et m'y cramponner solidement.

Tout à coup, jaillissant de l'eau en frôlant la coque, une effroyable silhouette phosphorescente se dresse devant moi, semble s'immobiliser un court instant, puis replonge à la mer en un fracas époustouflant, ce qui a pour effet d'éclabousser le pont malgré le franc bord relativement élevé. D'autres silhouettes identiques jaillissent à leur tour de chaque côté du voilier dans une sorte de terrifiant balai.

Il me faut quelques instants pour réaliser qu'en fait de monstres aquatiques, il ne s'agit que de paisibles dauphins. Tout un banc de dauphins est là, sautant de toutes parts, et s'exhibant comme ils ne l'avaient encore jamais fait. Leur silhouette, grossie par la phosphorescence du plancton, est absolument effrayante, et même en sachant que ce ne sont que d'inoffensifs dauphins, la vision de ces masses lumineuses, presque transparentes, transperçant l'obscurité de la nuit et retombant dans les

---

12 à 13 : Navigation sur les côtes d'Espagne.

14 et 15 : Escale dans le port de Valencia, les fêtes de la St-Joseph.

16 : Détroit de Gibraltar, des orques se dirigent vers le bateau.

17, 18 : Première hauturière.

profondeurs obscures, m'emplit d'épouvante. Il me faut faire effort pour retrouver le calme nécessaire à l'analyse sereine de ce phénomène.

Cet extraordinaire ballet se prolonge durant un temps qu'il m'est impossible de définir. Ils finissent cependant par disparaître au moment où, ayant réussi à dominer ma terreur, je commence à me régaler devant ce spectacle insolite que je n'aurais pu imaginer.

Jamais je n'avais entendu parler de pareilles choses. Aucun des livres de voyage dévorés avant le départ de France ne faisait état de ce genre de situation. Je ne dois pourtant pas être le premier à assister à ce fabuleux spectacle ! Peut-être le plancton est-il plus concentré ici qu'ailleurs, d'où cette étonnante phosphorescence grossissant horriblement les formes et allant presque à éclairer le bateau.

Oserai-je un jour raconter la trouille qui m'a saisi, et presque tétanisé l'esprit lors de l'apparition subite de ces mammifères marins ? Cette extraordinaire rencontre semble avoir fait disparaître le sommeil qui était en moi. Le bateau est toujours aussi encalminé, le vent toujours aussi nul et la brume aussi épaisse, mais mon esprit, perdu en d'intenses méditations, ne voit plus rien de tout cela. Mon quart est terminé, mais je n'ai plus du tout envie d'aller me coucher.

Les premières lueurs du jour apparaissent au levant. Les voiles se mettent à frémir soudainement, puis à se gonfler. Un léger bruissement se fait entendre derrière la coque ; Le vent est enfin revenu. Ce n'est pourtant que le lendemain matin que nous atteignons le port de Marbella, après plus de quarante-huit heures de navigation.

Quelques jours plus tard, nous doublons la pointe de l'Europe et posons l'ancre dans le port d'Algésiras, en face du rocher de Gibraltar.

Algésiras, dernier port d'Espagne avant l'Atlantique. Ici se termine cette navigation à vue qui nous permit de prendre en main le bateau et d'acquérir une certaine maîtrise de nous-mêmes. Nous ne sommes pas encore des marins, loin s'en faut, mais après ces huit mois passés à naviguer de port en port, il me semble être comme qui dirait largement dégrossi.

Claudette a acquis l'assurance qui lui manquait, et cette première hauturière s'annonçant dans le trajet Algésiras-Canaries semble moins l'effaroucher que lors de notre départ de Sète. Le fait est que l'atmosphère y est meilleure. Cette petite marina est encombrée de voiliers candidats au départ et préparant, chacun à sa manière, leur premier grand pas sur l'océan, une concentration ayant pour effet de la conditionner positivement en transformant ce bond de huit cents milles sans escale en une dernière formalité à accomplir avant l'arrivée sous ces tropiques tant désirés.

Philippe, mon voisin de ponton, propriétaire d'une unité de huit mètres amarrée à couple de Rêve d'Eden, m'initie à la navigation astronomique.

Jusqu'à présent notre navigation s'était effectuée à vue, ou à l'estime, les seuls instruments dont nous usions étant le compas de relèvement et le sondeur. Mais à présent que nous devons à notre tour nous lancer sur l'immensité océane, cette technique de navigation s'avère réellement indispensable.

Philippe, que je ne connaissais jusqu'alors que sous des apparences revêches et pour ainsi dire peu enclin aux contacts humains, se révèle un excellent pédagogue. Sa technique est simple : Effectuer les calculs sans s'interroger sur le pourquoi du comment. Une fois les opérations assimilées et la pratique du sextant acquise, on peut s'intéresser au fond du problème et comprendre plus facilement ce fabuleux mécanisme.

Alors, de certaines barrières semblent tomber, les distances ont l'air de se raccourcir, l'univers se transfigure littéralement, et l'on se sent vraiment tout à fait libre, libre de parcourir le monde, aller où bon nous semble, n'avoir de comptes à rendre qu'à la mer et au vent.

Cette ultime escale sur le vieux continent se prolonge jusqu'à la fin du mois d'août. Deux mois durant lesquels nous parcourons ce triangle culturel que compose la pointe d'Espagne, Gibraltar et M'Dic, un petit port marocain.

Début septembre, le vent souffle de l'est. C'est la « Levante » comme l'appellent les gens d'ici, le vent de départ, celui qui vous dit :

- À toi de jouer maintenant, je t'ouvre la route...

Nous quittons Algésiras toutes voiles dehors et positionnons l'étrave sur Tanger, dernière escale avant notre première hauturière.

À mesure que l'on progresse dans cet étonnant couloir entre deux continents, la Levante se fait de plus en plus forte. Ce n'est plus un vent régulier qui nous arrive de l'arrière, mais de violentes rafales allant jusqu'à faire vibrer les haubans. Il me faut réduire la toile de moitié. Les vagues ne sont guère hautes, le courant étant encore avec nous, mais la rapidité avec laquelle le vent a fraîchi est assez surprenante. C'est un peu comme si nous nous trouvions au beau milieu d'un grain, à cela près que le ciel est immaculé.

Sur bâbord, il me semble apercevoir quelque chose flottant à la surface, comme de grosses boules noires espacées de quelques mètres. J'observe aux jumelles. Il s'agit de trois cétacés marins, des orques à en croire la tache blanche que je distingue sur le ventre de l'un d'eux.

Soudainement, alors même que nous venons de doubler la pointe de Tarifa, ces mammifères se mettent en mouvement et arrivent droit sur le bateau. Leur course est si rapide qu'ils semblent glisser sur les flots. En quelques secondes, ils sont là, à une vingtaine de mètres et disparaissent dans les profondeurs de ce long détroit.

Le voilier poursuit sa route vers le Maroc. En fin d'après-midi, alors que la lumière du jour commence à décroître et les feux de la côte s'allumer, Tanger apparaît devant l'étrave.

Notre escale dans ce port marocain n'est que de courte durée, le temps de parcourir la médina, ce quartier typiquement arabe composé de ruelles que l'on ne peut parcourir qu'à pied.

Les couleurs et senteurs sont encore une fois bien différentes de celles de l'Espagne, et, malgré un centre ville européanisé, on se sent vraiment bien loin des petits marchés andalous où nous avions plaisir à discuter le prix du kilo d'oranges à quelques marchandes peu farouches.

Trois jours après notre arrivée, nous pointons l'étrave vers le grand large, l'horizon azur derrière lequel se dessinera d'ici une semaine la silhouette de ce chapelet d'îles que l'on nomme les Canaries.

Il est à peine dix heures lorsque nous franchissons le môle principal. Le voilier est chargé comme il ne l'a encore jamais été lors de nos précédentes navigations. Nous ne manquerons de rien. Tout a été prévu, même la possibilité de manquer ces îles et nous retrouver bien au large, dans un océan qu'il nous faudra alors traverser.

En fait, l'impression que je ressens est assez étrange. Cette navigation loin des côtes est vraiment une première pour nous. Certes, nous avons toutes les cartes, celles du Maroc et des Canaries, j'ai expérimenté plus de vingt fois la méthode de navigation astronomique, lu et relu quantité de récits de navigation par gros temps, mais cette fois-ci il me semble réellement partir vers l'inconnu.

Neuf cents milles devant l'étrave, neuf cents milles que nous allons devoir étaler d'une seule traite, neuf cents milles durant lesquels nous ne pourrons dormir que par fraction de temps et nous relayer pour assurer une veille permanente... Ce n'est pas de l'appréhension que je ressens, mais une espèce de sentiment nouveau qui, loin de me rebuter, provoque une sorte d'excitation dans mon for intérieur. C'est un peu comme si une force d'attraction mystérieuse me poussait, vers le grand large.

Claudette semble ne pas ressentir cette même exaltation. Elle est assise dans le cockpit, le regard perdu vers l'horizon, et ne bouge plus. Les traits de son visage ne sont pas ceux, blêmes et décomposés, qu'elle affichait lors de nos premiers pas sur le bleu de la Méditerranée, mais on sent, à travers un profond silence et une immobilité rigide, que cette navigation hauturière est bien loin de provoquer cette farouche ardeur enflammant mon esprit.

Elle n'a pas encore le mal de mer, ce qui du reste ne saurait tarder, y étant sujette à chacune de nos sorties. Michka est pelotonnée sur ses genoux et me regarde tendrement.

La terre s'éloigne de notre champ de vision.

IV

PREMIÈRE OCÉANE

Il nous faut à présent nous écarter le plus possible de cette côte marocaine sur laquelle tant de choses effrayantes ont été dites.

Il s'y produit en effet, de temps à autre, un phénomène de houle arrivant des lointaines dépressions du nord Atlantique et venant s'écraser sur ce rivage en remuant la mer qui peut alors grossir et devenir énorme sans même qu'aucun signe avant-coureur ne l'ait prévu.

Les instructions nautiques françaises consacrent plusieurs pages à ce phénomène particulier, mettant en garde les navigateurs qui oseraient s'y aventurer. La solution est de nous éloigner le plus possible et arrondir notre route sur des fonds de trois mille mètres jusqu'aux Canaries. C'est d'ailleurs la tactique adoptée par la plupart des voiliers aux longs cours quittant Tanger pour cet archipel espagnol.

Quelques heures seulement après notre départ, le vent se met doucement à tourner. Les effets de la Levante s'atténuent pour laisser la place à une brise de nord-ouest, une brise descendant de la côte espagnole et nous arrivant tout d'abord de travers, puis continuant à virer pour finir complètement contraire à notre route.

C'en est fini de cette allure portante qui semblait faire glisser la carène sur les flots moutonneux de l'Atlantique ; il nous faut tirer des bords à présent.

Le voilier a ralenti l'allure. Il tape dans la vague, faisant vibrer l'ensemble du gréement et immergeant le pont sous une pluie d'écume qui roule sur les passavants.

Claudette est prise de mal de mer. Cette période de grâce accordée par l'expérience acquise durant la descente vers Gibraltar est malheureusement terminée. Elle s'accroche aux filières, s'arque boute vers le platbord et, entre deux vagues, tente d'évacuer les aliments lui remontant dans le fond de la gorge.

Si encore il ne s'agissait que d'une courte traversée comme celle du détroit de Gibraltar, ou de l'une de ces navigations de port en port comme nous en avions été habitués depuis notre départ de Sète... Mais nous sommes cette fois-ci partis pour une longue semaine, sept ou huit jours peut-être, durant lesquels, quel que soit le temps, quel que soit son état, il lui faudra tenir sur cette coquille de noix en se faisant remuer les intestins du matin au soir.

Que pourrais-je faire pour atténuer un tant soit peu ses souffrances? Elle est là, prostrée sur le banc de cockpit, et me regarde pitoyablement.

En fin d'après-midi, alors que le soleil touche à l'horizon, transformant l'univers en une gigantesque ignition, le vent s'incline vers le nord et nous revient à nouveau de travers. Je règle les voiles parallèles l'une à l'autre et reprend un cap plus à l'ouest.

L'obscurité s'installe lentement. Les étoiles s'allument une à une dans un ciel immaculé. Vers le sud-ouest, l'horizon, qui semblait enflammé des mille feux de l'enfer il y a seulement quelques instants, à l'air de s'effacer doucement, comme si la fraîcheur de la nuit montante avait éteint cet immense brasier de l'univers.

La nuit sera noire ce soir, il n'y aura pas de lune. Les lumières des cargos nous apparaîtront plus facilement, et nous serons nous-même plus visible dans ce manteau obscur recouvrant peu à peu l'immensité.

Claudette semble reprendre la maîtrise d'elle-même. Je lui suggère d'aller essayer de dormir ; je me sens d'attaque pour affronter la nuit complète.

Le bateau marche bien. Un long sillage fluorescent se dessine sur son passage. Je descends dans le carré, glisse une cassette dans la chaîne stéréo puis remonte m'allonger sur le pont, le casque audio sur les oreilles.

La première nuit s'écoule ainsi, sans que j'éprouve à aucun moment le besoin de fermer les yeux. À plusieurs reprises, Claudette apparaît en haut de l'échelle de descente, sans doute inquiète de n'entendre que le vent et les vagues, puis s'en retourne dormir après qu'elle m'eut vu les yeux ouverts sur l'infini, savourant idylliquement un air de Pink Floyd.

Le secteur est très fréquenté. On aperçoit en permanence à bâbord ou tribord les feux de cargos allant sur Gibraltar ou en route pour les

Amériques. Mais jamais leur route ne croise la nôtre au point de devoir modifier le cap du bateau.

Les premières lueurs de l'aube apparaissent sous une voûte scintillante. Tout d'abord comme une longue traînée blafarde, posée sur un horizon sombre et inquiétant, puis semblant monter dans un ciel de plus en plus clair, de plus en plus lumineux.

C'est le moment où l'on se sent le mieux, même après une nuit blanche passée à contempler l'univers. Il semble qu'il y ait là, sans que l'on puisse se l'expliquer très clairement, quelque chose de magique, comme si ce long filet blafard avait le pouvoir de recharger cette espèce de batterie qui est en chacun d'entre nous.

Nous avons bien avancé durant la nuit. Si mes estimations sont exactes nous devrions nous trouver à plus de cent milles de Tanger. Il est temps de faire route vers le sud, d'autant que le vent s'est encore une fois bien incliné et nous arrive maintenant de nord-ouest.

Claudette apparaît au-dessus de l'échelle de descente. Son visage est reposé. Elle a l'air d'avoir profondément dormi durant cette première nuit. Elle vient me relever, dit-elle, à moi d'aller me coucher. Puis elle grimpe dans le cockpit et s'assied près de la barre, Michka prend place sur ses genoux. Je lui souris, mais ne bouge pas, trop absorbé par le spectacle du jour se levant.

À mesure que le soleil s'élève dans un ciel de plus en plus limpide, le vent se met à forcir, un peu comme si nous entrions dans une sorte de singulier goulet. Les vagues se font de plus en plus hautes, de plus en plus longues. Le bateau est très rapide et semble glisser sur cette mer agitée. J'enroule le génois d'un bon tiers de sa surface et monte sur le pont prendre deux ris dans la grand voile.

Le vent continue à forcir et la mer à monter. Les vagues se sont à nouveau transformées. Leur pente est de plus en plus abrupte et provoque un effet de surf lorsque le voilier atteint la Crête moutonneuse.

Jamais le panorama n'avait été aussi chaotique. Sommes nous en train d'encaisser un mauvais coup de vent ? Une dépression se serait-elle creusée durant la nuit ? Ou s'agit-il d'un temps tout à fait normal pour une navigation océane ? Toujours est-il que je grimpe à nouveau sur le pont et réduis la grand-voile à son troisième ris.

Claudette enfile le harnais de sécurité, cramponne Michka dans ses bras et observe autour d'elle avec dans le regard cette triste lueur du désespoir résigné.

Pauvre Claudette... Elle qui n'avait jamais vu la mer que dans les livres de géographie, et à qui la seule vue d'un ferry-boat faisait rendre tripes et boyaux, elle est là, à plus de cent cinquante kilomètres du port le plus proche, sur une coquille de noix, chahutée par des vagues hautes comme des maisons ! Une lame plus grosse qu'une autre vient affreusement faire gîter le bateau. Des larmes apparaissent alors dans le coin de ses yeux. Elle me regarde et lance sur le ton désespéré :

- J'en ai marre... J'en ai complètement marre... Dès que l'on arrive, je rentre en France !

Puis, comme si la fureur des éléments ne suffisait pas à l'accabler, elle se penche en avant et après quelques convulsions, régurgite le peu d'aliments avalés durant la nuit.

Je ne sais que faire, étant moi-même impressionné par la vision de cette mer dont les vagues semblent courir après la coque et la bringuebalent comme jamais cela ne s'était encore produit depuis notre départ de France.

Mais mon bateau est un bon bateau, et ce temps-là n'est sans doute autre chose qu'un temps tout à fait normal, me dis-je comme pour essayer de me persuader de mes propres pensées. Du reste, hormis mon appréhension et le mal de mer de Claudette, le voilier réagit fort bien à ces interminables assauts inondant parfois le cockpit d'une pluie d'écumes étincelantes.

Il n'est pas un instant où le pilote électrique ne doive compenser en poussant sur la barre ou la tirant à lui, mais à aucun moment le bateau ne produit de ces embardées fréquentes lorsque le vent est trop fort, ou le voilier trop toilé.

Au-delà de l'effroi que je ressens en considérant certaines vagues dont la crête se couvre d'une blancheur bouillonnante, et qui produisent le sifflement perçant d'une grenade dégoupillée, j'ai l'impression de découvrir quelque chose de différent, de faire un pas de plus dans cette fabuleuse connaissance du milieu marin. Mais il s'agit d'une situation vraiment trop nouvelle pour que je puisse l'analyser sereinement. Je suis donc là, assis sur le banc de cockpit, contemplant ce panorama chaotique et subissant, impuissant, les effets de cette houle qui nous secoue sans pour cela que le bateau s'écarte un tant soit peu de sa route.

En fin d'après-midi, alors que le soleil décline de plus en plus vers l'ouest, cette brise impétueuse semble perdre de son intensité. La mer se fait alors plus douce, les vagues plus dociles. Le brouhaha infernal accompagnant cette houle de nord-ouest se dissipe lentement. La première épreuve est passée, et l'on se rend compte que l'on est toujours là, que le drame, que l'on craignait sans doute un peu, ne s'est toujours pas produit, et que le voyage vers le sud se poursuit allègrement. Claudette a l'air de refaire surface. Elle décroche son harnais et s'allonge sur un banc. Michka vient se pelotonner sur mes genoux.

Les lueurs du crépuscule enflamment à nouveau l'horizon. La seconde journée est terminée. Voilà maintenant plus de quarante-huit heures que je n'ai pas fermé l'œil, mais je me sens à nouveau d'attaque pour cette seconde nuit en mer.

Cette fois-ci pourtant, je demande à Claudette d'assurer une veille jusqu'à vingt-trois heures. Il est bon que je puisse dormir un peu, même si mon organisme, sans doute stimulé par cette espèce d'épreuve que constitue notre première hauturière, semble s'accommoder de si peu de sommeil. Elle accroche son harnais après l'écoute de grand voile et répond que je peux aller me reposer tranquillement.

Le soleil est déjà bien haut dans un ciel tacheté de ces petits nuages signe de beau temps, je prends le sextant et entreprends mon premier point astronomique.

Après avoir tracé plusieurs droites sur ma carte au 1/50.000, je m'aperçois que l'on a avancé beaucoup plus que je ne le pensais durant ces premières quarante-huit heures. Nous nous trouvons bien au large, à plus de cent cinquante milles de la côte marocaine, sur un fond de trois mille mètres.

L'allure est bonne. La brise de nord-ouest n'a pas fraîchi comme la journée précédente et nous arrive au trois quarts arrière avec une régularité réconfortante. Le voilier avance merveilleusement bien. Le vent est juste assez fort pour permettre de porter toute la toile sans pour cela lever de vagues gênantes.

Le visage de ma femme n'affiche plus de ces traits décomposés indiquant un mal de mer latent. Elle sourit aujourd'hui, et serait presque heureuse si une chose ne l'inquiétait pas : Michka.

Notre petite chienne n'a en effet pas fait ses besoins depuis notre départ de Tanger. Cela ne m'avait pas alarmé, pensant qu'elle irait d'elle-même dans un coin du cockpit lorsqu'elle aurait bien envie, et se laisserait aller sans que nous ayons à la stimuler un tant soit peu.

Seulement voilà, depuis maintenant deux jours et deux nuits Michka se retient, attendant sans doute que nous la descendions à terre comme nous l'avions habituée durant nos escales en méditerranée.

Son ventre est gonflé et, lorsque nous la prenons dans nos bras, elle pousse de ces petits gémissements, signes que quelques douleurs la font souffrir. Ses yeux noirs semblent fuir notre regard comme si quelque chose lui faisait honte. Elle s'allonge sur le banc et y reste de longues heures sans plus bouger.

Une solution s'impose. Il est en effet des histoires similaires, telle cette anglaise dont le chien s'était retenu au maximum de ses possibilités et avait fini par mourir devant les yeux éplorés de sa maîtresse.

Il est quant à nous hors de question de la laisser ainsi succomber. Je la prends vigoureusement dans mes bras et, après l'avoir descendue dans le fond du cockpit, j'imprime quelques pressions sur sa vessie, espérant lui faire comprendre qu'elle doit se laisser aller, qu'aucun reproche ne lui sera fait.

Ma petite chienne gémit douloureusement en se débattant entre mes mains. Son regard n'est plus simplement triste et plaintif, une sorte de terreur s'affiche à présent dans ses petits yeux noirs qui me regardent pitoyablement.

Claudette se met à pleurer en criant :

- Non, Jean-François, laisse là...

Je la repose doucement sur le banc, m'assois près d'elle et réfléchis silencieusement.

Il me vient alors l'idée de lui montrer l'exemple. Peut-être en voyant son maître uriner sur le pont prendra-t-elle conscience que cela lui est également possible. Je la dépose une seconde fois dans le fond du cockpit, et lui montre exactement ce que j'attends d'elle, puis me rassois et attend sa réaction.

Rien. Elle est là, immobile, n'osant à peine regarder et gémissant tristement. Claudette s'approche, la caresse doucement en susurrant quelques gentilles paroles, puis s'accroupit en se tenant au rail d'écoute de grand voile et répand à son tour un flot d'urine qui s'écoule directement par le dalot d'évacuation.

Aucune réaction de la part de Michka qui la regarde d'un air suppliant. Ma femme est désespérée. Elle se remet à pleurer en lui disant doucement :

- Fais ton pipi, fais ton pipi...

Il reste une solution pour la forcer à se laisser aller. Je tire un seau d'eau et m'approche d'elle. Peut-être le contact avec cette eau froide produira-t-il une réaction.

Je demande à Claudette de s'écarter, puis, après quelques secondes d'hésitation, je verse le contenu du seau sur ma petite chienne qui me regarde, transie d'effroi.

Elle n'a pas bougé. Son poil est mouillé, mais la réaction tant espérée n'est pas venue. Au contraire, elle est comme pétrifiée, et plutôt que de se secouer comme le font ordinairement les chiens, elle demeure immobile et attend en gémissant. La scène est si triste, si affligeante que sa maîtresse, ivre de chagrin, se répand à nouveau en un profond sanglot.

Il nous faut nous détourner vers le Maroc, c'est la seule solution à présent. Nous arrêter quelque part... Mais où ? Le port le plus proche se trouve à plus de cent cinquante milles... Je sors les instructions nautiques ainsi que les cartes des ports marocains en notre possession puis lis et relis le passage sur cette fameuse houle.

La description est effrayante. Les creux peuvent atteindre plus de dix mètres, des lames monstrueuses venant se fracasser sur les falaises abruptes de cette côte escarpée. Notre bateau, pris dans un pareil phénomène, serait immanquablement roulé, puis drossé sur les rochers, sans que nous y puissions rien faire.

La seule lecture de ce livre est indéniablement de nature à rebuter le plus expérimenté des navigateurs.

Non, il n'est pas possible que nous nous y détournions. Même si le danger est plus rare en cette période d'été, il existe réellement et nous ne pouvons risquer de mettre en péril le bateau et son équipage pour le simple fait que Michka refuse de faire ses besoins sur le pont !

Je referme le livre et lance à Claudette :

- Il faut trouver une autre solution.

À ce moment, et comme si elle avait saisi le sens de mes paroles, Michka, qui ne s'était jusqu'à présent manifesté que lors de nos diverses tentatives pour la faire uriner, se met à pousser des petits cris plaintifs. Son regard se fait douloureux. De ses petits yeux qu'elle fixe sur nous se dégage toute la quantité de souffrance qu'elle semble endurer en ce moment même.

Combien de temps pourra-t-elle encore supporter cette charge lui gonflant la vessie et la paralysant dans ses moindres mouvements ? Est-ce vraiment la solution la plus louable pour nous que de poursuivre notre route comme si de rien n'était ? Et même si le danger de se rapprocher de cette côte est indéniable, le risque ne fait-il pas partie intégrante de ce long voyage, et est-ce vraiment dans notre philosophie que de vouloir l'éviter, même au prix de la vie de notre pauvre chienne ?

Claudette me regarde, perdu dans mes pensées.

- Jean-François, vite, il faut faire quelque chose... lance-t-elle violemment.

Puis elle ajoute comme s'il s'agissait d'un ordre impératif :

- On s'arrête au Maroc !

Je tends mon bras vers le pilote et règle le compas cap à l'ouest. Le bateau vire doucement, passant de l'allure du grand largue à celle de vent arrière.

Safi, le port le plus proche, également le plus facile pour l'atterrissage, se situe exactement à cent quarante milles face à l'étrave. Si tout va bien, nous l'atteindrons demain en début d'après-midi, en espérant que la mer ne se mette pas à monter, et que Michka puisse tenir jusqu'à ce moment.

Le vent est toujours aussi bon. La navigation semble si aisée que j'en oublie presque cet enfer liquide décrit dans mes instructions nautiques.

Il est dix-huit heure et nous sommes dans notre quatrième journée de navigation.

J'ai fait et refait le point astro plus de vingt fois sans pour cela trouver d'erreur. La côte est là, devant nous, à moins de cinq milles nautiques, mais rien n'apparaît sur l'horizon ; Seuls le ciel et l'océan, et aucune bande grisâtre comme il serait logique lorsque l'on se trouve si près de la terre. La visibilité est bonne, la mer est belle, et le vent souffle toujours avec la même régularité.

Je n'y comprends rien. Me serai-je trompé dans mes calculs ? Aurai-je omis d'ajouter ou de retrancher quelque chose ? Le sextant est-il bien réglé ? N'aurait-il pas encaissé un mauvais coup lors de cette grosse houle du premier jour ? Je ne sais que faire, que dire, que penser.

Et Michka est toujours là, prostrée dans le fond du cockpit, gémissant au moindre mouvement de roulis.

Sa maîtresse la caresse doucement en lui parlant gentiment.

Où sommes nous donc réellement ? Les hypothèses les plus folles fusent dans mon esprit ; Et le soleil qui n'en finit plus de descendre... Dans moins de deux heures, il fera nuit et nous serons toujours là, cherchant un port qui se trouve peut-être bien loin d'ici...

Suis-je réellement sur de ne pas être loin de tout, au beau milieu de l'océan ? Je n'en peux plus de scruter l'horizon avec les jumelles, d'apercevoir des formes se dessiner de temps à autre face à nous, puis se dissiper quelques instants plus tard, comme s'il s'agissait de véritables mirages.

Comment est-il possible que l'on puisse se trouver à moins de cinq mille d'une côte rectiligne formée parait-il de hautes falaises, et que rien n'apparaisse devant l'étrave ? Cette impression d'être complètement perdus est absolument exaspérante. La seule idée de devoir passer une nuit de plus en mer, sans aucune certitude quant à notre véritable position, avec probablement une terre là, devant nous, une terre que peut-être rien ne signalera et qui, lorsque la nuit sera tombée, nous sera complètement invisible, m'emplit l'esprit d'une sorte de déprime morale bien difficile à évacuer.

Je ne dis rien à Claudette de peur de l'inquiéter inutilement. Il semble du reste qu'elle évite de me poser des questions, s'apercevant sans doute de trop que quelque chose me gêne dans le résultat de mes calculs.

De temps à autre elle m'adresse un petit « Alors ? ». Je lui réponds simplement que tout va bien, que l'on ne devrait pas tarder d'arriver, que cela ne peut être autrement.

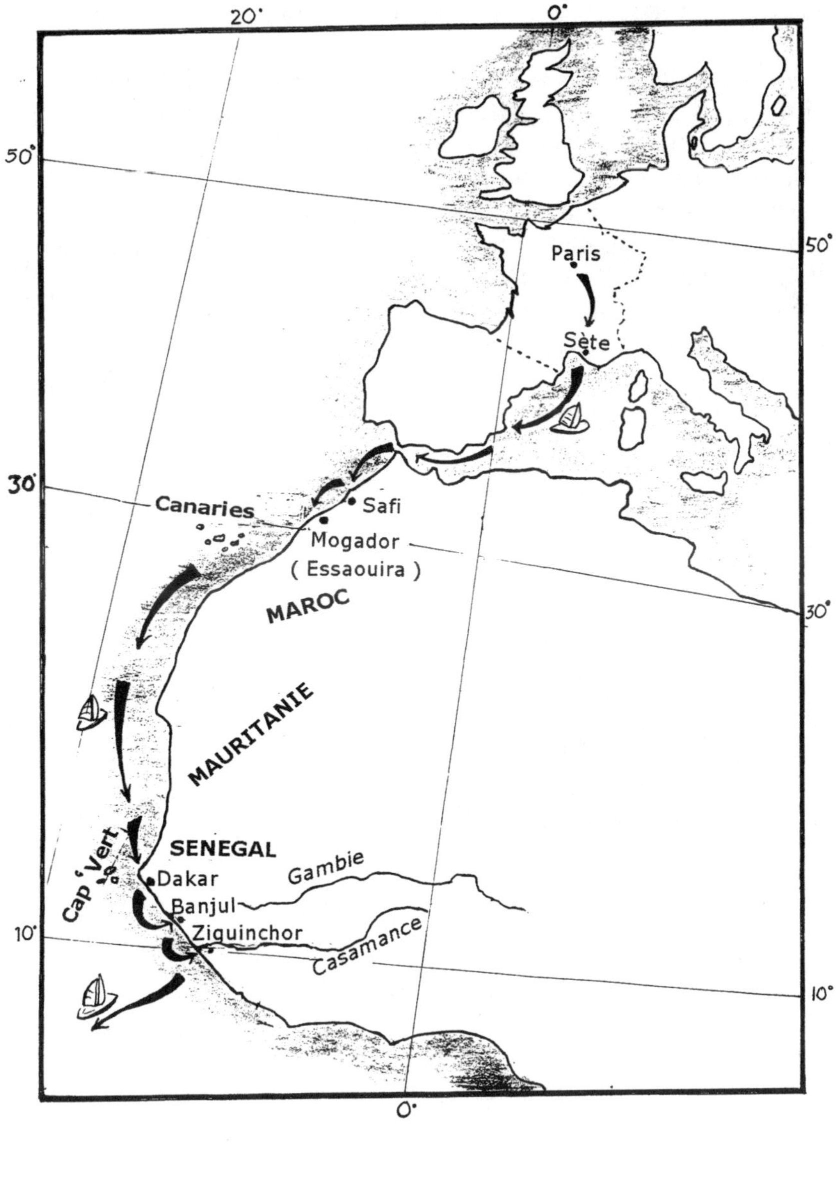

Mais en moi-même, c'est le flou complet. J'ai l'impression d'avoir été berné quelque part. Comment peut-il se faire que mon point ne soit pas exact ? J'en ai fait et refait plus de vingt fois les opérations depuis le matin en suivant scrupuleusement la marche à suivre, et le résultat est toujours le même, alors quoi ?

Le vent a bien diminué. La mer se fait toute belle, presque plate ; Les vagues ont complètement disparu. Le bateau a ralenti l'allure. Si cette tendance devait s'accroître, nous serions obligé de mettre le moteur en route.

Le soleil se couche derrière un épais rideau de brumes, mais le moral n'est pas à la contemplation de ce moment magique. À mesure que l'obscurité s'installe autour de nous il me semble ressentir comme un froid bizarre engourdir tout mon être.

J'en ai marre moi aussi. J'en ai vraiment marre de cette navigation. Mais où donc est-elle cette côte, ce port de Safi ? Nous devrions y être depuis plus de deux heures déjà.

Soudainement, il me semble apercevoir une lueur percer la brume. J'observe aux jumelles... Cela scintille un instant puis disparaît dans les ténèbres. C'est un phare ! Je compte les occultations et les temps morts, puis recherche dans le livre des feux. C'est bien cela, nous sommes enfin à Safi.

V

SAFI

Nous nous approchons doucement.

Le vent, qui s'était jusqu'à présent bien atténué, se met brusquement à souffler par rafales. Il s'agit certainement d'un phénomène dû à la configuration de la côte qui forme à cet endroit une sorte de baie à l'intérieur de laquelle a été construit ce grand port.

J'enroule le génois et abaisse complètement la grand-voile. Les rafales sont irrégulières et ne lèvent aucune vague malgré leur violence. C'est là cependant un phénomène assez impressionnant vu du pont d'un bateau comme le nôtre.

Nous pénétrons enfin dans l'avant-port protégé par une longue jetée.

Vu de l'intérieur, l'endroit paraît plus grand que nous nous le figurions en regardant la carte. Les quais forment deux immenses carrés éclairés par quelques lampadaires situés à chacun de ses angles. Un petit cargo belge se trouve le long du bassin principal, un remorqueur est stationné face au mole.

Nous nous amarrons à son couple.

Deux hommes sont là, sur le quai, debout, face au voilier, et nous regardent arriver. Leur allure, malgré l'uniforme kaki de l'un et l'espèce de djellaba blanc cassé de l'autre, n'a rien de très rassurant. Ils ne bougent pas et observent silencieusement. Il me semble sentir dans leur regard quelque chose n'étant pas vraiment de la sérénité ! Aux traits qu'affiche leur physionomie crispée, j'ai le sentiment de ne pas être le bienvenu.

Mais peut-être n'est-ce qu'une simple impression. Aussi je me contente de sourire en lançant un grand « Bonjour Messieurs ! » auquel ils me répondent par un petit signe de tête peu convaincant.

Claudette attrape Michka et la descend à terre. Une opération assez aisée du fait de la marée haute qui positionne le pont du remorqueur presque à hauteur du quai. À peine pose-t-elle les pattes sur la terre ferme qu'elle répand enfin une longue flaque arrivant presque aux pieds de nos visiteurs. Puis, soulagée de ce douloureux fardeau, et sans doute étonnée de l'étrangeté des lieux, elle se met à courir d'un lampadaire à un autre en jappant joyeusement.

Les deux personnages m'interpellent. Ils se présentent brièvement comme étant l'un le sémaphoriste et l'autre le représentant de la capitainerie. Des formalités sont à effectuer avant de pouvoir descendre à terre, annonce sèchement le premier. Je les invite à monter à bord malgré le désordre régnant dans le bateau. Je sors alors trois verres et leur propose du whisky qu'ils acceptent sans hésitation.

Les formalités semblent maintenant passées au second plan. Eux qui avaient l'air quelque peu mécontents de nous voir arriver, les voilà me questionnant sur la solidité du bateau et le but de notre voyage. Au bout d'un certain temps cependant, alors que Claudette vient de revenir avec Michka, le représentant de la capitainerie pose sur moi un regard plus grave qu'amical, et, sans qu'aucun gène ne vienne un tant soit peu troubler ses paroles, me demande d'un ton pesant :

- Vous n'auriez pas un cadeau à nous faire ?

Je regarde l'homme, étonné de sa question, puis réfléchis quelques instants en essayant d'extraire la teneur acceptable d'une pareille demande. Cela ne constitue bien sûr pas un problème pour nous que d'offrir un petit cadeau aux gens de rencontre afin de leur signifier notre amitié, mais qu'on me le réclame ce cadeau, que l'on me mette ainsi dans une position d'impuissance, que l'on m'enlève toute initiative dans un acte qui, s'il n'est pas accompli en toute sincérité, ne peut plus, à mes yeux, revêtir aucune valeur, cela provoque en moi une sorte d'irritation bien difficile à contrôler.

Aussi je leur réponds d'un ton peut-être un peu plus sec qu'il eût été souhaitable face à des représentants de l'administration marocaine :

- Non, je n'ai aucun cadeau à vous faire.

Alors, sans même s'en émouvoir ni ressentir aucun embarras, et comme s'il s'agissait d'une chose non seulement normale mais également dans la complète logique de leur procédure d'accueil, il poursuit d'une manière presque naturelle :

- Vous comprenez, c'est nous qui avertissons les douaniers, et les formalités peuvent être ennuyeuses...

Je leur explique alors que je suis un gendarme en disponibilité et que, dans mon pays, il n'est pas dans nos habitudes de demander quoi que ce soit aux gens de passage, que cela serait très mal pris et pourrait faire encourir à celui qui s'y risquerait de graves sanctions disciplinaires, et peut-être même la radiation pure et simple de ce corps de métier.

L'homme me regarde sans pour cela en être gêné. Puis il ajoute d'un air se voulant compréhensif :

- Oui, mais vous n'avez sans doute pas le même salaire que nous...

Alors je me lève, ouvre un placard et sors une bouteille à moitié vide contenant le reste d'un mauvais apéritif. Je la leur tends dédaigneusement en demandant :

- Ça va comme ça ?

Au petit hochement de tête de l'homme, je me rends compte que ce « cadeau » ne le satisfait pas pleinement mais qu'il s'en contente, faute de mieux.

Le sémaphoriste est resté quant à lui muet, s'accommodant sans doute d'une situation gérée en totalité par son compagnon dont l'uniforme confère une sorte d'autorité face au visiteur.

Les deux hommes vident leur verre puis remplissent chacun un formulaire sur lequel est consigné le fusil à pompe et les cent cinquante cartouches. Ils se lèvent ensuite, et, comme si de rien n'était, me saluent chaleureusement et s'en retournent de par où ils étaient venus, sans oublier le « cadeau » que le sémaphoriste enfourne dans une poche profonde de sa djellaba.

Le lendemain, à la première heure, un fonctionnaire de police se présente à son tour sur le quai, suivit d'un douanier que l'allure déguenillée rend tout de suite sympathique.

Aucune demande de cadeau n'est cette fois-ci formulée. Tout se passe méthodiquement. Le fusil à pompe est tout d'abord scellé à l'échelle de descente, quelques formulaires sont encore une fois remplis après une fouille sommaire du voilier, et un permis d'escale nous est délivré, nous autorisant à sortir du port de sept heures à minuit durant le temps de notre présence à Safi.

Il me semble alors que cette escale que nous ressentions comme une amère obligation ne soit en fait qu'une heureuse destinée. La navigation sur ces eaux dites « dangereuses » s'est effectuée sans aucun problème, l'atterrissage a été parfait, notre petite chienne est toujours là, en pleine santé, et nous allons à présent découvrir une ville qui, aux dires du fonctionnaire des douanes, ne manque vraiment pas d'originalité.

La première sortie comble en effet notre curiosité. L'impression est bien différente de celle ressentie à Tanger ou Mdic, le tourisme y est moins omniprésent et l'on sent, à travers le voile des femmes, la djellaba des hommes et l'atmosphère se dégageant des rues et ruelles de la vieille ville, que l'immensité désertique n'est guère loin et que cette population n'a vraiment plus rien à voir avec celle rencontrée lors de nos précédentes escales.

En parcourant les artères de la médina, l'impression est celle, non pas d'arpenter le centre d'une petite ville maghrébine, mais bien de faire un formidable retour dans un lointain passé.

Des ruelles obscures, resserrées sur elles-mêmes, où les babouches font sur le pavé sale et irrégulier un bruit de frottement que les murs blanchis à la chaux semblent amplifier, et où coule en permanence dans la rigole centrale une eau dont la couleur, et surtout l'odeur, laissent à penser qu'il ne s'agit pas simplement d'une eau usagée ; des mendiants assis de part et d'autre, un chapelet dans une main, une gamelle dans l'autre, le pauvre visage ridé s'illuminant lors de notre passage et un regard glauque et vitreux tentant désespérément de croiser le nôtre ; des formes humaines que l'on devine être des femmes, et dont la grosse toile blanche les recouvrant ne laisse transparaître de toute leur personne que deux petits yeux hagards et fuyants, portant parfois un enfant sur leur dos et déambulant tels les tristes fantômes d'une société sans âge ; des petites fenêtres, de vieilles portes en bois cloutés qui, lorsqu'elles sont entrouvertes, font apparaître un intérieur obscur et misérable ; une forte odeur d'excrément flottant parfois dans une atmosphère lourde et angoissante... Vraiment rien n'a changé depuis peut-être des centaines d'années.

Nous passons ainsi la journée à arpenter les vieux quartiers, passant d'une sombre ruelle à une artère marchande, nous attardant dans l'immense marché, découvrant des produits qui nous étaient alors inconnus, conversant parfois avec quelques jeunes gens curieux de notre présence.

Il se trouve également non loin du port un vieux château remarquablement bien conservé rappelant l'époque où le Portugal avait étendu ses frontières jusqu'aux portes du désert, et de beaux quartiers, de ces endroits chics et bon genre comme il y en a généralement dans toute société où la majorité de la population vit en dessous même du seuil de pauvreté. Des quartiers rappelant quant à eux l'époque de l '« occupation française », comme aiment encore à nous le rappeler les personnes avec qui nous conversons.

C'est las et fourbu que le soir même nous faisons retour au port.

Une sorte d'attroupement anime la partie du quai où est amarré le bateau. La marée n'est pas encore bien haute, et seul le mat est visible depuis l'entrée. Nous pressons le pas quelque peu inquiets par ce rassemblement de gens devant notre maison flottante.

Ils s'écartent docilement pour nous laisser passer. Un homme se trouve sur le pont du voilier, assis dans le cockpit, le regard fixe, la mine résignée. Ses vêtements ne sont que de méchantes hardes comme en portent les misérables. Des cheveux sales et en désordre confèrent à sa physionomie, déjà affreusement marquée des rides de l'indigence, quelque chose la rendant plus pitoyable encore. Il est assis en tailleur, les mains jointes au-dessus de ses jambes croisées et semble perdu dans une profonde méditation.

Notre arrivée sur le quai et les injonctions que je lui envoie n'ont même pas pour effet de lui faire lever la tête. Claudette est révoltée. Non qu'elle n'ait que faire de la condition humaine dans un pays qui n'est pas le sien, mais la présence sur son bateau de cet être que le dénuement a transformé en une véritable larve humaine l'irrite au point qu'elle menace de lui envoyer la police s'il ne quitte pas immédiatement le bord.

Les autres marocains en paraissent forts amusés et, comme si le spectacle poignant du misérable confronté à ce qu'ils s'imaginent être le nanti ne produisait aucun effet sur leur conscience, ils se mettent à rire aux éclats et à se moquer ouvertement de ma femme qui finit par se taire en serrant les dents.

Je réfléchis à mon tour sur les véritables motivations qui ont pu pousser ce pauvre bougre à venir ainsi camper sur notre pont. Effectivement, dans cet univers de misère, la présence d'un voilier comme le nôtre n'est pas sans produire quelques effets sur une population si cruellement marquée du sceau de la fatalité.

Il est cependant hors de question de lui faire l'aumône. Non que notre caisse de bord ne nous le permette pas, mais nous aurions alors à affronter tous les pauvres du quartier qui se retrouveraient l'un après l'autre sur le pont du bateau. Comment pourrai-je faire partir ce pauvre homme sans pour autant avoir recours à la force ?

La marée monte doucement. Encore quelques instants et l'on pourra descendre sans avoir besoin d'emprunter l'échelle. J'attends patiemment ce moment, puis passe sur le remorqueur et enjambe les filières du voilier.

Je m'approche alors du pauvre homme et lui demande calmement :

- Que faites-vous là Monsieur ?

Sans rien répondre, il avance la main et me la tend, implorant de cette manière muette que je lui offre quelques dirhams.

Du haut du quai, ils sont une vingtaine à observer cette triste scène, des dockers pour la plupart, mais également d'autres malheureux, de ces hommes vêtus à la manière de mon étrange visiteur de pantalons sales et troués et de chemises rapiécées.

Du reste, la misère est une compagne que l'on ne peut subir sans qu'elle vous marque dans votre propre apparence. Et la physionomie de ces gens, à côté de ceux ayant eu plus de chance dans leur existence, laisse transparaître à travers des regards terreux, sous des fronts trop bas chargés de mauvaises rides, toute la quantité de souffrance endurée dans une société sans doute trop injuste pour la destinée humaine.

L'homme est toujours là, tendant inlassablement la main en marmonnant quelques paroles incompréhensibles. Je lui demande calmement de partir. Mais il semble résigné à ne vouloir bouger qu'à la dernière extrémité.

Alors, après avoir réitéré ma demande sans pour cela obtenir quoi que ce soit de positif, je me décide à lui prendre le bras et le tirer hors du bateau. La marée est tout à fait haute à présent, s'il se laisse faire, cela me sera aisé de le pousser jusque sur le quai.

Mais l'homme ne l'entend pas de cette manière. À peine lui ai-je enserré le poignet que, de sa main restée libre, il attrape la filière et s'y accroche désespérément. Je le tire violemment, mais il s'obstine, et, malgré une constitution on ne peut plus chétive, je ne réussis qu'à le traîner jusqu'à la plage arrière.

Un européen apparaît sur le quai. Un homme d'une quarantaine d'années, habillé d'un jean et d'une chemise dont les manches courtes font ressortir deux gros bras musclés.

- Mais qu'attends-tu pour le foutre à la baille ? lance-t-il violemment en me regardant.

Puis il ajoute sur un ton plus complaisant :

- Je travaille là-bas... Sur le cargo belge... Tu veux un coup de main ?

Et, sans même attendre de réponse, il monte sur le remorqueur, enjambe la filière du voilier et se précipite sur le misérable qui le regarde transi d'effroi. Il l'attrape par la taille et exerce une telle pression que le malheureux se met à crier douloureusement.

La scène qui suit est d'un tragique insoutenable. À peine le pauvre bougre eut-il lâché la filière que le belge l'entraîne sur le passavant en envoyant d'un ton perçant :

- Allez, hop ! À la baille...

Le visage du misérable s'empreint alors de tous les éclairs de l'épouvante. Lui qui n'avait pas même ouvert la bouche lorsque je lui demandais de quitter le bord, le voilà à présent hurlant désespérément des suppliques à peine compréhensibles.

À ce moment, je me décide à intervenir. Le Marocain n'ayant occasionné aucun dégât sur le bateau, je ne puis lui reprocher quoi que ce soit, hormis le fait de s'être installé sur le pont sans l'avoir demandé à personne.

Je demande donc au belge de le ramener simplement sur le quai. L'homme me regarde, surpris, et lance d'un ton sévère :

- Un bon bain lui fera du bien !

J'insiste pour qu'il le ramène sur le quai, prétextant que je ne veux pas de problème, d'autant qu'il ne sait peut-être pas nager et qu'il faudrait ensuite lui porter secours !

L'homme acquiesce enfin. Il reprend une nouvelle fois le marocain et le dépose parmi ses congénères qui, depuis le quai, observent silencieusement ce triste spectacle.

VI

POUR LA GLOIRE D'ALLAH

Le problème ne se renouvela pas durant les jours qui suivirent.

Il eut malgré tout l'avantage de me faire découvrir une facette encore inconnue du voyage : La confrontation avec la pauvreté.

Quelque chose de nouveau s'était produit non seulement sur le bateau, mais également dans mon esprit, quelque chose qui avait fait germé en moi une sorte de sentiment d'impuissance et de frustrations mêlées.

Ce pauvre bougre, dénué de tout, ne demandait sans doute rien d'autre que l'aumône d'un ou deux dirhams. Comment moi, qui n'ai besoin de rien, et dont la seule valeur marchande de mon propre bateau représente peut-être plus de dix fois ce qu'un honnête ouvrier marocain eût pu gagner une vie durant, avais-je pu faire fi d'une si triste destinée sans même en ressentir aucune gêne ? Aurai-je, depuis le départ de France, évolué au point de pouvoir demeurer insensible au spectacle que la reine de ce pays, Dame Misère, dispense gracieusement aux voyageurs de mon espèce ?

Des questions qui résonnent dans tout mon être et interpellent ma conscience, comme si celle-ci avait failli dans sa juste perception des choses de la vie telle qu'elle existe pour une immense majorité d'humains.

Nous faisons la connaissance de Lachem. Lachem est responsable de l'un des entrepôts de la zone portuaire. Il travaille pour une importante société d'import-export ayant son siège social à Casablanca.

Il nous invite à venir manger le couscous en sa demeure située sur les hauteurs de Safi. Nous pourrons ainsi savourer à loisir les splendeurs d'un fabuleux panorama, dit-il.

Nous nous présentons le lendemain à l'adresse indiquée et retrouvons notre ami en pleine conversation avec deux jeunes gens qu'il nous présente comme étant ses voisins.

L'intérieur de sa demeure n'offre pas à proprement parler tous les éléments de confort qu'il serait logique de rencontrer chez une personne faisant non pas partie de la bourgeoisie locale, mais dont la classe de vie se situe bien au-dessus de celle du marocain moyen.

Dans l'intérieur sombre et exigu d'une petite pièce, on distingue contre le mur, à même le sol, un méchant matelas recouvert d'une couverture de laine, un meuble de rangement situé dans son vis-à-vis et une table basse installée au centre sur un grand tapis. Autour de cette table, nos trois amis, assis en tailleur, attendent notre venue.

Au fond de la salle, une seconde ouverture, sans porte, nous fait pénétrer dans une sorte de pièce légèrement plus petite, mais moins obscure que la première, et qui semble être la cuisine. Derrière un réchaud à charbon, une femme s'affaire à la confection du couscous. Une femme relativement âgée dont le visage découvert laisse apparaître une peau ridée sous de longs cheveux noirs soigneusement peignés.

Cette dernière ne semble point faire cas de notre venue et continue son ouvrage comme si de rien n'était. C'est à peine si son regard croise le nôtre lorsqu'elle pénètre dans la pièce principale et dépose une cruche d'eau sur la table basse.

Nous saluons les trois jeunes gens et nous asseyons à leurs côtés, sur l'épais tapis recouvrant la quasi-totalité du plancher.

Lachem vit seul, sa famille étant originaire d'Essaouira, une petite ville distante d'une centaine de kilomètres. Il n'est venu à Safi que sur les recommandations de son père, afin d'y assurer un poste à responsabilité dans une société nationale.

Et s'il n'a encore pris aucune femme, c'est vraiment parce que cette vie de célibat lui convient tout à fait, dit-il. Il profite de ses jeunes années et verra lorsque l'heure sera venue. Du reste, les prétendantes ne manquent pas. Il lui suffit de claquer du doigt, affirme-t-il.

La servante pénètre une nouvelle fois dans la pièce, s'approche de notre hôte et lâche quelques paroles en arabe. Lachem répond d’un ton sec et autoritaire quelque chose la faisant retourner aussitôt dans la cuisine, comme si elle eût été effrayée de ce qu'elle venait d'entendre.

Je la vois alors s'asseoir à même le sol, non loin du réchaud, rajuster la longue écharpe lui recouvrant les épaules et attendre sans plus bouger.

Lachem engage une conversation sur la France, la région parisienne où plusieurs de ses oncles ont émigré il y a déjà quelques années. Puis, après un court moment de silence, il ajoute avec une sorte de clarté dans la voix que, pour lui, la France, ce n'est pas seulement l'Eldorado, l'endroit où l'on s'enrichit, c'est aussi et surtout la culture, l'intelligence, les idées novatrices. Et c'est bien pour cela qu'il aimerait, lui aussi, aller dans ce fabuleux pays. L'argent, il n'en a rien à faire, mais le reste... C'est un peu comme un mirage au-dessus des sables de sa destinée !

À ce moment, je l'interroge sur la pauvre femme qui semble être sa servante et qui, du fond de la cuisine, paraît attendre quelque chose, un ordre quelconque sans doute, sans pour cela n'oser faire quoi que ce soit qui risquerait de nous déranger.

Lachem nous présente alors Fatima. Elle est en effet non seulement sa servante, mais également celle de ses deux amis et de quelques autres villageois du quartier pour qui elle lave les vêtements et nettoie les maisons à raison de quelques dirhams par jour. Mais il ne l'a prise que pour la charité, assure-t-il avec le ton de quelqu'un qui ne ferait le bien que pour le bien.

Le malheur a quelque peu flétri son visage, mais elle n'a pas cinquante ans, et si elle travaille ainsi, c'est pour nourrir ses quatre enfants en âge d'aller à l'école. Son salaire n'est guère suffisant, dit-il, mais les gens lui offrent de la nourriture de temps à autre.

Fatima, sans doute avertie par cette espèce d'instinct qui semble nous prévenir lorsque l'on parle de nous, lève les yeux et dirige son regard vers le petit groupe que nous formons tous les cinq, assis autour de la table basse et conversant allègrement.

Je l'observe alors silencieusement, tout en écoutant les explications de Lachem qui n'en finit plus de vanter la charité des gens de son pays.

De cette pauvre créature assise à même le sol, dans la posture de la servante soumise, se dégage je ne sais quelle impression de tristesse mêlée à un étrange sentiment de tendresse.

Son visage, dont les rides sont quelque peu dissimulées par l'ombre que forme le demi-jour de la petite pièce, semble refléter une sorte de sérénité profonde. Du reste, ainsi présentée, avec pour tout parement celui de cette ombre lui camouflant quelque peu les outrages du temps, il semble qu'elle ait été très belle durant ses jeunes années.

Ses yeux sont de petits yeux comme en ont les femmes de par ici, ni trop ronds, ni trop allongés, et qu'ont l'air de souligner des sourcils fins et réguliers. Un nez aquilin vient rehausser des lèvres légèrement pulpeuses et un joli menton qui ne semble avoir été dessiné que dans le but d'être contemplé. Son front large et évasé laisse transparaître, sous les traits de la femme obéissante, une intelligence loin d'être en rapport avec sa situation actuelle. Elle est là, silencieuse, et attend que des ordres lui soient donnés.

Alors je m'interroge ouvertement. Comment donc une telle femme peut-elle être ainsi réduite au triste rôle de servante soumise et mal payée, c'est-à-dire à celui d'esclave ? N'y a-t-il pas eu un moment où cette créature, d'apparence sensible et dont le physique reflète une étrange beauté, a été mariée ? Et qu'est devenu son mari, est-il mort sans jamais avoir eu de biens à lui léguer ?

Lachem, après un court moment de silence ponctué par un petit rire malicieux, me conte alors la sombre histoire de Fatima la belle.

Ce fut effectivement une femme superbe durant ses jeunes années, née d'une famille bourgeoise et dont les prétendants étaient nombreux. Elle prit pour époux Mohamed, un riche commerçant de Safi, un homme intègre à ce que disaient les gens, quelqu'un de respectable à tous les points de vue dans cette société marocaine, allant à la mosquée le vendredi et s'accroupissant trois fois par jour face à l'est.

Il avait un physique avenant et n'était point inquiet de prendre femme, toutes celles de son entourage eussent volontiers consenti à lier leur vie à la sienne. Lorsqu'il rencontra Fatima, ce fut comme un coup de foudre. Il la suivit partout, la couvrit de cadeaux, elle et ses parents, jusqu'à ce que le mariage fût accepté.

Fatima était jeune et intelligente, et pour tout dire pas vraiment attirée par cet homme qu'elle n'entrevoyait pas, malgré sa richesse, comme étant celui de sa vie. Ce furent ses parents qui la poussèrent dans ses bras et la lui offrirent sans qu'elle fut elle-même consultée.

C'est ainsi que cela se passe dans notre société, explique notre ami. Les filles ont rarement leur mot à dire. Elles ne sont là que pour accepter la destinée que leur trace leurs parents.

Les festivités du mariage furent grandioses et se déroulèrent sur trois journées continues. Mouloud était encore jeune à cette époque, il n'avait à peine que dix ans, mais il s'en souvient comme si cela ne datait que d'hier. Ils vécurent en bonne entente durant plus de quinze longues années durant lesquelles elle lui donna quatre enfants.

Que se passa-t-il alors ? Nul ne le sait. Toujours est-il qu'un beau jour, il la répudia sans lui donner aucune explication. Il n'en voulait plus, sans doute épris d'une autre, plus jeune et peut-être plus jolie.

Dès lors tout fut dit. Fatima n'avait d'autre recours que celui de s'en aller, quitter le domicile conjugal avec ses enfants, quitter le père de sa progéniture, un homme qui avait prononcé, sans qu'elle en connaisse la raison et ne puisse s'y opposer, un divorce à ses torts, et se retrouver ainsi à la rue, seule, sans ressource, avec quatre enfants à charges, abandonnée de tous. Elle avait alors quarante ans ; l'âge de la vieillesse chez une femme maghrébine.

À mesure que Lachem me conte cette triste histoire, je me sens saisi d'une sorte d'immense dégoût. Je contemple la pauvre créature, immobile dans le faux jour de la petite cuisine.

Comment est-il possible que l'on puisse se conduire d'une manière aussi infâme envers un être aussi impuissant ? N'y a-t-il pas dans cette société surannée quelques lois protégeant les faibles des excès dont les forts sont capables ? J'interrompts Lachem dans le cours de son histoire et l'interroge sur la légitimité d'une pareille abomination.

La répudiation fait partie des traditions, me répond-il, c'est ici un droit séculaire pour les maris de disposer de leur épouse comme bon leur semble. La femme est la servante de l'homme ; elle lui est soumise, quoi qu'il arrive. Et si certaines se retrouvent ainsi à la rue, abandonnées, c'est sans doute qu'elles ont fauté d'une manière quelconque.

Puis, après un bref instant de réflexion durant lequel il sort une cigarette de l'une des poches de sa chemise, il ajoute sur un ton détaché, et comme si le sentiment était une chose encore inconnue sur cette partie de la planète :

- L'animal a été créé pour l'estomac de l'homme ; la femme pour son sexe ! Lorsque la femme ne peut plus satisfaire l'homme, alors il lui faut en changer.

Puis il se penche un peu et agite le bras en direction de Fatima qui se lève aussitôt et pénètre dans la pièce, tenant dans ses mains un plat de couscous encore fumant. Il ajoute alors d'un ton joyeux :

- Elle a quand même pour elle qu'elle fait bien le couscous...

Les pensées s'entremêlent dans mon esprit. J'observe la pauvre Fatima déposer délicatement le plat sur la petite table tout en s'efforçant de sourire. Son regard à ce moment croise le mien et s'y attache durant un court instant. Les traits de son visage qui, lorsqu'elle était assise dans le fond de la cuisine m'apparaissaient indistinctement, sont à présent comme éclairés par le peu de lumière diffuse arrivant de la porte d'entrée. Il me semble alors entrevoir, derrière un masque de rides sinueuses, toute la quantité de malheur et de souffrance que cette femme a pu endurer ces dernières années.

J'interroge à nouveau mon hôte sur le rôle de la religion dans de pareil cas. N'y a-t-il pas là, aux yeux de son Dieu et des écrits du prophète, quelque chose de condamnable, quelque chose qui, de par sa cruauté, se trouve en opposition même avec la ligne de conduite que tout bon musulman doit adopter ?

Les trois amis se mettent alors à sourire, comme si ma question leur semblait quelque peu innocente. Et, tout en se servant de grosses cuillères de semoule, Lachem me relate grossièrement la création de l'homme telle que le prophète l'a clairement expliquée dans les écrits saints. Puis celle de la femme, qui ne fut conçue seulement après que l'homme eut ressenti le besoin d'une compagnie.

Du reste, aux yeux de Dieu, la femme n'est toujours passée qu'au second plan. Elle n'a jamais été et ne sera jamais l'égal de l'homme. Ce serait d'ailleurs une grossière erreur que d'accepter pareille chose. Il faut un chef dans une famille, et ce chef sera toujours l'homme, du moins dans son pays.

Me voyant fort irrité par ce sujet que j'entrevois comme étant l'une des faille les plus pitoyables de cette société marocaine, Lachem dévie la conversation sur un autre sujet : Le bateau, la France, la politique du roi... Mais l'humeur n'y est plus de m'intéresser à ces choses m'apparaissant à présent comme dérisoires face au drame quotidien vécu par cette pauvre Fatima.

Alors je réponds aux questions en faisant mine d'être attentif aux propos tenus par les trois amis, mais en moi-même mon esprit révolté est ailleurs. J'observe la servante s'en retourner dans la cuisine et se rasseoir dans cette même posture d'attente sur un sol de petites briques rouges. Je la regarde rajuster sa longue écharpe noire et joindre les mains sur ses jambes repliées. Son tendre visage prend alors une telle expression de douceur qu'il m'est difficile de contenir l'émotion montante paralysant peu à peu mon for intérieur.

De temps à autre je porte une cuillère de semoule à ma bouche, mais l'appétit n'y est pas, et la joie qu'aurait été celle de partager un repas traditionnel avec des gens du pays se transforme en une sorte d'amère corvée qu'il me tarde d'avoir terminée.

Peu de temps après avoir achevé le couscous, nous prenons congé des trois amis, saluons la pauvre Fatima qui, du fond de sa cuisine n'ose répondre à notre salut que par un petit signe de tête à peine perceptible, et faisons retour vers le port.

VII

MOGADOR

Le cargo belge est parti, emmenant dans ses soutes quelques centaines de tonnes de phosphate. Un autre a pris sa place, battant pavillon russe et dont la couleur de la coque se confond avec cette couche de rouille recouvrant une bonne partie de son franc bord.

Sur les quais s'entassent des pyramides de blé autour desquelles manœuvrent sans discontinuer des dizaines de dockers marocains. Le remorqueur sur lequel nous sommes amarrés semble quant à lui complètement immobilisé. Non seulement il n'est pas sorti une seule fois en mer, mais personne depuis notre arrivée n'est venu effectuer un quelconque entretien, ce dont, bien sûr, nous ne pouvons nous plaindre.

Après une escale de dix jours dans ce grand port de commerce, nous nous décidons enfin à lever l'ancre pour Essaouira, une petite ville plus connue sous le nom de Mogador et située à une centaine de kilomètres au sud.

Il n'y a que peu de vent et le voilier, malgré sa grand voile et son génois tangonné, n'avance qu'à faible allure. La côte à l'air uniforme depuis le pont du bateau. Nous percevons de temps à autre ce qui nous paraît de très petites agglomérations et dont la carte ne mentionne pas même l'existence.

Cette côte, qui nous avait tant effrayés lors de notre atterrissage, semble à présent revêtir une sorte d'étrange attrait. Cette impression de sortir des sentiers battus et de naviguer à contre courant du flot des autres plaisanciers est absolument extraordinaire. L'escale de Safi nous a énormément apporté, non seulement dans la découverte d'une région et d'une culture très particulière, mais également dans la perception que nous avions du voyage. Ce n'est pas impunément que l'on côtoie des gens différents.

Toute cette misère entrevue dans un pays se trouvant aux portes même de l'Europe, cette différence extrême chez des gens tout à fait ordinaires dans une société complètement à part, produit une sorte de réaction sur l'optique de mon esprit.

J'ai l'impression, au-delà des simples clichés que le touriste moyen peu rapporter, que cette escale ne sera pas une escale comme tant d'autres durant les cinq années que durera notre périple. La charge émotionnelle engendrée par ces premiers rapports avec ce que l'on peut réellement nommer des misérables, cette femme répudiée devenue esclave après avoir été bourgeoise, toute cette lamentable réalité semble avoir déchiré dans mon for intérieur une sorte de voile qui faussait ma perception de la véracité des choses de la vie.

Claudette, quant à elle, se laisse tranquillement mener sans s'occuper de quoi que ce soit. Cette espèce de saut de puce représentant les cent kilomètres séparant Safi d'Essaouira est tout à fait ce qu'elle apprécie le plus dans la navigation. Partir le matin, arriver le soir et passer la nuit au port, voilà son idéal du voyage. Michka est de nouveau pelotonnée sur ses genoux et observe cet univers marin dans lequel elle ne semble non plus guère à l'aise.

La mer est belle. Le vent est faible, mais suffisant ; un temps de demoiselle quoi ! Il me tarde cependant d'arriver. D'après la carte, l'atterrissage sur Mogador est délicat à effectuer. L'endroit est constellé d'écueils, et pour peu que le balisage soit défectueux ou absent, l'arrivée de nuit serait impossible.

Il est dix-huit heures. Rien n'apparaît sur cette côte uniforme. Rien qu'une longue plage de sable blanc formant une continuité angoissante.

Le soleil touche à l'horizon. Ses rayons se font de plus en plus diffus. C'est l'heure bénie de la journée, et s'il n'y avait pas cette anxiété pesant sur nos esprits, nous serions encore une fois là, sur le pont, contemplant ce spectacle magique dont il semble que l'on ne puisse se lasser.

Si Mogador n'est pas en vue dans la demi-heure qui suit, alors il nous faudra poursuivre notre route sans pouvoir y faire escale. Une perspective ne réjouissant pas ma femme qui s'était vraiment faite à cette idée de passer la nuit au port.

Tout à coup, à l'extrémité visible de cette côte rectiligne, des formes se dessinent doucement, des formes ne ressemblant en rien à ce que nous avons pu voir durant ces premiers mois de navigation. Cela à l'air grandiose vu du pont du bateau et grossi par les verres de mes jumelles.

Ce sont des murailles, des murailles semblant surgir des profondeurs et se dressant face à l'océan. Les lumières tamisées du couchant éclairent cette construction humaine en conférant à sa structure quelque chose la rendant plus majestueuse encore. Ce n'est pas un atterrissage qu'il me semble faire en approchant ce fabuleux endroit, mais l'entrée dans quelque chose de complètement irréel.

Tout autour de cet immense rempart dominé par un amas de maisons blanches surmontées de quelques minarets, d'énormes rochers se détachent du bleu de l'Atlantique. Les vagues ne sont que de petites vagues à peine suffisantes pour créer une légère touche d'écume lorsqu'elles s'écrasent sur ces écueils inhospitaliers. Ceux-ci sont donc bien visibles et le chenal d'accès m'apparaît presque clairement en juxtaposant la carte devant ce décor extraordinaire.

Les voiles sont baissées. Le moteur est en route. Nous contournons un groupe de rochers, puis virons derrière une sorte de balise, pour enfin nous retrouver aux portes de Mogador.

L'impression est véritablement celle, non pas de pénétrer dans un petit port marocain, mais bien de faire une formidable incursion dans une cité d'un autre âge. Cette impression est accentuée par les variations de couleur sur les murailles dont les pierres nous apparaissent à présent non plus simplement brunes comme elles l'étaient il y a quelques instants seulement, mais de plus en plus vermeil, comme si le soleil, avant de disparaître dans les profondeurs de l'univers, avait décidé d'embellir une dernière fois cette cité en mêlant aux couleurs naturelles de la pierre celles d'or et de pourpre de ses rayons agonisants.

À peine avons-nous amarré le bateau sur un bout du quai resté libre que commence le défilé des autorités.

Le responsable de la capitainerie tout d'abord, puis encore une fois la police et pour finir la brigade des douanes en la personne de Rachid avec qui nous sympathisons aussitôt. Rachid exerce ses fonctions de douanier depuis quelques années dans ce petit port d'Essaouira et il ne manque aucune occasion d'échanger des idées avec les étrangers de passage lorsqu'il s'en présente.

Sa physionomie annonce un caractère ouvert. Son français est excellent et pratiquement sans accent, ce qui étonne au premier abord et place son collègue, venu l'épauler sans pour cela pouvoir prononcer une seule parole dans un autre langage que celui de l'arabe, dans une position d'infériorité.

Rachid n'est pourtant jamais venu en France et n'a de ce pays que l'image lui étant donnée par les quelques touristes de passage. La profession de gendarme que j'exerçais avant de quitter l'hexagone le met également en confiance, et à peine la fouille est-elle terminée que commence l'une des plus longues et plus mémorables soirées passées sur ce sol marocain.

Rachid est musulman, mais il ne dédaigne pas goûter aux différents apéritifs que je lui offre et qui ont vite pour effet de rendre la conversation riante et le verbe éloquent. Il fait partie de la classe des musulmans modérés, dit-il joyeusement.

La condition des douaniers, tout comme celle des policiers, est assez enviable dans ce pays, affirme-t-il. Son salaire est actuellement de mille cinq cent dirhams, soit un peu moins de mille de nos francs français, ce qui lui permis d'acheter une mobylette, il y a peu de temps. Karim, son collègue approuve en remuant la tête au moindre de ses propos, sans pour cela comprendre quoi que ce soit.

Malgré la bonne humeur et les vapeurs d'alcool flottant dans l'air, Rachid nous met en garde contre une pratique assez courante dans la région : Le trafic de Hachisch.

Deux français sont actuellement en prison non loin d'ici. Ils étaient venus en voilier, comme nous, et avaient fait escale à l'endroit même où se trouve notre bateau. Que se passa-t-il ensuite ? Cela était-il prémédité ? Toujours est-il qu'après la dénonciation d'un marchand, une nouvelle fouille fut effectuée à leur bord, et l'on retrouva quelques centaines de grammes de cet or brun que l'on nomme cannabis.

C'est pratique courante pour un marchand que de dénoncer son client. Il en est récompensé par une prime plus ou moins importante suivant la quantité de hachisch retrouvée.

Alors tout fut dit. Les deux français furent conduits à la prison de Kénitra où ils purgent leur peine depuis maintenant deux ans. Les parents de l'un d'eux sont arrivés à Essaouira il y a quinze jours et effectuent de fréquentes visites dans ce sinistre endroit.

Le voilier fut saisi et convoyé sur la côte nord où il fut très certainement revendu. Une belle unité, ajoute-t-il, avec deux mats, de belles cabines et un carré deux fois plus grand que le nôtre.

C'est alors qu'il nous conte les modalités d'un interrogatoire tel qu'ils se pratiquent lorsque le besoin se fait sentir. Le résultat est assuré. Il faut vraiment que le pauvre homme n'ait rien à se reprocher pour ne pas craquer et avouer ce dont il s'est rendu coupable. Ce ne sont pas des tortures au sens où on pourrait l'entendre en occident, affirme-t-il, mais de véritables techniques de coercition sans lesquelles ils ne pourraient que rarement découvrir la vérité.

Voyant que ce sujet m'attriste plus qu'il ne m'intéresse, Rachid enchaîne sur les particularités de cette ville d'Essaouira qui se trouve être la perle du monde arabe de la côte ouest.

Très tard dans la soirée, nos deux amis se décident enfin à quitter le bord, les yeux brillants de tous les alcools ingurgités, le pas chancelant et la parole chevrotante.

L'aspect touristique de cette petite ville contraste avec celui misérable des vieux quartiers de Safi. Les petites rues du centre sont littéralement envahies par de luxueuses boutiques de tapis et de souvenirs en tout genre.

On a, du reste, grand plaisir à arpenter les artères principales à l'ombre des arcades ou visiter la médina emplie des senteurs épicées de toute une quantité de condiments. Mais cette espèce d'abondance dont Essaouira, derrière les pierres de ses épaisses murailles, a l'air de se parer, n'est pas sans annuler les effets pervers que la présence de gens fortunés peut engendrer sur une autre population beaucoup moins aisée.

À l'extrémité de la ville, sur les larges trottoirs longeant la route principale, assises sur des bancs de pierre, des femmes au corps entièrement recouvert d'une grosse couverture blanche et dont on ne peut distinguer que deux petits yeux s'accrochant à votre regard lorsque vous passez, sont là à attendre l'éventuel client en mal de sexualité.

Car ces fantômes sont des prostituées.

Constituent-elles sans le savoir une véritable attraction pour l'européen en balade dans ce pays ? Toujours est-il que Rachid nous en a longuement parlé, allant même jusqu'à dessiner le plan de l'endroit où nous pourrions les rencontrer.

Nous arpentons ce long trottoir en observant furtivement ces silhouettes dont rien de l'apparence ne préfigure leur état. Qui sont-elles ? Femmes répudiées ? Jeunes filles de misérables familles ? Trop plein du harem de quelques vieux bourgeois mafieux ? Quel âge peuvent-elles avoir ? Sont-elles belles sous leur épaisse couverture blanche ? Leur corps offre-t-il tous les charmes que peut en attendre l'éventuel client ?

L'allusion que fait Claudette en les assimilant à des pochettes surprises me fait légèrement sourire, mais en moi-même mon âme tout entière se révolte de penser que peut-être, pour la majorité d'entre elles, ce n'est que contraintes et forcées qu'elles acceptent de se soumettre à ce triste labeur.

Quelques dirhams et elles sont à vous ! Et en échange d'une vingtaine de nos francs, elles restent la nuit entière et font à manger le lendemain, nous a expliqué Rachid, accoutumé sans aucun doute à ce genre de pratique.

Même en « travaillant » chaque jour, elles ne pourraient prétendre à un salaire équivalent à celui d'un simple douanier. La femme est esclave dans cette société, et cette marchandise que représente son corps en est largement dépréciée.

Nous passons une nouvelle fois les murailles et faisons retour vers le centre ville.

VIII

MOULOUD

Nous sommes en octobre et les touristes ne grouillent pas comme durant la saison estivale. Il semble même que nous soyons les seuls européens à visiter cette étrange cité. Partout où nous passons les marchands s'égosillent à vouloir nous attirer dans leur boutique. Et lorsque nous nous laissons tenter, à peine avons-nous franchi la porte que déjà une petite femme nous apporte le thé à la menthe sur un plateau finement ciselé.

C'est alors que nous rencontrons Nicole et Bernard, deux français originaires des Côtes-du-Nord. Leur présence à Essaouira n'est en rien motivée par l'attrait touristique que peut constituer cette petite ville. Il s'agit en fait de ce couple dont nous a parlé Rachid et qu'il nous a présenté comme étant les parents de l'un des deux détenus français de la prison de Kénitra.

Ils sont accompagnés de Mouloud, un Marocain d'une quarantaine d'année, un homme d'apparence timide, se tenant toujours en retrait, comme s'il avait peur de déranger.

Nous nous asseyons à la terrasse d'un café et faisons plus ample connaissance.

Cela fait effectivement une quinzaine de jours qu'ils sont au Maroc. Et ce ne sont pas les parents, mais simplement les amis de l'un des deux navigateurs emprisonnés dont le voilier fut saisi par la brigade des douanes. En fait de trafic de drogue, cela se limitait à quelques barrettes de hachisch, nous explique Bernard, à peine cent cinquante grammes, leur consommation personnelle en quelque sorte, et peut-être de quoi en offrir aux amis de passage, ajoute-t-il tristement. C'est en enfer qu'ils sont à présent, continue-t-il avec dans le ton quelque chose de glacial vous faisant frissonner jusqu'à la racine des cheveux.

Après un court instant de silence, il nous présente Mouloud, son « guide » durant leur séjour dans ce pays. Un guide tout à fait particulier car il ne s'agit pas d'une affaire de tourisme, ni d'un quelconque business, mais bien de l'univers carcéral dans ce maudit pays, dit-il.

Mouloud vient de purger une peine de trois années au pénitencier de Kénitra. Il connaît toutes les combines pour venir à bout des tracasseries administratives et aider les deux détenus français en soudoyant leurs gardiens. Seul un marocain habitué aux pratiques illicites de ce genre d'endroit pouvait les assister de cette manière. Grâce à lui, le parloir est plus aisé et il est devenu possible de rester au-delà du temps réglementaire, si tant est qu'il existe un règlement.

Mouloud secoue la tête et sourit. Mais son regard est fuyant, comme s'il avait véritablement l'impression d'être de trop à notre table. Rien de sa physionomie ne laisse pourtant présager une quelconque timidité. Au contraire, des cheveux coupés courts encadrent un visage d'où ressort un gros nez aplati et deux grands yeux en perpétuel mouvement. Sa joue gauche est marquée par une fine balafre se terminant non loin du lobe de son oreille. On sent, à travers les rides d'un front carré, que la souffrance a marqué cet homme et que, pour lui, certaines des années passées ont véritablement compté double.

Tout en considérant cette face basanée laissant plus transparaître le réprouvé que l'honnête citoyen, je le questionne sur sa région, sa famille, et puis ses trois années passées à Kénitra.

Alors, comme si une sorte de déclic venait de produire une réaction dans son for intérieur, il se met à nous raconter. De cet être qui, au départ, semblait non seulement hésitant mais également quelque peu timoré, un véritable flot de paroles âpres et profondes surgit subitement.

Sa faute, il ne veut pas en parler. Elle ne nous intéresserait pas d'ailleurs ; une simple petite erreur face à l'immense infamie dans laquelle il se retrouva plongé peu de temps après.

Ce calvaire de trois années débuta à la prison de Kénitra, située au nord de Rabat, la capitale. À peine le fourgon cellulaire eut-il franchi le portail d'entrée qu'on le mena à travers un long couloir desservant une dizaine de cellules.

La porte de l'une d'elles s'ouvrit, faisant apparaître, assis pêle-mêle à même le sol, une quinzaine de pauvres êtres, déguenillés pour la plupart, et dont les regards tournés vers le nouvel arrivant ne laissaient transparaître qu'une sorte de détresse effarouchée, comme si ces gens eussent craint quelque chose de bien plus effroyable que la venue d'un nouveau détenu.

On le poussa si violemment dans la cellule qu'il buta sur l'un des misérables et tomba lourdement sur un sol froid et humide. La porte se referma sans qu'aucune explication ne lui fût donnée. On lui avait simplement retiré ses papiers d'identité. Telles furent effectuées les formalités d'entrée.

Mouloud se releva. L'homme sur lequel il avait buté était un vieillard, à en croire les rides profondes d'un front large et dégarni. Ses cheveux étaient blancs et son regard vitreux. Le coup n'eut pas même pour effet de le faire tressaillir. Il était là, parmi ces pauvres bougres, tel un zombi que la mort avait fini par endormir.

Tout autour de lui, adossés aux murs ou accoudés sur les carreaux de ce sol noirâtre, les autres le considéraient étrangement. Ils étaient une quinzaine dans cette cellule à peine plus grande que la petite chambre dans laquelle il avait grandi à Casablanca. Mais de cette sombre assemblée ne se dégageait qu'un lugubre silence. Tous l'observaient sans émettre aucun son qui eût ressemblé à une parole.

Il y avait des gens de son âge, mais il se trouvait également des vieillards, ainsi qu'un jeune homme, presque un enfant, recroquevillé sur lui-même, les mains jointes à hauteur de sa joue gauche, comme s'il était dans l'attente d'être battu.

Non loin de lui, un homme d'une quarantaine d'années semblait dormir tranquillement. Il était plus corpulent que les autres. De gros bras musclés ressortaient d'une chemise trop étroite. Il était adossé au mur, mais son dos se trouvait maintenu par un empilage de couverture, ce qui soulageait ses aisselles et rendait la position confortable, contrairement aux autres dont certains étaient obligés de se maintenir avec les coudes.

Après quelques instants d'un profond silence, l'un des prisonniers lui fit une question. Puis un autre. Ce fut pour finir une sorte d'étrange conversation qui s'engagea. Chacun l'interrogeait sur son passé, ses origines, et la faute qu'il avait commise pour atterrir dans ce sordide endroit.

À ce moment, une grosse voix rauque se fit entendre derrière lui, celle de cet homme sur ses couvertures.

- As-tu de l'argent pour payer ton sommeil cette nuit ?

Ce fut à nouveau le silence dans la cellule. Mouloud se retourna et considéra son interlocuteur durant un court instant. Puis, comprenant sans doute de trop le sens de la question et le triste rôle qu'il jouait parmi ces pauvres bougres, il répondit qu'il n'avait malheureusement pas un dirham en poche, que les gardiens lui avaient pris le peu qu'il possédait et que sa famille étant très pauvre il était tout à fait improbable d'en attendre un quelconque secours.

L'homme réfléchi un moment, puis lança d'un ton plus coléreux qu'autoritaire :

- Alors tu iras pioncer dans les chiottes...

Puis il se remit à dormir tel un bienheureux.

La conversation repris. Mouloud s'installa contre le mur, à l'opposé de cette espèce de brute, près d'un homme de son âge qui s'écarta pour lui laisser un peu de place.

Ils étaient exactement dix-sept, entassés dans cette sombre cellule d'une quinzaine de mètres carrés. Nous étions au début de l'après-midi et Mouloud n'avait rien avalé depuis la veille. La distribution de soupe avait eu lieu avant qu'il n'arrive, et il lui fallait à présent attendre avant de pouvoir à nouveau manger.

Lorsque vint le soir, après que l'espèce de mixture composée de mauvais haricots dans une eau saumâtre leur fut servie, la porte de la cellule s'ouvrit une seconde fois et la silhouette d'un gardien apparut. La clarté du couloir était plus intense que celle de leur cachot, et les prisonniers apercevaient nettement cette silhouette, dont les contours se découpaient presque farouchement, sans pour cela pouvoir distinguer quoi que ce soit de sa physionomie qui semblait noyée dans une pénombre indéfinissable.

Une seconde personne se trouvait derrière lui. Elle était suffisamment en retrait pour que les lueurs du jour puissent l'envelopper entièrement sans créer aucun effet de contraste avec l'obscurité de la cellule, de telle sorte que l'on pouvait nettement apercevoir les traits de son visage.

C'était un jeune homme d'une quinzaine d'années à peine. À ses vêtements qui n'étaient que de misérables hardes, ses mains jointes derrière le dos et son attitude prostrée, on devinait qu'il s'agissait d'un nouveau détenu.

- Khaled, quelqu'un pour toi... lança le gardien d'une voie rauque.

L'homme à qui s'adressait cette petite phrase était celui aux couvertures. Il se leva prestement et observa durant un court instant l'adolescent.

Deux cents dirhams (1), ça te va ? fit à nouveau le gardien d'un ton plus conciliant.

- D'accord ! répondit Khaled en se rasseyant. Puis il sortit quelques billets de l'une des poches de sa tunique et les tendit à la silhouette.

---

(1) : Cinquante francs.

Le gardien enleva les menottes du jeune et pénétra avec lui dans la cellule. Il prit les billets et ressortit aussitôt en refermant la lourde porte.

L'adolescent était resté debout, au beau milieu des prisonniers qui l'observaient silencieusement. Il ne bougeait pas, mais ses bras repliés sur son torse et sa tête baissée, laissaient entrevoir toute la quantité d'anxiété qui l'habitait à ce moment même.

- Viens ici... lança Khaled d'une voix violente.

L'enfant demeura immobile. Soit qu'il n'eût pas entendu l'injonction lui étant destinée, soit qu'il s'agissait d'une sorte de première désobéissance à celui qui se révélait comme étant le chef incontesté de cette triste assemblée.

Ce qui se passa ensuite fut absolument effroyable. Khaled se leva d'un bond, attrapa l'adolescent et le précipita vers sa couche en lui administrant une violente gifle. L'enfant se mit à pleurer désespérément.

- Quand je te dis de venir ici, il faut venir ici ! hurla l’homme en mâchant à moitié ses mots.

Puis il déchira presque convulsivement ses pauvres hardes, mettant ainsi à nu un corps rachitique sur lequel il promena ses grosses mains rugueuses.

L'enfant, ne comprenant pas dans un premier temps ce que lui voulait cet homme, se mit à pleurer de plus belle, puis à hurler de terreur, des hurlements qui résonnèrent dans tout le bâtiment sans qu'aucun des gardiens de service n'intervînt.

Alors Khaled le frappa à nouveau, des gifles, puis des coups sur les épaules, jusqu'à ce que l'enfant réalisât que tout était inutile et qu'il allait devoir subir, impuissant, les pulsions abjectes de ce triste individu.

Durant un long moment, il fut comme une larve et du se soumettre à l'abomination la plus épouvantable pouvant exister sur cette terre, s'agissant d'un enfant, sous le regard atterré des autres détenus qui observaient, impuissants, cette scène édifiante. Ce fut horrible. Dante, dans son enfer, n'eut pas trouvé mieux pour définir le mot souffrance.

Au bout d'un certain temps, sans doute repu de toute cette abjection, l'homme repoussa l'adolescent d'un geste méprisable, se rhabilla, puis s'allongea sur ses couvertures.

Alors on n'entendit plus dans la cellule que les tristes gémissements de cette pauvre victime, recroquevillée sur elle-même dans la pénombre de la nuit montante.

Des dix-sept témoins de cette scène effroyable, aucun n'avait osé bouger. C'est tout juste s'ils avaient osé regarder le supplice du jeune homme. La terreur qu'inspirait Khaled était telle que pas un n'avait même prononcé la moindre parole. Ils étaient là, pareils à un troupeau de moutons que le loup effaroucherait.

Peu à peu, l'obscurité se fit dans la cellule. Les détenus s'allongèrent un à un sur quelques couvertures disposées à même le sol. L'espèce de soupirail figurant ce que l'administration pénitentiaire marocaine nommait une fenêtre étant à peine suffisant pour que les rayons du soleil puissent filtrer lors de la pleine journée, il était tout à fait illusoire, le soir venu, d'en espérer quelque clarté, même lors des nuits de pleine lune.

Les prisonniers préparèrent donc leur sommeil avant que l'obscurité n'ait complètement envahi l'endroit. La place était restreinte. Il semblait du reste qu'une sorte de découpage au sol ait été étudié de manière à ce que chacun puisse avoir une longueur suffisante pour s'étendre sans pour cela empiéter sur son voisin. Certains avaient la tête contre le mur, alors que d'autres se trouvaient en travers dans leur prolongement.

Il n'y avait guère que Khaled qui puisse se remuer convenablement, ayant pratiquement quatre places à lui seul, des places que personne n'eut osé lui discuter. L'adolescent, dont les sanglots ne discontinuaient pas, occupait une petite partie de la couche de son tortionnaire. Il était là, complètement nu, prostré à même un sol froid et humide.

Mouloud du se lever pour laisser les autres s'allonger. La cellule n'était pas suffisamment grande pour qu'il puisse lui aussi trouver un endroit où s'étendre et dormir correctement.

L'un des détenus lui fit un petit signe indiquant les W.C.. C'était là en effet la place que lui avait réservé Khaled le matin même. Mouloud n'avait fait aucun cas de cette petite phrase lancée de manière aussi violente

- Tu iras pioncer dans les chiottes...

Il s'agissait effectivement de la seule solution possible s'il voulait ne pas passer la nuit debout. Il enjamba les corps de ses camarades et pénétra à l'intérieur de ce réduit que délimitait un petit muret haut d'une cinquantaine de centimètres.

Derrière ce muret se trouvait un simple trou par où chacun venait faire ses besoins. Un robinet sortait du mur et formait un appendice sous lequel on pouvait se laver.

L'endroit était petit et l'odeur insupportable. Il lui semblait impossible qu'un être humain puisse s'allonger ainsi au-dessus de ce trou, et trouver le sommeil comme si de rien n'était.

Il demeura debout un long moment, puis finit par s'asseoir sur le muret et réfléchir à cette situation insensée. L'obscurité s'était faite autour de lui. De tous ces hommes serrés les uns contres les autres, on n'entendait plus qu'une série de ronflement inégaux. Seul l'adolescent semblait n'avoir pas réussi à s'endormir. On l'entendait doucement sangloter.

Mouloud, épuisé par cette terrible journée, s'adossa au mur de la cellule et ferma les yeux. Mais le muret sur lequel il était assis n'offrait pas suffisamment de surface sur sa tranche pour qu'il puisse se maintenir confortablement. Durant un long moment, il lutta pour ne pas tomber lorsque, las de toutes ces choses immondes, il réussissait à s'assoupir et que sa tête retombait lourdement sur son épaule.

Enfin, après quelques heures passées dans cette position intenable, harassé, n'en pouvant plus de se maintenir contre ce mur, l'esprit embrouillé par toutes ces phases de somnolence entrecoupées de réveils brutaux, il se laissa pour ainsi dire glisser dans le réduit, et, la tête coincée dans l'angle du mur, le corps replié au-dessus de ce trou nauséabond, il sombra dans un sommeil plus proche de la léthargie que de l'endormissement du commun des mortels.

Un coup violent vint le réveiller. Tout était noir autour de lui, tant dans la cellule que dans son esprit encore embrouillé. Il ressentit une vive douleur au niveau de la hanche.

Où était-il ? Il dut faire effort pour mettre bout à bout les souvenirs de la journée passée et de nouveau affronter cette sordide réalité.

Il sentit qu'on le remuait. Une ombre était là, au-dessus de lui, et l'apostrophait violemment en le frappant à coups de pieds.

- Enlève-toi de là ou je te pisse dessus... lui disait cette ombre.

Mouloud se redressa prestement et sortit des WC. C'était Khaled, la brute, l'être immonde lui ayant assigné cette place sans se préoccuper de quoi que ce soit, et venant faire ses besoins à l'endroit même où il avait passé la nuit.

Mouloud ne répliqua rien. Le sommeil engourdissait encore son esprit. Il était courbatu et eut volontiers prolongé sa nuit, même dans l'abjection de ce sordide endroit, si l'on n'était pas venu l'en sortir si brutalement.

Les premières lueurs du jour filtraient à travers le soupirail et offraient la sinistre vision de tous ces corps allongés les uns à côté des autres et formant comme un tapis humain dont les formes n'étaient encore qu'à peine perceptibles.

Non loin de la porte, le vieillard, sur lequel il avait buté la veille lors de son arrivée, était assis et laissait face à lui un emplacement suffisant pour que Mouloud puisse également s'asseoir. Il enjamba les corps inertes de ses codétenus et demanda au vieillard l'autorisation de prendre place devant lui. Puis il se mit en tailleur et demeura ainsi, immobile, les yeux fermés, tentant désespérément de fuir par la pensée ce cauchemar dans lequel il était plongé.

IX

LA PUNITION

À mesure que la lumière du jour rendait les détails de plus en plus visibles, on distinguait, venant du dehors, une sorte de clameur confuse. Il semblait que la prison s'animait avec la montée du soleil. Quelques oiseaux chantaient, propageant la douceur de la saison jusque dans cet immonde endroit ; La nature n'a que faire du malheur des hommes.

Peu à peu, ces ombres étendues sur le sol se mirent en mouvement. Certains se levaient, allaient aux W.C., puis exécutaient quelques mouvements de musculation en soufflant bruyamment. D'autres conversaient allègrement, se racontant leurs rêves .

On entendit une sorte de roulement venant du couloir. La porte s'ouvrit, laissant entrevoir, devant un chariot supportant le poids d'un énorme récipient, un homme vêtu d'une tunique grise et appelant à la soupe.

Mouloud se leva prestement et l'apostropha d'un ton désespéré :

- Je veux une autre cellule... Il n'y a pas de place pour moi ici...

L'homme demeura silencieux

Mouloud répéta plus fort sa supplique, puis, voyant la mine indifférente de son interlocuteur dont la seule préoccupation était de distribuer de bien maigres repas, il se mit à hurler, comme si l'horreur de ce qu'il venait de vivre depuis la veille pouvait être de nature à scandaliser l'ensemble des fonctionnaires de l'établissement.

- Je ne veux pas rester ici, il n'y a pas de place, nous sommes trop nombreux, je veux une autre cellule...

Ses paroles résonnèrent affreusement dans le couloir et eurent aussitôt pour effet de faire accourir l'un des gardiens, une sorte de brute dont l'allure fit frémir Mouloud plus qu'elle ne le tranquillisa. L'homme, du reste, était celui ayant vendu le jeune adolescent à Khaled la veille au soir.

- Tu vas la fermer ta gueule, lança-t-il furieusement, t'es ici pour en chier, même si tu dois en crever. D'ailleurs, j'espère bien que t'en crèveras, tu ne seras pas le premier...

Mouloud ne se découragea pas pour autant :

- Je veux voir le directeur.

Alors l'homme, dont on avait encore une fois bien du mal à distinguer les traits, s'avança brusquement, lui attrapa le bras et le tira violemment à lui.

Mouloud, ne s'attendant pas à être extirpé de cette manière, buta dans la lourde porte en bois, puis renversa l'un des bols de soupe que l'homme chargé de la distribution tendait du bout des doigts.

- Tu veux voir le directeur... Je vais t'y emmener moi... fit le gardien d'un ton violent.

Il se retrouva en quelques instants dans une sombre pièce située à l'extrémité du couloir, à genoux sur le sol, ployant sous la douleur de plus en plus aiguë que l'homme avait presque plaisir à provoquer en serrant fortement l'un des muscles sensibles de son cou.

La pièce était vide, mais il semblait qu'elle fut occupée peu de temps avant son arrivée. Des papiers figuraient pêle-mêle sur un large bureau derrière lequel trônait un gigantesque fauteuil. Un service à thé d'où s'exhalait une délicieuse odeur, était disposé sur l'un des bords et attendait que quelqu'un se servit.

Un homme entra par une seconde ouverture donnant sur une petite chambre obscure, un homme d'une cinquantaine d'année habillé d'une longue djellaba blanche et souriant bizarrement en apercevant son subordonné.

Le gardien lâcha alors le cou de Mouloud et le poussa violemment. Mouloud, déséquilibré fut littéralement projeté sur les petites briques rouges qui garnissaient le plancher. Il se releva douloureusement et salua respectueusement le directeur dont l'apparence vestimentaire faisait plus ressortir le bon musulman que le dirigeant de cet ignoble centre de détention.

Il n'eut cependant le temps de prononcer aucune parole que le gardien avait résumé ironiquement de la façon la plus succincte le fond même du problème.

- Ce Monsieur n'est pas heureux dans sa cellule...

Pour toute réponse, l'homme s'assit dans son fauteuil et lança cette petite phrase bien énigmatique :

- Dix jours devraient suffire...

Son regard était glacial, sournois, et laissait entrevoir non seulement toute la distance le séparant de Mouloud, mais également cette espèce de privilège de pouvoir disposer comme bon lui semble de la vie de plusieurs milliers d'êtres humains.

Mouloud tenta alors de prendre la parole, d'expliquer les choses abjectes qu'il avait vécu ici même, à quelques centaines de mètres de ce bureau, des choses que peut-être le directeur ignorait. Il commença par le manque de place dans la cellule, et sa nuit allongé à même le sol des WC.

Il voulut en dire plus, dénoncer ce trafic de chair humaine, le viol de ce pauvre enfant devant l'ensemble des détenus, mais l'homme à qui s'adressaient ses paroles semblait complètement indifférent à ses propos. À de certains regards, on l'eut même dit plutôt importuné. À peine eut-il fini de conter son affreuse nuit dans les WC que l'homme regarda le gardien et jeta d'une manière dédaigneuse ces quelques mots énigmatiques :

- Ce sera vingt jours...

Mouloud reçu à ce moment un violent coup de poing dans l'épaule qui le projeta à terre. Que cela signifiait-il ? Comment était-il possible que l'on puisse être traité de cette manière devant le responsable de la prison ? Il n'eut le temps de se perdre en aucune conjecture. Le gardien ramassa un balai dans le fond de la pièce et s'approcha une nouvelle fois de lui. Mouloud, pris de panique, se recroquevilla en protégeant instinctivement sa tête entre ses bras.

Alors ce fut terrible. Sans même qu'il eût pu dire quoi que ce soit, demander le pourquoi d'une pareille chose, ou implorer un quelconque pardon, il sentit le balai s'abattre furieusement sur lui. L'homme semblait ne faire aucun cas de ses cris, ses suppliques confuses et étouffées, son attitude prostrée. Il frappait. Il frappait sur le dos, les jambes recroquevillées, la nuque que ses mains tentaient de protéger. Les coups retombaient en produisant un bruit sourd qui résonnait dans toute la pièce. Et le directeur riait. Mouloud ne voyait pas son visage, mais à travers les douleurs affreuses qu'il ressentait, il percevait confusément le rire diabolique de cet être monstrueux.

Enfin, alors même qu'il pensait ne plus pouvoir tenir, qu'il sentait ses forces le lâcher, sa raison le quitter, l'homme reposa le balai, lui mis encore quelques violents coups de pieds et le traîna littéralement vers la porte.

Aucune autre parole ne fut prononcée par le directeur. Ce fut tout juste si celui-ci leva les yeux pour répondre lorsque son subordonné le salua respectueusement en quittant son bureau.

À peine Mouloud fut-il dans le couloir que le gardien le fit se lever en lui flanquant encore quelques coups dans les côtes. Il lui enchaîna les mains derrière le dos et, sans même lui donner aucune explication, le tira furieusement par l'épaule.

Mouloud ne pouvait opposer aucune résistance, ni émettre une quelconque objection. Où l'emmenait-on ainsi ? Qu'était-ce que ces dix, puis vingt jours prononcés par le directeur ? Il lui était incapable de réfléchir à quoi que ce soit tant ce qu'il vivait était effrayant. Il avait fait en quelque sorte, et de manière quasi inconsciente, le vide dans son esprit et se laissait mener sans que ses pensées ne puissent analyser, même de la manière la plus succincte, ce qui lui arrivait en ce moment. Il était comme qui dirait la bête que l'on emmène à l'abreuvoir ou que l'on conduit à l'abattoir.

Il traversa ainsi le bâtiment, et se retrouva face à un escalier au bas duquel on distinguait une sorte de sous-sol obscur.

À la vue de ces degrés abrupts il eut un sursaut de terreur. Il lui semblait y avoir là comme un affreux précipice. Une odeur de fétidité remontait en lui picotant les narines. Il esquissa de manière tout à fait instinctive un semblant de résistance et s'arrêta sur la première des marches.

La réaction du gardien fut immédiate. D'un geste violent, et sans même lui avoir retiré les menottes, il le précipita littéralement dans l'escalier. Le choc fut rude. Mouloud ne tomba pas. Il roula pour ainsi dire sur chacun des degrés. Sa tête cogna plusieurs fois. Il lui sembla que c'en était fini, qu'il lui était impossible de survivre à un pareil traitement et que, d'ici peu, il se sentirait emporter par le souffle libérateur de la mort.

Arrivé en bas, il eut pourtant encore la force d'ouvrir les yeux et d'entrevoir la silhouette terrible de son tortionnaire descendre d'un pas lent en riant aux éclats.

L'homme se courba, lui enleva les menottes, puis le souleva d'un mouvement violent et le colla contre le mur.

Mouloud n'était plus qu'un pauvre pantin. Les douleurs qu'il ressentait sur son crâne, ses côtes, ses jambes, l'obscurité de l'endroit, l'odeur nauséabonde, et puis cet être monstrueux, tout cela finissait par sembler irréel. Il eut un moment le sentiment non pas de subir, impuissant, un sort abominable, mais plutôt d'être le spectateur de son propre supplice, un peu comme si son esprit, à force de violence, avait quitté l'espace d'un instant son enveloppe charnelle pour la soulager d'une condition ayant largement dépassé les limites du supportable.

Cet état second ne dura malheureusement pas. Le gardien n'avait que peu parlé jusqu'à présent, il ne semblait capable que de donner des coups, tel l'un de ces chiens dressés pour l'attaque et ne pouvant discerner autre chose que la victime sur laquelle il doit planter ses crocs. À peine Mouloud fut-il debout, chancelant contre le mur, que l'homme fit entendre sa voix.

- Déshabille-toi ! lança-t-il d'un ton rude à travers lequel on sentait toute la quantité de hargne qui l'animait.

Mouloud, ne réagissant sans doute pas assez rapidement à cette injonction, il attrapa le devant de sa chemise et tira si violemment qu'un long morceau lui resta entre les mains.

En quelques instants, Mouloud fut dépouillé de ses pauvres hardes et se dressait devant son tortionnaire, nu comme un ver et frémissant dans le froid humide.

Tout en subissant ces violences, ses yeux s'étaient faits à l'obscurité et des formes plus ou moins confuses lui apparaissaient par endroits. Face à lui, dans une espèce de renfoncement pratiqué à même le mur, se dessinait une forme inquiétante, quelque chose de bizarre pendant sur une barre suspendue à hauteur d'homme. On eût dit une sorte d'étrange hamac. Cela formait comme un arc de cercle et semblait figé dans la pénombre ambiante.

Le gardien lui enchaîna à nouveau les poignets derrière le dos et le tira violemment à travers ce long couloir obscur. Mouloud passa alors devant le renfoncement, et les contours de ce qui n'était qu'une forme confuse se dessinèrent nettement devant lui.

Le hamac, qu'il avait cru entrevoir, était en fait le corps d'un être humain, un homme maintenu arc bouté en arrière, face au sol, par des liens enserrant ses poignets et chevilles sur la barre. On avait déposé sur son dos un sac de sable, sans doute destiné à augmenter la pression sur ses membres et sa colonne vertébrale et rendre ainsi la douleur insupportable. Des cheveux longs et crépus camouflaient en parti son visage. Il était silencieux et inerte.

Ce fut pour Mouloud comme une hallucination, quelque chose ne pouvant être réel. Il passa près de cette ombre terrible et la contempla l'espace d'un instant.

Était-ce un mort ? Un souffle de vie pouvait-il encore miraculeusement habiter cet homme après un pareil traitement ? Existe-t-il donc dans les prisons du roi Hassan une faute qui puisse à ce point justifier une telle abomination ?

Aucune de ces interrogations ne se faisait nettement dans son esprit. L'état dans lequel il se trouvait, la terreur que lui inspirait le gardien, et le sort qui allait lui être également réservé, faisaient qu'il ne lui était plus possible d'éprouver la moindre pitié, ni même d'ébaucher la moindre réflexion. Il contempla simplement le supplicié en se laissant lui-même mener, impuissant, presque inconscient dans ses pensées, tel un zombi que rien ne pouvait plus éveiller.

Il arriva près d'une porte basse, une de ces portes de bois comme on en trouve dans les caves et où il est nécessaire de se baisser lorsque l'on veut entrer. L'homme sortit une énorme clef et la glissa dans la serrure. La porte s'ouvrit, laissant apparaître un intérieur plus obscur encore que ne l'était le couloir. L'odeur nauséabonde lui ayant jusqu'à présent picoté les narines sembla à ce moment lui assaillir le visage.

Le gardien le poussa dans le réduit, puis entra à son tour en marmonnant entre ses dents :

- Ah, ta cellule ne te convenait pas...

L'endroit était étroit, trois ou quatre mètres carrés tout au plus. On eût pu toucher les deux murs en écartant simplement les bras. Une légère clarté semblait arriver d'une minuscule ouverture pratiquée face à l'entrée, c'est du moins ce que l'on croyait discerner au premier abord en pénétrant les lieux.

Le gardien l'obligea à se recroqueviller sur lui-même, puis il lui prit les menottes et, sans même détacher ses poignets, les enchaîna dans un anneau scellé au mur à une trentaine de centimètres du sol. Ceci fait, il s'en retourna en lançant cette petite phrase d'un ton amer :

- Je vais t'apprendre à vivre moi...

La porte se referma bruyamment. Mouloud fut dans un premier temps soulagé de voir disparaître cet homme monstrueux, puis il se rendit vite compte que sa position était malaisée. L'anneau était suffisamment bas pour qu'il puisse s'asseoir à même le sol, mais ses poignets, enchaînés derrière le dos, étaient trop hauts et il sentait ses bras et ses épaules s'ankyloser lentement. Il dut se mettre à genou pour faire cesser la douleur et soulager ses articulations.

À cela s'ajoutait cette odeur infecte à laquelle il finit cependant par s'accoutumer. Celle-ci lui avait semblé intenable en entrant dans ce cachot, mais à présent qu'il se trouvait seul et incapable du moindre mouvement, hormis celui de se mettre à genou ou de s'asseoir en tailleur, il finit presque par oublier cette puanteur et respirer comme si de rien n'était.

Lentement ses prunelles se dilatèrent et les contours de son cachot lui apparurent confusément. L'endroit était vraiment très étroit. On distinguait sur le sol une sorte de relief. Cela était petit et l'on n'eût pu dire s'il s'agissait d'une proéminence de la terre ou de quelque chose ayant été déposé à de certains endroits.

Il était complètement nu, et le froid humide commençait à le faire frissonner. À cela s'ajoutaient les douleurs occasionnées par les coups reçus dans le bureau du directeur et sa chute dans l'escalier. L'un le faisait particulièrement souffrir au niveau de l'oreille gauche. Sa tête avait heurté violemment l'une des marches, mais c'était son oreille qui avait tout encaissé. Il lui semblait qu'elle était complètement écrasée.

Quelle heure pouvait-il être ? Seule la clarté blafarde apportée par l'espèce de fente pratiquée dans le mur lui donnait quelque indication sur le moment de la journée.

Combien de temps le laissera-t-on ainsi ? Il se rappelait bien cette petite phrase prononcée par le directeur de la prison : « Ce sera vingt jours... », mais de toute évidence il ne pouvait s'agir du temps passé dans ce réduit lugubre ; aucun être humain ne pourrait tenir autant de temps dans un pareil endroit, pensa-t-il. Son esprit analysa toutes les données de cette nouvelle situation et les conclusions qu'il en résultait étaient que malgré la bestialité de ces gens, malgré leur peu de souci du respect de la nature humaine, il était impossible qu'on le laissa croupir une aussi longue période dans ce trou nauséabond.

Et puis l'image de cet homme suspendu à la barre de fer lui revint à l'esprit. Alors Mouloud ferma les yeux et, chose poignante à énoncer, se mit doucement à pleurer. Durant un long moment, les larmes coulèrent sur ses joues moites. Il implora Dieu et appela sa mère. Ses sanglots emplirent l'obscurité mordante de son ténébreux cachot. Et si Dieu eût réellement existé, alors il eût été bien misérable de ne pas se laisser attendrir par les supplications désespérées de cette pauvre créature.

Cela faisait plusieurs heures déjà qu'il était enfermé dans ce lieu obscur. Des pas se firent entendre dans le couloir, des pas rapides suivis de bruits de portes que l'on ouvrait puis refermait.

Mouloud avait froid et son estomac le tiraillait ; depuis la veille il n'avait rien avalé, mais la perspective de voir une nouvelle fois entrer le gardien le glaçait d'effroi.

La porte du cachot s'ouvrit et une silhouette apparut dans la clarté blafarde du couloir. Ce n'était pas celle de son tortionnaire. Il s'agissait d'un homme plus petit et plus maigre et dont la démarche était bringuebalante.

Il s'approcha, posa à même le sol un quignon de pain et un verre sans doute empli d'eau, puis lui défit les menottes et lança d'un ton rude qui semblait n'accepter aucune réponse :

- Cinq minutes pour manger et chier...

Mouloud ne se le fit pas dire deux fois. Il sauta sur le pain et mordit avidement. Il s'agissait d'un quignon rassis dans lequel ses dents se plantèrent durement, mais après ce qu'il venait de vivre, il lui sembla ressentir en broyant le morceau de pain un sentiment s'apparentant presque à de la satisfaction. Le croûton fut avalé en un rien de temps.

Il prit alors le verre et but le contenu en quelques rapides goulées. Puis il se tourna vers le gardien et demanda d'une voix hésitante, de peur de l'offusquer et de se faire battre une nouvelle fois, où donc pouvait-il faire ses besoins, il n'y avait pas de WC...

L'homme se mit à rire, puis lança d'un ton narquois :

- Où tu veux, c'est ton problème...

Mouloud comprit alors que l'odeur nauséabonde n'était pas seulement le fait de l'humidité et que ce qu'il entrevoyait comme étant une sorte de relief sur le sol n'était sans doute autre chose que les restes des excréments de ses prédécesseurs.

Alors il se leva, sous l'œil méfiant du fonctionnaire, et alla uriner dans le coin opposé à l'endroit où il était assis.

L'homme lui remit les menottes dans le dos et l'enchaîna de nouveau à l'anneau. Puis il s'en retourna après avoir claqué bruyamment la lourde porte.

À peine cinq minutes s'étaient écoulées depuis son arrivée. Cinq minutes seulement durant lesquelles son sang put circuler normalement. Combien de temps devra-t-il attendre avant qu'il ne revienne ? Il se posa tout d'abord la question, puis évacua rapidement les conjectures inévitables qu'il commençait à se faire pour y répondre. Bien que sa condition ne lui permît guère que de penser, il savait pertinemment que le plus grand danger était précisément de mal penser. À aucun moment, il ne devait s'apitoyer sur son propre sort. Sa survie dépendait directement de la manière dont il disciplinerait son esprit. Rien ne pouvait plus à présent l'aider que sa propre volonté. Les lamentations qui l'avaient étreint quelques heures auparavant en revoyant les images du supplicié l'avaient dans un premier temps fragilisé en l'entraînant dans les sombres profondeurs de la déprime, puis son intelligence avait repris le dessus et il s'était pour ainsi dire redressé dans son mental. Le but maintenant était de ne plus retomber et laisser le temps s'écouler, quoi qu'il dût pour cela souffrir. Peut-être, après tout, que la sentence prononcée par le directeur serait-elle écourtée... Peut-être les vingt jours promis n'étaient-ils qu'une menace destinée à l'effrayer et que d'ici peu on le remmènerait dans la cellule avec les autres détenus.

À mesure qu'il nous conte sa triste histoire, son visage semble s'empreindre d'une sorte d'émotion contenue. Ses mots se font de plus en plus rapides, ses yeux de plus en plus brillants. Son vocabulaire est très succinct, mais sa pensée y rejaillit de manière éclatante.

Personne ne l'interrompt. Le fil de ses paroles pénètre notre esprit en le glaçant d'horreur. Comment peut-il se faire, dans un pays aux portes même de l'Europe, que de pareilles choses puissent encore exister ? Comment des êtres humains peuvent-ils être ainsi dégradés, humiliés, torturés, alors même que les aurores d'un nouveau millénaire commencent à poindre à l'horizon du temps qui passe ? L'opinion internationale ignore-t-elle cet état de choses (1) ?

Un sentiment de colère et d'indignation m'embrase peu à peu. Je ne dis rien et écoute les paroles de cet homme marqué à jamais du sceau de l'infamie.

Les heures se passèrent ainsi, et puis la nuit vint, une nuit pleine d'angoisse, de colère et de souffrance, où le sommeil ne pouvait venir sans qu'une vive douleur au niveau de ses épaules ankylosées ne vînt l'en tirer. Alors il se remettait à genoux dans l'obscurité et, le corps maintenu par le mur de sa geôle, il tentait une nouvelle fois de s'assoupir. Mais c'étaient alors ses jambes qui le réveillaient douloureusement.

Il essaya de prier. Il connaissait quelques-uns des versets du coran. Ceux-là même qu'il se répétait mentalement chaque vendredi en allant à la mosquée, des versets lui ayant été enseignés par son père et auxquels étaient attachés les tendres souvenirs de son enfance. Il se mit à les réciter à haute voix. Durant un long moment, il les égrena, tout d'abord calmement, puis d'un ton de plus en plus suppliant à mesure que l'angoisse et la fatigue alourdissaient son corps et son esprit.

Enfin, après de longues heures d'un atroce calvaire, une lueur blafarde filtrant de cette fente étroite pratiquée dans le mur, lui indiqua qu'un jour nouveau venait de se lever.

Alors, comme si cela avait pu provoquer un quelconque état d'apaisement dans son for intérieur, il laissa aller son esprit et s'endormit, le corps calé contre le mur, les jambes repliées et la tête reposant sur son épaule.

---

(1) Aucun de ces détails n'a malheureusement été exagéré par Mouloud. Au contraire, la réalité est encore bien pire et dépasse ce que l'esprit peut imaginer. L'Observatoire International des Prisons, un organisme créé pour le droit à la dignité des personnes détenues, dénonce ce qui constitue une effroyable réalité, tant au Maroc que dans de nombreux autres pays.
Observatoire International des Prisons : 16, Avenue Berthelot, B.P. 7083, Lyon cedex 07. Tél. : 04.72.71.83.83.

Ce fut le bruit de la clef tournant dans la serrure qui le réveilla. Quelle heure était-il ? Combien de temps avait-il pu ainsi dormir ? Il n'eût pu le dire, mais ses jambes lui faisaient mal. Ce n'était pas de l'engourdissement qu'il ressentait mais une horrible douleur au niveau des muscles de ses genoux.

Encore une fois le gardien entra, déposa sur le sol un quignon de pain rassis et un verre d'eau et lui défit les menottes.

- Tu manges et tu chies... lui répéta une nouvelle fois l'homme d'un ton si amer que Mouloud s'exécuta sans répondre quoi que ce soit.

Ces cinq minutes lui permirent néanmoins de faire circuler le sang dans ses artères en marchant quelque peu dans la cellule. Lorsqu'il dut s'agenouiller pour que l'homme puisse l'enchaîner de nouveau, il sentit dans tout son être un immense sentiment de désespoir. À peine la porte venait-elle de se refermer qu'il sombra à nouveau dans la déprime et pleura un long moment.

Vingt jours ; durant vingt jours entiers il dut subir, impuissant, cet effroyable calvaire, ne pouvant se lever que pour croquer le bout de pain rassis, boire le verre d'eau et faire ses besoins à même la terre. Vingt jours enchaînés dans l'obscurité, nu, les bras derrière le dos, à un anneau situé à trente centimètres du sol. Vingt jours sans voir autre chose que la silhouette de cet homme froid et sans pitié, ne pouvant parler qu'à l'ombre noyant son cachot humide et finissant par pénétrer douloureusement son esprit. À plusieurs reprises il crut devenir fou. Et s'il n'y avait pas eu l'image de sa famille qu'il se projetait mentalement, il est probable qu'il eût violemment interrompu ses souffrances en se claquant la tête contre le mur.

De temps à autre il entendait des hurlements provenant du couloir, les cris inhumains d'un homme que l'on torturait, et puis les rires atroces des gardiens. Il arrivait que les hurlements désespérés s'éteignent subitement. Alors le silence se faisait encore plus pesant, et la terreur s'emparait de Mouloud.

Lorsque l'on vint le tirer de son isolement, il n'était plus qu'une pauvre larve, incapable de la moindre réaction. Le moindre mouvement lui était difficile et douloureux. La lumière du jour lui paraissait insoutenable. C'est à peine s'il avait encore la force de penser. Toute sa volonté, la fougue de ses jeunes années, le mental d'acier lui ayant permis de résister les premiers jours de ce sordide enfermement, s'étaient transformés en une sorte de profonde léthargie. L'obscurité de son cachot avait fini par habiter son esprit. Il ne lui était plus possible de réfléchir à rien. Il se sentait en quelque sorte devenu spectre et se laissait mener sans plus éprouver aucune crainte, ni même ressentir aucun contentement.

Il réintégra ainsi la cellule et y demeura trois longues années.

Mouloud avale le restant de son verre de coca, puis baisse la tête et fixe douloureusement le sol.

Personne ne dit plus rien. Je regarde silencieusement les gens déambuler dans la rue, mais en moi-même je ne peux empêcher mon esprit de se révolter. Nous sommes ici en plein moyen âge. Les tortures, la misère, l'iniquité sociale, toutes ces choses contre lesquelles nous nous sommes battus depuis des siècles subsistent dans ce pays comme un affront fait continuellement à la pensée universelle.

Comment un homme comme Hassan II peut-il permettre que de pareilles abominations puissent encore exister et fassent à ce point souffrir le peuple qu'il a en charge de diriger ?

La royauté, le pouvoir héréditaire qui régit le Maroc depuis la nuit des temps, et me semblait en cette fin de siècle plus une sorte de folklore qu'un anachronisme flagrant, m'apparaît à présent comme étant ce qu'il peut y avoir de plus pitoyable pour un peuple digne de ce nom.

Claudette regarde sa montre et s'étonne du temps passé depuis notre arrivée à cette terrasse. Nous nous levons, les saluons, puis faisons retour au bateau.

Quelques jours plus tard, nous doublons le môle du port et franchissons la passe à travers les écueils épars. Les murailles d'Essaouira s'évanouissent lentement derrière le bateau, puis finissent par disparaître complètement de mon champ de vision. Il n'y a plus à présent que la mer, le vent, et cette route à suivre avant notre arrivée sur les îles Canaries.

X

L'ARCHIPEL

La route à suivre n'est guère compliquée. Vents et courants nous emmènent directement sur les îles hispaniques, il n'est guère possible de les louper. Ce n'est l'affaire que de deux ou trois jours de navigation.

Le pilote électrique tient le cap sans aucune déviation. Claudette est à son habitude assise dans le cockpit et surveille la route en tenant Michka pelotonnée sur ses genoux. Je descends à l'intérieur, m'allonge sur la couchette double et m'endors, bercé par un régulier roulis.

Vingt-trois heures. La mer n'est plus qu'une longue continuité obscure où l'horizon, sa limite visible, est marqué de la naissance des astres apparaissant puis disparaissant au rythme des vagues soulevant le bateau. J'ai dormi toute l'après-midi et me sens à présent dans une forme parfaite, prêt à assurer la veille durant la nuit complète.

De part et d'autre, de petites lueurs se détachent de cette noirceur opaque, de petites lueurs dont j'observe la lente évolution, tantôt vers l'Est, tantôt vers le Nord, et qui sont parfois si lointaines qu'elles finissent par se confondre avec les étoiles, puis disparaître dans les profondeurs de cette nuit d'octobre.

Qui sont-ils ? Bateaux de pêche marocains ? Cargos assurant une rotation entre deux ports d'Afrique ? Toujours est-il que leur présence atteste de la nécessité d'assurer une veille continue.

Sur tribord, j'observe un point vert semblant attaché à ma route. Un point ayant l'air de se rapprocher lentement. Son relèvement varie cependant de manière significative, ce qui me tranquillise quant à la possibilité d'un éventuel abordage. Ce bateau devrait passer bien au large et ne pas m'inquiéter outre mesure.

Quelques étoiles filantes animent un court instant le firmament. Mon corps allongé de tout son long sur le banc de cockpit, le regard plongé dans l'abîme infini, je me laisse doucement transporter, savourant chacun des mouvements du voilier dont le gréement m'apparaît comme une ombre rectiligne zébrant de part et d'autre la voûte étoilée.

Combien de temps se passe-t-il ainsi sans que je me lève observer l'horizon et guetter la route des cargos ? Un quart d'heure ? Vingt minutes ? Toujours est-il que je relève légèrement la tête et aperçois là, à quelques encablures à peine, les deux feux rouge et vert d'un bateau faisant route sur nous.

Je me lève d'un bond, arrache le casque hi-fi de mes oreilles et saisis la barre. Le vent arrive de l'Ouest, et il me faut le remonter au prés serré pour m'écarter le plus possible de sa route. J'appelle Claudette. Je hurle pour ainsi dire son prénom tout en essayant de border l'écoute de grand-voile.

Je regarde derrière moi. Il est maintenant si proche que mon cœur a l'air de s'emballer. Ses deux fanaux rouge et vert illuminent la nuit de leurs rayonnements lugubres. Que puis-je faire pour avertir le pilote ? Les fusées ? Jamais je n'aurai le temps de les sortir. Le fusil ? Oui, tirer des cartouches dans sa direction, une idée saugrenue qui me traverse l'esprit et qui, dans la panique de ce terrible instant, m'apparaît comme étant l'ultime recours.

Claudette surgit au-dessus de l'échelle de descente. Elle observe, les yeux glacés d'épouvante, cette masse obscure grossissant effroyablement. Je lâche la barre et borde le génois à plat. Le voilier vire doucement en tapant dans la vague. Derrière moi, la forme monstrueuse profile sa silhouette sur l'immensité scintillante.

Claudette est comme paralysée.

Je hurle tel un possédé :

- Donne-moi le fusil...

Je me retourne une nouvelle fois et aperçois cette ombre s'avançant dans les ténèbres. Et s'il n'y avait pas ces deux lumières verte et rouge on aurait l'impression d'un énorme trou noir sur un horizon ténébreux. Le voilier reprend peu à peu le vent. Il tape dans la vague. Le gréement vibre violemment. Mais enfin il avance.

Il était temps. Le cargo est là, à quelques dizaines de mètres seulement et profile sa longue carcasse qui nous double lentement sur bâbord.

Quelle chose effroyable que celle de voir un mur obscur vous cacher les étoiles alors que quelques instants plut tôt vous étiez là, écoutant tranquillement une douce musique tout en observant les splendeurs de l'univers.

Le bruit sourd des machines nous arrive aux oreilles. La mer s'agite au passage des vagues levées par l'étrave. Nous sommes secoués bord sur bord, mais la distance nous séparant de cette masse est maintenant suffisante pour que nous n'ayons plus à craindre quoi que ce soit. Alors nous nous asseyons tous deux dans le cockpit, face à face, et observons, transis d'effroi, ce qui a bien failli mettre un point final à nos jeunes années.

Le cargo s'éloigne en direction d'Agadir. Durant un long moment, nous restons ainsi, sans prononcer aucune parole, pétrifiés par la stupéfaction d'avoir pu échapper d'aussi près à un pareil danger.

Deux jours plus tard, l'île de Lanzarote apparaît face à l'étrave.

Tout se déroule merveilleusement bien ; le vent est juste assez fort pour nous pousser allègrement. Mon point astronomique est précis au point que je suis moi-même étonné des résultats obtenus. Les droites que je trace sur ma carte sont d'une telle exactitude que je ne peux m'empêcher de ressentir quelques fiertés pour cet art dont je ne maîtrisais pas même les rudiments il y a seulement trois mois.

Nous pénétrons dans le petit port d'Arrécif et immobilisons le bateau sur son ancre au beau milieu d'une quinzaine d'autres voiliers.

L'île est d'un caractère exceptionnel. Partout ce n'est que volcans, gigantesques cratères, immenses grottes où la lave cheminait lors des éruptions du début du siècle, un décor complètement irréel qui surprend les voyageurs que nous sommes, sans cependant les satisfaire pleinement.

En effet, si la vue d'une immensité volcanique peut paraître grandiose, impressionnante, voire majestueuse, celle de marchands de cartes postales, loueurs de chameaux ou restaurants, enrobant chacun des endroits les plus typiques, vient quelque peu rompre cette sensation de découverte qui nous animait lors de notre arrivée.

Étions-nous naïfs à ce point d'avoir pu penser que de pareilles contrées aient pu rester vierges de cette industrie fort lucrative que représente l'attrait touristique ? Et les Européens que nous croisons de part et d'autre, harnachés d'appareils photo et souriant presque euphoriquement devant ces fantastiques décors, n'ont guère eu besoin de se faire remuer les tripes sur un petit voilier avant de pouvoir poser leurs guêtres sur cette terre ensoleillée. Ce sont des cargaisons complètes qui débarquent des avions faisant régulièrement la navette avec le vieux continent.

Après quelques jours d'escale, nous poursuivons notre périple sur l'Ile de Fuertéventura, et puis continuons vers Grand Canarie où nous posons l'ancre au port de Las Palmas.

Las Palmas, le plus grand port de cet archipel espagnol ; ce ne sont pas des dizaines mais bien des centaines de voiliers de toutes nationalités qui patientent avant le grand bond vers les Antilles.

En longeant les quais, on peut voir de nombreuses pancartes accrochées dans les haubans ; Mécaniciens, électriciens, soudeurs et autres proposent leurs services en échange de quelques monnaies.

Notre caisse de bord est déjà gravement diminuée après cette première année de voyage. Les soixante-dix mille francs que nous avions au départ de France ont semble-t-il fondu à mesure de notre descente vers le soleil. Mais n'ayant reçu aucune formation technique durant ma période scolaire, il est malheureusement utopique d'espérer gagner quelque argent avant l'arrivée à Cayenne.

En parcourant les pontons de la marina installée à l'entrée du port et où sont amarrés les voiliers les plus friqués, je tombe incidemment sur une petite affiche suspendue à l'arrière d'un ketch hollandais d'une douzaine de mètres et sur laquelle figure la liste de divers objets à vendre.

Il s'agit d'outils, de pièces d'accastillage, de cartes marines, et d'une machine à coudre les voiles.

Une machine à coudre les voiles...

La lecture d'un récit de voyage dont je n'ai plus souvenir du nom me revient alors à l'esprit. Dans son dossier technique, l'auteur contait avoir gagné sa vie en réparant les voiles d'autres bateaux au hasard des escales. Une activité des plus lucratives et ne nécessitant qu'une seule chose : Une machine à coudre.

Je m'empresse d’appeler le skipper qui m'apporte la machine après avoir échangé quelques mots dans un espagnol on ne peut plus douteux. Il s'agit d'une machine hollandaise faite de bronze et d’inox, donc très lourde, mais en parfait état. L'homme s'en débarrasse plus qu'il ne la vend du reste. Son bateau est trop chargé, tente-t-il de nous expliquer, ce qui n'est guère conseillé pour une traversée océanique !

Vingt mille pesetas, quatre cents francs, et la machine est à moi, dit-il... L'affaire est conclue. Après en avoir essayé le fonctionnement sur un vulgaire morceau de tissu, je paie l'homme et m'en retourne au bateau, triomphant, me sentant germer dans l'âme l'étoffe d'un maître voilier patenté.

Le lendemain, plusieurs dizaines d'affichettes sont apposées de part et d'autre du port, sur les lampadaires, les poubelles des pontons, les bornes électriques.

Réparations de voiles en tout Genre
Bateau français Rêve d'Eden
Vingt mètres en face Texaco

Le résultat ne se fait guère attendre. Quelques heures seulement après être revenu à mon bord, un personnage d'une cinquantaine d'années, installé dans une splendide annexe motorisée, se présente au bateau. Il est très pressé, dit-il, son temps est compté. Il doit partir en Afrique avant la fin de la semaine, mais son génois présente une petite déchirure. Aussi me demande-t-il de le réparer rapidement.

J'attrape la voile par-dessus la filière, la déplie sur mon pont et fais mine de l'ausculter, tel un médecin sur un patient compatissant.

En quelques instants, j'établis mon diagnostic. Il me faudra une bonne demi-journée. Non que le travail à faire soit important, mais j'ai d'autres voiles à réparer, lui dis-je.

L'homme est d'accord. Il reviendra la chercher dans la soirée.

Je replie la voile et l'enfourne dans la cabine avant. Puis j'installe la machine sur la table de carré et procède aux premiers essais. Cela ne pose guère de problèmes sur un simple morceau d'étoffe. Mais dès que le tissu est trop épais, l'aiguille ne veut plus piquer. Le fil se casse, et je n'arrive plus à tourner la manivelle.

Que se passe-t-il ? Pourquoi refuse-t-elle de fonctionner convenablement ? Peut-être ne s'agit-il que d'un simple problème de réglage. J'ouvre le corps de la machine et en observe le mécanisme.

Les pièces sont parfaitement huilées. Il semble que l'ancien propriétaire l'ait entretenue on ne peut plus méticuleusement jusqu'à ce qu'il s'en sépare.

Je remplace l'aiguille par une plus grosse, resserre quelques écrous et réessaye avec du nouveau fil.

Le résultat est un peu meilleur. En tournant la manivelle avec force, j'arrive à piquer la toile dans toute sa profondeur, mais une fois sur deux, le fil se casse.

Il me faut cependant tenter la réparation.

Je déplie le génois dans le carré et découpe dans une chute, que je conservais depuis le départ de France, une sorte de rustine destinée à renforcer l'endroit défectueux. Je m'évertue ensuite à glisser la voile dans le bras de la machine.

Mais la place n'est pas suffisante pour y loger le génois replié. Je réussis cependant à atteindre le point d'usure en faisant maintenir la toile par Claudette qui doit fortement tirer sur les deux bords de manière à ce que je puisse piquer.

L'opération n'est guère aisée. Il me faut plus de deux heures pour ajuster, puis coudre la rustine, deux heures pour n'obtenir en fin de compte qu'un médiocre résultat.

Les coutures sont irrégulières. La pièce de renfort est bancale et présente un affreux pli à son extrémité. Bref, la réparation n'est pas vraiment à la hauteur de ce que l'on serait en droit d'attendre d'un maître voilier...

À peine ai-je sorti le génois de la machine et considéré ce triste raccommodage qu'une seconde personne se présente au bateau, l'annexe emplie de sacs de voiles au point de n'en plus pouvoir bouger.

- Du travail pour toi... lance-t-il énergiquement en montrant les sacs empilés les uns sur les autres.

Quelques heures auparavant, j'aurais été heureux de voir arriver cette manne providentielle. Mais, après cette tentative peu convaincante, je commence à douter sérieusement de mes capacités. Peut-être y a-t-il des astuces à connaître, un tour de main que l'on ne peut improviser. Toujours est-il qu'à son grand désappointement, je lui refuse ses voiles, prétextant une surcharge de travail et un manque de place dans le bateau.

Un troisième navigateur viendra désespérément frapper à la coque quelques instants plus tard.

Le soir même, après deux autres tentatives de réparations sur le génois, je me décide, la mort dans l'âme, à renoncer à ce que j'entrevoyais comme étant la solution miraculeuse à ce délicat problème de caisse de bord.

Il est dix-neuf heures. Le bruit d'un moteur approchant à vive allure se fait entendre, ponctué de trois petits coups frappés à l'arrière de la coque. Je monte sur le pont et aperçois le premier client venu récupérer son génois et attendant, debout dans son annexe, en s'accrochant au balcon arrière.

- Je viens chercher ma voile, lance-t-il d'un ton confiant.

Je ne sais que dire pour cacher ma gène. Sans prononcer aucune parole, ni même l'inviter à monter à bord, je descends dans la cabine avant et extirpe le génois roulé sur lui-même. Puis je remonte sur le pont et tente maladroitement une explication.

- J'ai eu un problème de machine, lui dis-je. Cela n'a pas été tout à fait comme je voulais...

L'homme regarde sa voile et aperçoit la méchante rustine. Le petit sourire animant sa physionomie se transforme alors en une moue affreuse.

- Qu'est-ce que c'est que ça ? marmonne-t-il entre ses dents.

Puis, apercevant mon regard fuyant, il continue d'un ton presque violent :

- Mais qu'est-ce que c'est que ça ?

Je tente maladroitement de m'excuser en affichant l'air le plus désolé qui soit et en répétant que je n'ai pour le moment rien pu faire de mieux, mais que s'il pouvait attendre quelques jours, peut-être pourrai-je lui recoudre convenablement !

L'homme me prend alors le génois des mains, le pose dans son annexe et s'en retourne en lançant un grand « - Vous êtes un incapable... ».

Il nous faudra trouver autre chose pour remplir la caisse de bord. Du reste, après plus d'un an de voyage, un certain rythme est pris dans notre manière de vivre. Les besoins que nous avions au départ se sont doucement réduits. Notre alimentation elle-même s'est transformée à mesure que nous progressions dans le temps et dans l'espace.

Il nous aura fallu plus d'un an pour arriver à ce résultat. Un an durant lequel nos dépenses ont été en s'amenuisant progressivement. Et si une bonne partie de notre caisse de bord a déjà été engloutie depuis le départ de France, en tenant ce rythme de réduction naturelle des besoins, nous devrions pouvoir vivre encore un long moment sans pour cela avoir trop à pâtir.

L'escale de Cayenne devrait cependant permettre de réoxygéner nos finances. Aussi je ne me fais guère de soucis quant à la suite de ce périple.

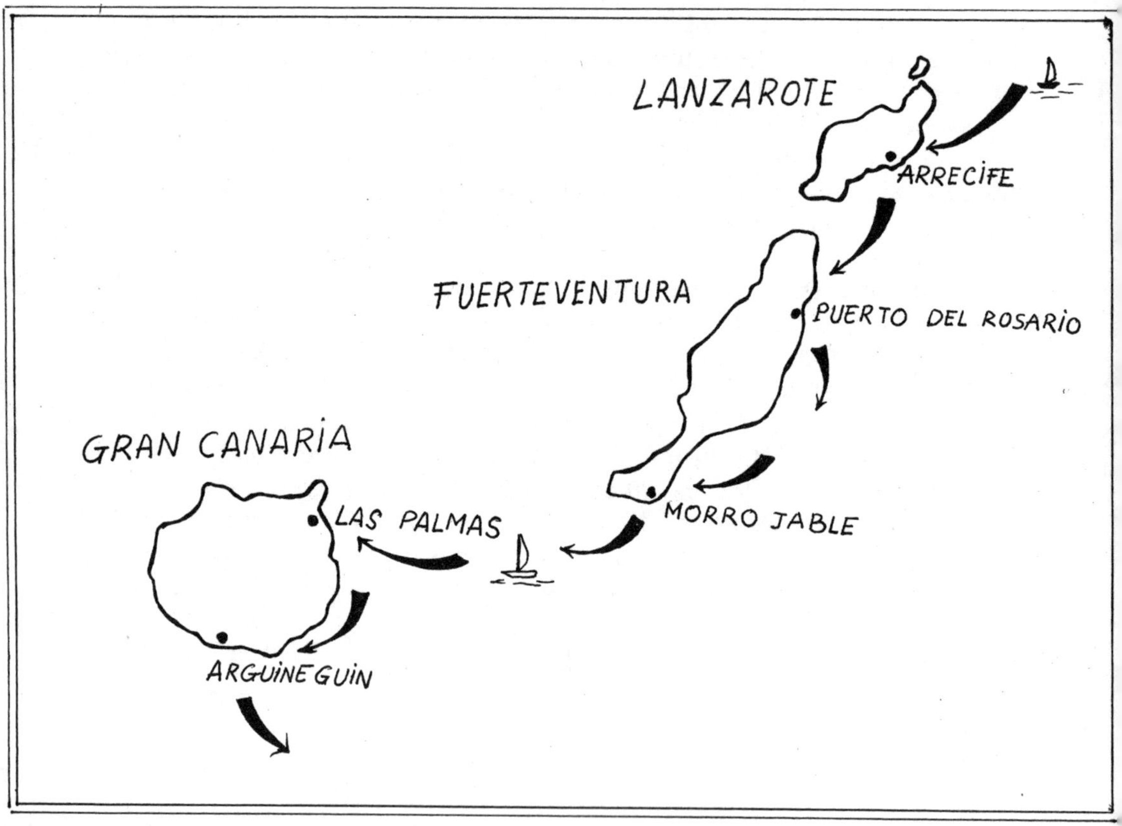

1 : Atterrissage à Saphi.
2 : Mogador.
3 et 4 : Les ruelles de Saphi.
5 : Les murailles de Mogador (Essaouira).

2

3

4

5

9

6

7

8

10

11

12

XI

LA ROUTE DE DAKAR

Nous profitons de l'escale de Las Palmas pour confectionner une capote destinée à protéger l'échelle de descente, un accessoire très utile tant en navigation qu'aux escales, et qui faisait défaut depuis notre départ de France.

Nous faisons la connaissance de Jean-Yves et Christiane, et leur chien Frédo, un bâtard pas plus gros que Michka, mais sans cesse à l'affût sur le pont et aboyant comme un éperdu dès qu'une embarcation s'approche de leur voilier de huit mètres. Une rencontre prédestinée puisque nos deux amis nous indiquent la méthode qui permettra à Michka de faire ses besoins sur le pont sans pour cela en éprouver aucune gêne. Il suffit de poser une serpillière imbibée de l'urine d'un chien à l'endroit voulu et d'attendre.

La méthode se révèle assez efficace. À peine avons-nous étalé sur le puits à chaîne une serpillière imbibée de l'urine de Frédo, que Michka, après avoir reniflé un court instant, balance à son tour un jet d'urine.

Claudette et moi en sommes complètement soufflés. Constater la facilité avec laquelle Michka s'est laissée aller alors que, quelques semaines auparavant, elle se serait laissée mourir plutôt que de se

6 : Prostituées marocaines à Essaouira.

7 et 8 : Les portes du désert à Essaouira.

9 : Un jeune marocain nous apporte le traditionnel couscous.

10, 11 et 12 : Escale aux îles Canaries.

résoudre à faire ses besoins... C'est un immense soulagement que j'éprouve maintenant en pensant à nos navigations futures !

Puis nous poursuivons notre route et posons l'ancre à Arguinéguin, un petit port au sud de Grand Canarie, bien à l'écart de ces gros rassemblements de gens de voyage, rassemblements forts utiles et sans doute très intéressants au niveau des échanges d'idées, et des retrouvailles d'amis, mais que l'on finit par trouver fort pesants après un ou deux mois d'immobilité à tourner et retourner autour de son ancre au gré des courants de marée.

Arguinéguin, un petit village de pêcheurs n'échappant pas, bien sur, à cette règle de la saturation touristique, mais où l'on peut accoster à un ponton sans pour cela avoir à payer quoi que ce soit.

Nous retrouvons Eric, un melunois parti peu de temps avant nous sur un bateau de neuf mètres. Et puis nous faisons la connaissance de Patrick et son équipière. Patrick descend sur Dakar où il espère revendre deux vieilles Mobylettes transportées en pièces détachées dans le fond de son bateau de dix mètres avant de poursuivre vers le Brésil.

Dakar se trouve à moins d'une semaine de mer, soit une navigation équivalente à celle qu'aurait été notre première hauturière au départ de Tanger si nous n'avions pas été obligés de faire escale à Safi, mais une navigation inquiétant moins mon épouse du fait de la proximité des tropiques. Il est en effet peu probable que nous ayons à encaisser un quelconque coup de vent une fois passé le trentième parallèle. Ces latitudes sont généralement bienveillantes pour les voyageurs de notre espèce

Le bateau de Patrick est un quillard de dix mètres, un Mélody, équipé tout comme le nôtre d'un enrouleur, et d'un émetteur-récepteur 27000 mégahertz. Aussi décidons-nous de tenter l'expérience d'une navigation de conserve jusqu'à Dakar où nos routes se sépareront. Cette perspective de pouvoir naviguer de la sorte, en n'ayant à monter que six heures de quarts par jour du fait que l'on se retrouve à quatre, est très séduisante. Nous fixons une date pour le départ après les festivités du premier janvier.

Ce faisant, nous parcourons cette partie de l'île à la recherche de provisions pour une semaine de mer. Alors qu'avec la langue de Castille je commence à faire de véritables prodiges, profitant de chaque rencontre pour approfondir mon vocabulaire, je me retrouve à parcourir non pas une région hispanique, dont la vocation principale se veut être celle du tourisme, mais une sorte de gigantesque colonie allemande dont la présence semble avoir en partie éclipsé celle des Espagnols.

Les librairies ne proposent pratiquement que des livres en allemand, les menus des restaurants sont affichés en allemand, à Porto Rico,

Maspalomas, partout on ne parle que l'allemand, une langue devenue la langue principale et dont les consonances froides et hachées semblent ici vouloir accommoder un peu de leur rudesse à la chaleur d'un soleil sous lequel on prend véritablement conscience de ce que peut être la douceur de vivre.

Il est vrai que la peseta est encore bien basse face à cette monnaie d'airain que représente le mark. Et ce handicap de l'achat d'un billet d'avion est ici compensé par un change rendant la vie très aisée aux compatriotes de Bismarck.

Nous levons l'ancre une dizaine de jours avant la pleine lune de janvier. L'atterrissage sera de ce fait plus aisé pour le cas où nous arriverions de nuit.

Cette partie de l'île que nous quittons est à l'abri des vents de nord et il est nécessaire, avant de pouvoir véritablement gonfler les voiles, de parcourir quelques milles au moteur sur une mer calme où la houle semble avoir complètement disparu.

Patrick ouvre la route. Je me colle à sa poupe et branche le pilote électrique. Moins d'une demi-heure après avoir passé la dernière balise, une forte brise raidit d'un coup les écoutes. Les voiles se gonflent brusquement, comme si nous venions de franchir une limite bien précise séparant une zone de calme plat d'une zone de forte turbulence.

L'effet est du reste assez spectaculaire. Alors que je m'étais quasi installé dans la monotonie d'une navigation au moteur, sur une mer plate où les rayons d'un soleil de plus en plus fort se reflètent abominablement, me voilà tirant sur la drisse de l'enrouleur et me précipitant sur le pont reprendre deux ris dans la grand-voile.

Nous sommes enfin partis. L'allure est bonne, le bateau avance gaillardement malgré la surcharge qu'il emporte. Patrick, étant plus rapide, réduit légèrement son génois et stabilise le Mélody quelques dizaines de mètres derrière nous.

Il semble que cette technique de navigation de conserve, sans même avoir été testée préalablement, soit véritablement au point. Les voiles des deux bateaux réglées, le même cap affiché aux pilotes, il n'est plus besoin de toucher quoi que ce soit. La vitesse est la même, et durant de longues heures nous nous suivons ainsi sans pour cela avoir à modifier un tant soit peu la surface de voiles ou le cap compas.

Durant deux belles journées, nous progressons l'un derrière l'autre, respectant en permanence un écart d'une centaine de mètres, et réajustant cette distance dès lors que le besoin s'en fait sentir. Car en fonction de la force du vent, la vitesse de chacun est différente. Le mien, plus lourd, est plus rapide par vent fort, et au contraire se traîne lorsque la brise passe en dessous d'un certain seuil.

Le bateau de Patrick est quant à lui meilleur marcheur par petite brise, ce qui lui confère un avantage durant la nuit où la force du vent diminue considérablement.

Les deux premières journées s'écoulent ainsi, rythmées par le mouvement des vagues et le grincement de la patte de tangon sur son emplanture. Pour la première fois depuis notre départ de France, Claudette n'a pas ressenti ce mal de mer la faisant tant souffrir lors de nos précédentes navigations. Elle est donc en état de prendre son quart deux fois par jour, me laissant ainsi profiter de ces neuf heures de tranquillité que j'emploie à lire et dormir.

Au matin du troisième jour, le vent semble avoir du mal à se lever. Cette petite brise qui s'amplifiait à mesure que le soleil s'élevait au-dessus de nos têtes à l'air cette fois-ci de faiblir de plus en plus. La vitesse est tombée et le sillage que traçait ordinairement le bateau sur son passage se transforme en une sorte de léger remous. Mon premier point soleil nous situe à plus de deux cent quarante milles au sud des îles Canaries, soit une moyenne de cinq nœuds sur les deux premières journées.

Le léger souffle s'est encore une fois affaibli et n'arrive même plus à faire lever le tangon qui repose lamentablement sur la filière bâbord.

Nous sommes encalminés.

Je contemple ce panorama étrange d'une mer d'huile parcourue des plissements de la houle venant balancer le bateau. Le chuintement de l'étrave fendant allègrement la vague, celui de l'eau ruisselant joyeusement de la proue au safran, s'est à présent transformé en un léger clapotis que rien dans cette immensité ne vient plus troubler.

Le soleil n'est pas encore bien haut, mais ses rayons obliques n'ont plus la douce tiédeur des matinées précédentes. On sent, à travers la violence de leur rayonnement, comme une velléité de faire mal, comme si à travers cette situation nouvelle se profilait une sorte de combat d'un nouveau genre entre l'immensité et ces choses infimes que représentent nos voiliers au beau milieu de l'océan. Que se passe-t-il ? Comment est-il possible que l'alizé puisse ainsi faiblir au point de disparaître complètement ?

Patrick est dans son cockpit et observe silencieusement ce panorama insolite. Les deux bateaux impriment, avec une étonnante régularité, le mouvement de chacune des vagues lorsque celles-ci passent sous la coque. Les voiles claquent alors violemment, puis retombent pitoyablement sur le pont.

Je tire sur la drisse de l'enrouleur et fais disparaître le génois autour de son profilé d'aluminium, J'affale ensuite la grand-voile, puis descends dans le carré échanger deux mots par radio avec mon compagnon. La seule solution est d'attendre que le vent revienne. Nos réserves de gaz-oil sont cependant suffisantes pour avancer au moteur et nous rapprocher du vingtième parallèle.

Nous mettons nos mécaniques en route et poursuivons notre descente vers le Sud. Durant une dizaine d'heures, nous progressons ainsi sur cette mer d'huile, à l'ombre de la grand-voile que nous montons dans le seul but de nous protéger du soleil.

À perte de vue ce n'est que le panorama d'une légère houle fuyant inlassablement du côté du levant. L'impression est celle non pas de flotter sur une immensité océane, mais plutôt d'être au beau milieu d'un grand lac où l'eau, plus habituée aux vents réguliers de ces latitudes tropicales, offre à présent l'aspect d'un gigantesque miroir.

Le soleil se couche, quelque peu voilé par la présence d'une légère brume de surface. Nous arrêtons nos diesels et nous concertons de nouveau. La route parcourue, matérialisée sur la carte par un petit trait au crayon de bois, est quasi insignifiante face à la distance nous séparant encore de Dakar, à peine une trentaine de milles. Il n'est donc guère utile de poursuivre durant la nuit. Autant profiter de cette période de fraîcheur pour dormir tranquillement, sans avoir à endurer le bruit de nos moteurs.

Les étoiles s'allument une à une au-dessus du crépuscule agonisant. L'heure est exquise. L'obscurité s'établit doucement. Nous échangeons quelques mots depuis nos ponts et nous nous installons à nouveau dans ce rythme de veille adopté depuis le départ.

Tout est endormi à présent. Je glisse une casette dans la chaîne, me colle le casque hi-fi sur les oreilles et m'allonge sur un banc de cockpit, le regard plongé dans les profondeurs de l'univers. Il n'est de meilleur stimulant pour l'esprit que ce face à face avec le sombre mystère de la création. Les pensées naissent alors et fusent telles ces comètes apparaissant et traversant la voûte céleste l'espace d'un instant. La musique aidant, je suis littéralement transporté dans cette ambiance mystérieuse où le rêve, pareil à une vapeur sidérale, vient admirablement se mêler à toute cette magie des choses de l'immensité.

Le bateau de Patrick n'est guère éloigné du mien. Il me semble cependant le voir ostensiblement prendre de la distance, comme si à défaut de pouvoir se servir de ses voiles, il profitait de je ne sais quel courant de profondeur pour essayer de me fausser compagnie.

Lentement un écart se creuse entre nous. Je n'y comprends rien. Le vent est quasi nul, les voiliers sont à sec de toile et pourtant leur dérive est complètement différente, l'un est plus rapide que l'autre. J'observe cet étrange phénomène en me disant qu'il sera encore temps à la fin de mon quart de nous repositionner si l'écart est trop important.

Mes trois heures sont passées. L'intervalle séparant les deux bateaux est maintenant inquiétant. Je descends dans le carré et appelle Patrick à la radio. La solution serait de tendre un cordage et nous amarrer l'un à l'autre. Je possède justement une maille de cinquante mètres dans l'un de mes coffres.

L'opération est rapidement effectuée, le cordage pris à l'un de mes taquets est jeté à la mer puis récupéré par Patrick qui l'amarre sur son pont. En moins d'une demi-heure, ce cordage est tendu et la dérive de l'un, aussi rapide soit-elle du fait de cet inexplicable phénomène, n'a pour effet que celui d'entraîner l'autre.

Cinq jours durant, pas un souffle de vent ne vient rider la surface, cinq jours durant lesquels nous progressons au moteur avant de nous amarrer l'un à l'autre lorsque le soleil couchant enflamme l'horizon.

La proximité des côtes mauritaniennes m'inquiète. La dérive nous y pousse inexorablement, et si l'alizé ne se remet pas rapidement à souffler, il est fort probable que nous soyons obligés de faire du moteur, non pas pour nous rapprocher du vingtième parallèle, mais bien pour tenter de nous éloigner de cette côte inhospitalière.

Ce n'est pourtant pas l'envie qui me manquerait de faire une halte à Nouadibou. Mais aux dernières nouvelles le Front Polissario aborderait et coulerait les voiliers s'étant rapprochés de ce pays sans pour cela en avoir reçu l'autorisation.

Arrivera-t-il un jour où l'homme, quelle que soit sa couleur ou son appartenance, sera libre de s'arrêter où bon lui semble sur cet infime grain de sable que représente la terre au milieu de l'univers ? Un jour où les différences se transformeront en attrait et où la pluralité des cultures sera considérée, non comme un obstacle à l'entente des peuples, mais bien comme une spécificité propre à l'espèce humaine ?

Certainement ce jour viendra, l'esprit humain est en perpétuelle évolution et progresse inexorablement vers ce point lumineux visible dans toute conscience et que l'on appelle le bien. Mais de l'eau aura coulé sous les ponts, et avant qu'un tel état de choses ne s'installe sur notre belle planète mon bateau aura malheureusement eu le temps de parcourir cent fois le tour de l'univers.

Au matin du sixième jour, alors que les premières lueurs de l'aube se profilent sur un horizon ténébreux, une légère caresse se fait sentir sur mes avant-bras. Une caresse se transformant en un long souffle de vent ridant la surface et faisant tourner les pales de l'éolienne.

Je réveille Patrick qui largue aussitôt le cordage nous maintenant l'un à l'autre. Un crissement métallique, suivi du claquement caractéristique d'une voile que l'on hisse, vient alors déchirer le silence encore pesant de ce pâle matin de janvier.

Un quart d'heure plus tard, nous sommes repartis. Le vent a repris ses droits et les bateaux tracent sur la surface obscure un sillage phosphorescent empli de mille gouttelettes étincelantes, pareil à la queue d'une fabuleuse comète dans l'immensité du firmament.

L'alizé est revenu avec une telle sévérité que trois ris dans la grand-voile sont nécessaires pour maintenir une bonne allure sans pour cela risquer de casser quoi que ce soit. La mer est grosse, ce qui ne dérange pas la navigation, le vent arrivant aux trois quarts arrière.

Les bateaux surfent joyeusement sur chacune de ces masses liquides dont la crête bouillonnante d'écume éclabousse parfois le cockpit. Et c'en devient presque un délice, après cinq jours de quasi-immobilité, de le voir ainsi avaler les milles, comme si l'océan, après nous avoir retenu durant un trop long moment, avait décidé de nous aider à rattraper le temps perdu.

Nous avalons plus de cent soixante milles les premières vingt-quatre heures, une distance journalière jamais encore atteinte depuis le départ de Sète. Ce qui ne dérange nullement notre système de veille à quatre, « Rève d'Eden » étant à présent plus rapide du fait de la force du vent, nous nous positionnons derrière Patrick de manière à régler notre vitesse par rapport à la sienne.

Je m'occupe de la partie astronomique, Patrick étant quant à lui équipé en radio Gonio confirme mon point en effectuant des relèvements.

La pointe du Cap-Vert, derrière laquelle est bâtie la capitale sénégalaise, présente quelques dangers à l'atterrissage, et il est nécessaire de connaître sa position avec précision de manière à ne pas risquer de finir le voyage sur les hauts fonds bordant la partie nord.

La déclinaison magnétique atteint ici les treize degrés, ce qui explique sans doute le nombre élevé de voiliers naufragés sur les écueils bordant cette presqu'île. Une simple erreur de calcul peut tout de suite avoir des conséquences catastrophiques.

Enfin, au beau milieu de la nuit précédant le onzième jour, nous apercevons le phare de Dakar. Des scintillements transperçant la douce clarté d'une nuit où les rayons argentés de la pleine lune viennent se noyer dans les flots tumultueux de l'océan.

XII

LE CONTINENT NOIR

Nous contournons la pointe du Cap-Vert au petit matin et posons l'ancre au beau milieu d'une magnifique baie, bordée d'une plage de sable fin formant un demi-arc de cercle et se terminant par une sorte de grosse paillote.

Quelques pirogues de mer tirent nonchalamment sur leur mouillage non loin d'un petit débarcadère en bois situé à l'autre extrémité de la plage. L'endroit est abrité des vents de nord et d'est par un relief au faîte duquel se dresse un imposant bâtiment.

Cette baie me paraît idéale pour l'escale. L'eau y est tranquille, la houle quasi inexistante. Bizarrement, aucun voilier n'y est venu poser son ancre malgré un cadre on ne peut plus idyllique. Patrick préfère continuer vers le club nautique situé à l'est de la ville. Il y est attendu par des gens du pays.

Nous effectuons quelques rangements dans le bateau, puis débarquons. La petite plage donne sur une sorte de route menant sans doute vers le centre ville.

En quelques instants, nous atteignons les premières habitations. Un groupe de femmes déambule sur le bas-côté. Des femmes noires habillées de boubous multicolores et portant sur leur tête une sorte d'énorme baluchon enserré dans une grosse toile brune. Elles nous regardent curieusement, l'une d'elles se met à rire d'un air moqueur, comme si notre présence avait quelque chose de complètement incongru.

Je les salue d'un grand geste du bras tout en faisant abstraction de ce rire si peu gracieux. Puis nous poursuivons notre route et nous retrouvons en un rien de temps au centre même de la capitale.

Ce moment de découverte qui suit généralement le premier atterrissage sur une terre nouvelle s'avère ici absolument fabuleux. J'ai l'impression d'être entré à l'intérieur même d'une carte postale tant le dépaysement est en parfaite conformité avec les schémas stéréotypés que l'on peut se faire de ces pays lorsque l'on n'y est jamais allé.

Les couleurs saillantes des longs boubous des femmes déambulant de part et d'autre tranchent admirablement avec le grain satiné de leur peau d'ébène. De temps à autre, le son d'un tam-tam nous arrive aux oreilles. Même au beau milieu de cette ville immense on croit percevoir le souffle mystérieux des savanes environnantes

Nous nous mettons d'emblée à la recherche des bureaux de l'immigration afin d'effectuer les formalités d'entrée.

Après quelques heures de marche, nous arrivons à un long bâtiment situé de l'autre côté de la ville et sommes reçus par un homme froid, dont les manières bourrues attestent d'un manque de courtoisie évident. Il réclame les passeports ainsi que les papiers du bateau avec une telle brusquerie que nous avons vraiment le sentiment de ne pas être les bienvenus.

Il tend une feuille que nous remplissons, silencieusement accoudés sur l'un des bords de son énorme bureau.

- Avez-vous des armes dans le bateau ? lance-t-il sèchement.

Je réponds par l'affirmative.

- Alors amenez-les tout de suite... rétorque-t-il entre les dents.

Nous reprenons les passeports et le livret de francisation puis faisons retour au bateau.

En début d'après-midi, je traverse à nouveau la ville, le fusil à pompe à la main, sous le regard étonné des passants, et remets l'arme à l'homme en échange d'un reçu sur lequel il appose un énorme cachet.

L'homme indique, sur ce même ton employé lors de la première visite, que je ne dois pas quitter mon bord, une fouille sera effectuée dans le courant de l'après-midi. Je retourne donc au voilier et patiente en rangeant l'intérieur.

Le mouillage est vraiment idéal. Les fonds sont de bonne tenue et le ressac inexistant. Quant au paysage, rarement un environnement urbain ne nous a semblé aussi idyllique. Cette espèce de haut bâtiment surplombant le relief protégeant l'endroit est en fait le palais présidentiel, quant à la paillote construite en bout de plage, il s'agit d'un restaurant à touristes.

Le soir, alors qu'aucun fonctionnaire sénégalais n'est venu nous faire une quelconque visite, nous descendons à terre et rencontrons le propriétaire, Mamadou M'Baco, un homme d'une quarantaine d'années qui nous reçoit très aimablement autour d'un apéritif maison.

Jamais aucun voilier ne vient poser son ancre en cet endroit, indique-t-il. Il en ignore la raison malgré que cette baie constitue un excellent mouillage ; le débarquement y est aisé et l'on se trouve pratiquement au centre de Dakar. Les autres bateaux sont loin d'ici, à la baie d'Anne, près d'une sorte de club nautique situé à plusieurs kilomètres de la capitale, un endroit d'où l'on ne peut se rendre qu'en taxi. Il nous propose de laisser l'annexe près de son restaurant le temps de nos descentes à terre. Elle y sera à l'abri des mauvaises surprises, dit-il.

Le lendemain, nous débarquons au petit matin et retournons arpenter les rues de Dakar, considérant avec une certaine légitimité que nos visas d'entrée étant apposés sur les passeports, rien ne nous empêche plus de visiter le pays en toute légalité, malgré qu'aucune fouille n'ait été effectuée.

Cette vision idyllique d'une ville africaine, telle qu'elle nous était apparue lors de notre première descente à terre, semble se déformer à mesure que nous progressons dans les artères de la capitale. Le dépaysement est total, bien sur, mais sous cette apparence de facilité de vie se dévoile une réalité bien plus poignante que celle pour laquelle nous avions préparé nos esprits.

Si la douceur des latitudes tropicales constitue pour nous autres occidentaux un attrait indéniable, elle n'est pour bien des gens de cette ancienne colonie qu'une sorte de léger baume sur des plaies profondes et douloureuses.

Le spectacle de la misère est ici permanent. À chaque coin de rue, de pauvres bougres atrophiés, au visage parfois déformé par des crevasses profondes et purulentes, assis à même un sol poussiéreux, implorent l'aumône en balbutiant quelques suppliques incompréhensibles. Il n'est pas un endroit où le regard ne soit attiré par un mendiant vêtu de misérables hardes et déambulant parmi une foule de gens indifférents.

On ne meurt pas de faim au Sénégal, nous a affirmé Mamadou, mais la vision même de ces zombis désarticulés, assombrissant chaque trottoir et représentant toute la classe sociale défavorisée, atteste, si besoin était, que ce pays africain est encore bien loin de l'image paradisiaque que véhiculent les fantasmes de nombre d'européens.

Nous n'en poursuivons pas moins la visite de cette ville de deux cent mille habitants. Il existe plusieurs marchés à Dakar, mais le plus important, et sans doute le plus connu, est le marché Sandaka. Un endroit où des dizaines de sénégalaises, bien souvent de grosses doudous hurlant frénétiquement pour attirer le client, offrent jusqu'à très tard dans l'après-midi toutes les variétés de fruits et légumes que le pays peut compter.

Les prix sont malheureusement plus élevés que nous le pensions, et il est nécessaire de marchander longuement avant de pouvoir acquérir quoi que ce soit à un prix acceptable pour notre caisse de bord.

Durant une dizaine de jours, nous demeurons ainsi au mouillage dans cet endroit prédestiné. Nous décidons cependant de nous rapprocher des autres voiliers avant de poursuivre sur l'embouchure du fleuve Salum.

Je m'en vais récupérer mon fusil au bureau de l'immigration et me retrouve face à un personnage différent de celui rencontré lors de notre arrivée. C'est un homme de haute stature malgré un physique maigrichon. Il réexamine une seconde fois les documents du bateau et, après avoir fouillé dans un long tiroir parmi une quantité de petites fiches en papier cartonné, me demande sur un ton soupçonneux :

- On est venu visiter votre bateau ?

Je lui explique que personne ne s'est présenté malgré que nous ayons attendu toute une journée. L'homme s'énerve. Il n'est pas possible que la fouille n'ait été effectuée, dit-il. Dès qu'un voilier fait son entrée au Sénégal, des fonctionnaires se rendent sur place et procèdent aux vérifications qui s'imposent.

Puis il réfléchit un instant et demande d'un ton plus posé :

- Où est-il votre voilier ?

Ignorant le nom de la baie où nous avons posé l'ancre, je lui en trace une description sommaire qu'il comprend sans qu'il soit utile d'en rajouter.

- Comment cela ? Ne me dites pas que vous êtes sous le palais présidentiel... fait-il en posant sur moi un regard plein de colère. Puis il ajoute en frappant violemment sur le bureau :

- Mais c'est strictement interdit !

En d'autres circonstances, j'aurais certainement souri en entendant cette petite phrase ainsi prononcée. L'accent du Sénégal où les mots semblent plus produits par un effet de bouche que par la vibration des cordes vocales, offre à l'interlocuteur un côté assez sympa, quand il n'est pas tout simplement comique à entendre.

Mais, à en croire la mine catastrophée de mon hôte, il semble s'agir ici d'un grave problème. Et en Afrique, tout problème avec la police est, paraît-il, synonyme d'amende à payer. Je tente donc une parade, expliquant que je ne suis pas resté longtemps, que mon moteur ayant quelque mal à démarrer, il ne m'était guère possible de m'en aller, et puis je me présente non pas comme un simple touriste mais un collègue de France, un gendarme en vadrouille, et qu'il serait dommage de se causer des ennuis entre collègues.

L'homme semble ne faire aucun cas de mes propos. Il se lève cependant et, après m'avoir lancé un violent « - Restez ici... », disparaît dans un bureau voisin.

Je ne sais que faire. Si encore on m'avait averti que l'endroit était interdit, je serais allé poser mon ancre ailleurs... Mais rien ne mentionne cet état de choses, ni les cartes marines, ni les instructions nautiques, et le fonctionnaire m'ayant reçu lors de mon arrivée ne m'en a touché aucun mot.

Je patiente donc un long moment dans cette petite pièce en réfléchissant silencieusement aux éventuels arguments pouvant justifier ma présence en cet endroit.

Un second homme apparaît dans l'encoignure de la porte, un homme dont la physionomie et la manière de marcher, indiquent un niveau hiérarchique plus élevé. Il s'approche à pas lents en posant sur moi un regard d'où se dégage quelque chose ressemblant fort à de la méfiance, puis il me lance dans un français étouffé :

- C'est vous le gendarme ?

Je lui réponds que c'est mon métier malgré que je sois actuellement en grandes vacances.

L'homme est sceptique. Effectivement, devant mon blue-jean quelque peu passé, ma chemisette ouverte sur le devant, et surtout ma coupe de cheveux loin d'être en rapport avec cette espèce de rigidité dont tout bon fonctionnaire doit s'enorgueillir, il lui est sans doute difficile de donner du crédit à cela, d'autant que je ne puis présenter aucun papier attestant de mes dires.

Il me dévisage quelques instants, puis, après avoir échangé quelques mots avec le premier homme, il me demande de retourner au bateau et d'attendre. Quelqu'un me ramènera le livret de francisation afin que je puisse m'en aller, dit-il.

Je retourne donc au voilier, traversant une seconde fois la ville, le fusil à pompe à la main, tout en m'interrogeant sur les desseins de cet homme à mon égard.

Le fait que la police puisse avoir conservé les papiers du bateau ne constitue pas un véritable problème. Des précautions avaient été prises avant le départ de France pour parer à une éventualité de ce genre, et un double du livret de francisation avait été demandé à l'administration compétente qui me l'avait aussitôt délivré.

C'est donc le duplicata que la police sénégalaise a entre les mains. L'original étant en lieu sur dans l'une des cachettes du voilier.

Je ne puis cependant m'éclipser sans attendre comme on me l'a demandé. L'infraction ne doit pas être aussi grave que le laissait entendre le premier fonctionnaire. Et puis, en cas de réel problème, il sera toujours temps de lever l'ancre durant la nuit pour nous enfuir en Gambie ou en Guinée-Bissau. Toujours est-il que nous serons fixés sur notre sort au cours de l'après-midi, l'un des policiers viendra sûrement opérer cette fouille qui n'a pas eu lieu lors de notre arrivée.

Il est quinze heures. Le voilier évite docilement autour de son mouillage. Je contemple l'énorme construction dont les murs blancs, noyés de soleil, dominent admirablement la presqu'île du Cap-Vert. Depuis son palais, peut-être le président du Sénégal est-il lui-aussi en train de contempler ce petit point blanc que représente mon voilier au beau milieu de cette magnifique baie.

Un souffle d'air tiède aère continuellement le bateau, un souffle arrivant de je ne sais où, mais étant à peine suffisant pour troubler la surface de l'eau.

J'aperçois un petit groupe déambulant sur la plage, trois hommes en uniforme dont l'un est européen. J'arrive à leur hauteur et débarque en tirant l'annexe sur le sable humide. Les trois hommes sont là, devant moi. L'Européen semble perplexe. Il ne dit rien et patiente en se grattant la tête. Signe d'un certain embarras.

- Nous revoilà... lance sèchement le premier policier.

Puis il ajoute sur un ton nuancé d'une ironie mordante :

- Alors comme ça vous êtes un gendarme en vacances ?

Et sans attendre de réponse, il continue :

- Justement ça tombe bien, car nous avons aussi des gendarmes français chez nous ! Vous allez donc pouvoir expliquer clairement votre situation.

Je regarde l'homme et m'aperçois qu'il s'agit effectivement d'un gendarme maritime. Je reconnais à présent l'uniforme, un uniforme différent de celui que je portais dans ma brigade de Ponthierry, mais bien caractéristique de sa fonction.

Je ne sais que dire devant cette situation encore une fois bien inattendue. Tout en continuant de se gratter la tête, signe d'un embarras de plus en plus profond, le gendarme m'interroge sur mon affectation en France, la brigade où j'étais, et ce que j'y faisais.

Je lui relate alors mes années de service, depuis l'école de Gendarmerie de Chaumont jusqu'à cette brigade de Seine et Marne d'où je suis parti effectuer ce voyage de cinq années.

Je lui explique que je bénéficie actuellement d'une disponibilité de cinq ans, et que si je suis venu poser mon ancre dans cet endroit interdit, c'est bien involontairement, car rien de cette interdiction ne figure nulle part, ni dans aucun document de navigation, ni sur aucun écriteau installé sur la berge.

De plus, personne à mon arrivée ne m'a signalé pareille chose, pas même les fonctionnaires de police où je suis allé d'initiative effectuer les formalités d'entrée.

Le pauvre gendarme semble de plus en plus embarrassé. Il réfléchit un instant puis regarde les deux compères.

- Il n'y a pas de problème, c'est bien un gendarme, dit-il en posant ses paroles.

Le plus âgé des deux, et peut-être aussi le plus gradé, me demande alors de quitter immédiatement les lieux et d'aller me mettre à la baie d'Anne avec les autres voiliers. Puis il ajoute en s'efforçant de donner une sorte de solennité à ses propos :

- L'affaire est close.

Je leur serre la main et m'en retourne au bateau.

Tout en ramant, j'observe les trois personnages déambuler sur la plage en conversant. Effectivement, il se trouve à Dakar une base de la marine française, ce qui explique sans doute la présence de ce gendarme maritime. Quoi qu'il en soit, mon ancienne profession m'a permis d'échapper de peu à quelques ennuis. Quelles auraient été les conséquences d'une pareille infraction si je n'avais été qu'un simple ouvrier ? Une amende à payer sans doute, en tout cas des tracasseries que notre caisse de bord aurait eu beaucoup de mal à supporter.

Je remonte à bord, lève l'ancre et fais route vers la baie d'Anne distante de quelques milles. Plus d'une dizaine de voiliers, français pour la plupart, évitent sur leur ancre, face à une longue plage de sable fin. L'endroit se trouve effectivement assez loin de la capitale, et il est nécessaire de prendre le taxi ou l'autobus pour s'y rendre, contrairement à notre premier mouillage situé quant à lui à deux pas du centre ville.

Quelques jours plus tard, après être allés récupérer le livret de francisation au bureau de l'immigration, nous hissons une nouvelle fois les voiles et faisons route sur l'embouchure du fleuve Salum.

La distance à parcourir n'est guère importante. Après une nuit de navigation, alors que les aurores commencent à poindre dans un ciel sans nuage, nous apercevons les balises de l'embouchure. L'entrée est délicate. Il s'agit de slalomer entre des hauts fonds que signalent non seulement quelques balises rouges et vertes, mais également un paysage chaotique où l'écume des déferlantes bordant le canal atteste, si besoin est, qu'en cas d'erreur, il n'y aurait point de salut. Nous sommes à l'heure de la marée montante et le flot nous entraîne allégrement à travers un chenal sinueux. Les vagues s'écrasant à quelques mètres du voilier sont effrayantes.

Claudette ne dit rien. La transition entre le calme de l'océan et cet endroit chaotique fut si subite qu'elle n'eut pas le temps d'appréhender la situation. Après quelques instants d'un parcours sans faute, nous nous abritons derrière une langue de terre semblant vouloir délimiter l'entrée du fleuve sur cette côte sauvage.

J'ai l'impression alors passer d'un univers à un autre. D'un côté les vagues de l'océan, une barre effrayante sur des hauts-fonds menaçants, de l'autre une eau si plate, si tranquille, que l'on sent comme une onde délicieuse nous irradier de la tête aux pieds.

La nature africaine nous apparaît alors dans toute sa splendeur. Les rives sont bordées d'innombrables palétuviers sur lesquels se nichent des milliers de pélicans. Çà et là quelques hérons nous observent silencieusement du haut de leurs longues pattes. Nous croisons une pirogue à voile d'une dizaine de mètres, bariolée de couleurs vives, et dont la voilure n'est formée que d'un assemblage de morceaux de tissus plus ou moins bien rapiécés. Le tout suspendu à une longue perche de bois faisant office de baume. Le vent est juste assez fort pour faire progresser cette étrange embarcation.

Son équipage est composé de cinq personnages dont le visage s'illumine d'un large sourire. Il s'agit d'une famille entière à en croire les gestes du plus vieux, qui semble donner des ordres aux autres, quatre jeunes à peine sortis de l'adolescence. Je les salue d'un grand geste auquel ils répondent en soulevant un énorme poisson tout frais pêché. Je pousse alors la barre et m'approche doucement.

L'un nous demande une cigarette dans un français comme n'en peuvent parler que les gens de ce continent, un français où les mots sont gentiment déformés par cet accent semblant sortir tout droit des savanes africaines.

Je leur offre un paquet complet de ce tabac que m'attribuait l'armée lorsque je portais l'uniforme et dont j'ai constitué une véritable réserve dans l'un des coffres du bateau. À peine le paquet est-il entre leurs mains que chaque visage se garnit d'une cigarette. L'un d'eux s'évertue à distribuer du feu en frappant désespérément sur un vieux briquet à essence.

Le vieil homme nous remercie en offrant deux gros poissons et en prononçant quelques mots dont je ne saisis pas le sens. Puis la voile est passée sur l'autre bord et un virement est effectué. Nous les observons alors s'éloigner en direction de l'embouchure. Quel étrange spectacle que celui de cette embarcation évoluant sans moteur, au gré des vents et courants, dans le seul but pour son équipage de soutirer au fleuve la quantité de poissons nécessaire à sa survie quotidienne.

Nous poursuivons notre incursion à l'intérieur des terres et arrivons en vue d'un village construit sur les bords d'une gigantesque étendue d'eau. Il semble qu'à cet endroit, le fleuve ait quelque peu débordé, formant une sorte de lac intérieur.

Près de la berge, un groupe de gens, les pieds dans l'eau, semble affairé à un travail de culture. Ce sont des femmes pour la plupart. Nous approchons lentement sur un fond de deux mètres. J'observe aux jumelles. Les détails m'apparaissent distinctement à présent. Chacune possède un seau qu'elle s'évertue à remplir de ce qu'elle ramasse.

Nous en sommes très près maintenant. Le sondeur affiche un mètre vingt. Toutes ont interrompu leur travail pour nous observer. Jusqu'où irons-nous ainsi ? Semble vouloir dire l'une d'elles en posant les mains sur ses hanches, le seau coincé entre les jambes.

Nous sommes à la limite de l'échouage. J'arrête le moteur et grimpe sur le pont jeter l'ancre. Quelques enfants s'approchent à pied, un seau à la main. Ils arrivent à la poupe du voilier, la touchent doucement, puis nous regardent en montrant le contenu de leur seau. Des coquillages, chaque seau en contient plusieurs kilos.

Voilà donc ce à quoi ces gens sont affairés, au ramassage de gros coquillages ressemblant à s'y méprendre à ceux de nos côtes bretonnes. Claudette apporte des bonbons qu'elle distribue aux enfants dont les petites mains se tendent joyeusement jusqu'au pont du bateau.

Nous débarquons en nous aidant de notre annexe. Ce sont effectivement des tonnes de coquillages qui se trouvent dans une sorte de vase molle où nos pieds s'enfoncent jusqu'à la cheville. Quel que soit l'endroit où plongent nos mains, nous en ramassons plusieurs à la fois. En moins d'une demi-heure, notre seau est quasi rempli. Les femmes nous regardent en riant, comme si cette manière de faire, pour des "toubabs", puisse revêtir un caractère un tant soit peu comique.

Nous posons le seau sur le pont du voilier, puis nous dirigeons vers le village. Chaque habitation est conçue de cette manière modeste à travers laquelle on peut sentir la simplicité des gens qui l'habitent. Les murs ont été construits à partir d'une sorte de torchis. La couverture est formée d'un assemblage de palmes et de bambous. Aucune porte ou fenêtre ne vient entraver les ouvertures. Ce qui fait qu'en parcourant ce que l'on peut appeler des rues du fait de la disposition géométrique des habitations, il est aisé d'observer chacun de ces modestes intérieurs. Il semble qu'il n'y ait ni lit, ni table, ni chaise, et que le seul mobilier ne soit constitué que d'une série de gros plats d'aluminium et de cuvettes en plastique de couleur.

Que l'on puisse manger assis sur le sol, cela se conçoit aisément. Mais est-il possible que ces gens puissent également trouver le sommeil en s'allongeant à même une terre battue ?

Quelques vieillards, ainsi qu'une ribambelle de gamins, nous observent silencieusement. Nous faisons le tour du village et rentrons au bateau.

Nous partons le lendemain matin et remontons ce fleuve jusqu'au petit bourg de Foundiougne. Il est assez aisé de naviguer sur ces eaux, d'autant que notre carte de détail est précise. Ce qui ne nous empêche pas de nous échouer de temps à autre en essayant d'approcher les habitations bordant parfois le cours de cette voie d'eau.

Les voiliers sont encore assez rares sur le Salum. Aussi notre arrivée dans certains villages n'est pas sans provoquer un certain attroupement lorsque nous débarquons. Attroupement vite dispersé lorsque Michka fait son apparition. Les enfants s'enfuient alors de toute part tandis que notre petite chienne, constatant l'effet produit par sa présence, se met à aboyer éperduement.

Il n'est guère utile d'avoir de l'argent. Il n'y a rien à acheter, mis à part à Foundiougne où se tient chaque jour un petit marché sur lequel nous nous ravitaillons en fruits frais.

À peine quinze jours plus tard, nous sommes de retour à l'embouchure. Cette excursion à l'intérieur des terres aura sans doute été trop brève pour qu'il en puisse résulter quoi que ce soit de réellement positif. Les escales n'ont été que de courtes escales, sans grand contact avec les gens de rencontre.

Le but que nous nous étions fixé au départ de France, cette espérance de vie nouvelle parmi d'autres gens, d'autres cultures, que nous avions si longtemps rêvée, n'a trouvé dans cette première remontée qu'un bien piètre exutoire. Nous avons vu le Salum et ses habitants, mais nous n'avons fait que les voir, et passer.

À qui la faute ? Nous en discutons longuement Claudette et moi, et nous promettons lors de notre prochaine remontée de fleuve, de les rencontrer réellement ces populations pour lesquelles nous avons tout quitté, et de vivre avec elles aussi longtemps qu'il sera nécessaire pour que l'osmose puisse se former entre leur culture et la nôtre.

L'effort est indispensable, même dans ce domaine. Partir sur un voilier, naviguer sur les trois océans, remonter tous les fleuves de la planète, ne serait pas suffisant si, à côté des choses fabuleuses entrevues par l'œil étincelant du voyageur, l'esprit ne pouvait utilement s'ouvrir à celui de tous ces gens qui en peuplent les escales.

Le fleuve *GAMBIE*

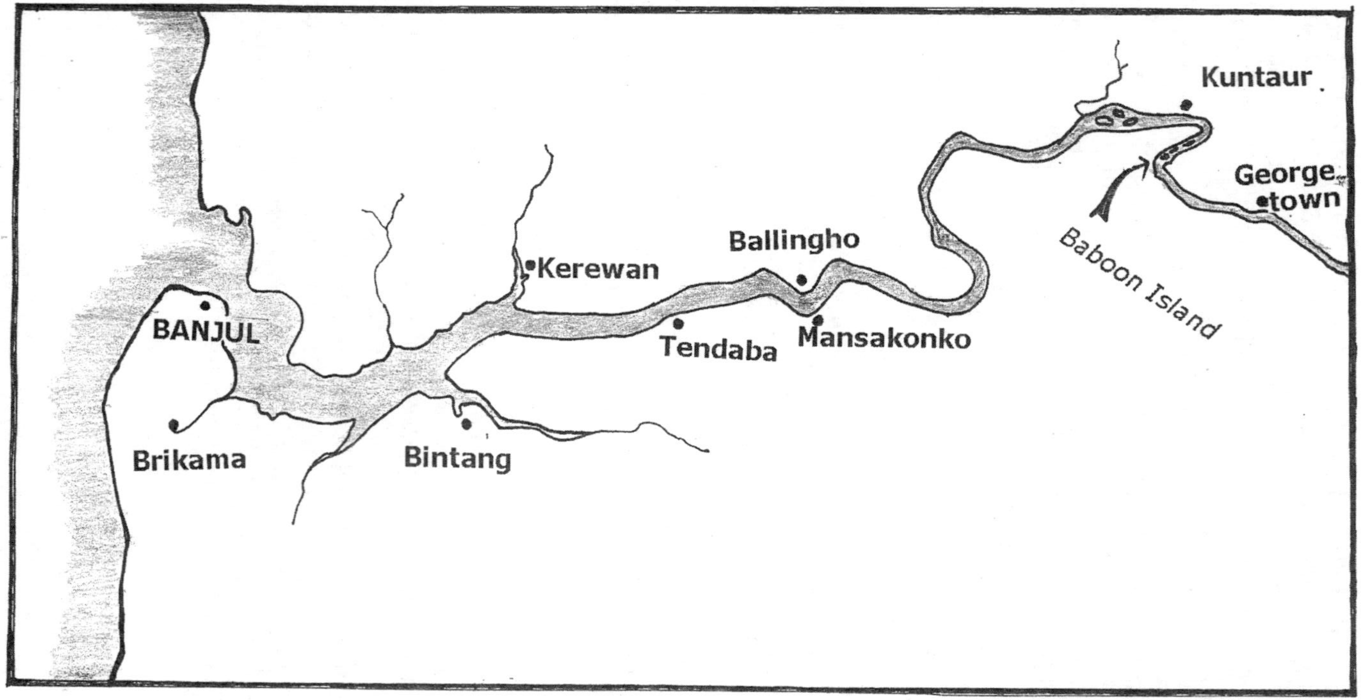

XIII

BANJUL

La visibilité est faible ce matin, à peine une centaine de mètres. Elle semble cependant suffisante pour que les balises du chenal puissent être repérées. Le bateau tire de plus en plus mollement sur son mouillage. La hauteur de l'eau approche son maximum. Il nous faut partir.

Je n'aime guère ce genre de navigation, mais, une fois en mer, les difficultés seront moindres. La côte est saine, aucun obstacle ne vient s'interposer entre le Salum et le Gambie. Je mets le moteur en route et remonte l'ancre. Nous partons. Le vent est nul, la mer est calme, même dans cette embouchure qui nous a donné tant de frayeurs lors de notre arrivée.

C'est l'étale. Tout autour de nous, le regard ne peut guère aller plus en avant que ces longues perches rouges et vertes matérialisant l'extrémité du chenal. Nous les passons une à une et faisons route vers le Sud sur une mer plate et sans ride.

D'après les cartes en notre possession, la balise d'entrée du Gambie est située sur l'isobathe des dix mètres. Il suffit donc de suivre cette ligne de sonde pour la trouver.

Un gigantesque écran masque la visibilité. Ce n'est pas du brouillard comme on en rencontre en occident, mais une sorte de nuage de particules sablonneuses provenant des déserts du Sahara et pouvant, parait-il, traverser l'Atlantique pour aller se perdre sur les terres latino-américaines. Ce phénomène est assez fréquent en cette saison. On l'appelle l'Harmattan.

Durant plusieurs heures, nous progressons ainsi sans apercevoir ni la terre, ni l'horizon, en ayant pour seuls repères l'écran lumineux du sondeur et la silencieuse aiguille du compas.

La visibilité a cependant l'air de s'améliorer, l'Harmattan semble se dissoudre doucement dans l'atmosphère, on commence à distinguer les contours de la côte, puis quelques pirogues de mer propulsées par de gros moteurs hors bords.

Il est à peine seize heures lorsque nous apercevons la silhouette d'une grosse bouée quelques centaines de mètres devant l'étrave. La Gambie est là, sur bâbord.

L'entrée de ce fleuve n'a rien à voir avec celle du Salum. Le chenal est très large et la barre inexistante. La difficulté est donc nulle. En prenant un cap au 170 il est impossible de louper son atterrissage. Du reste, la profondeur est partout à présent.

Banjul apparaît au loin. Déjà une sorte de marché près d'une plage, puis un navire de commerce contre un quai. Des bâtiments se profilent, une cheminée d'usine, quelques grands arbres, une grosse épave aussi, et enfin un emplacement où nous pouvons mouiller l'ancre dans une relative tranquillité d'esprit. Il est 17 heures.

Banjul, à l'heure où nous écrivons ces lignes, n'est pas à proprement parler ce que l'on pourrait nommer un petit port sympa. Les bateaux que l'on aperçoit, qu'ils soient au quai ou au mouillage, ne sont que des chalutiers de haute mer. Les taches de rouille transpirant sur leur coque d'acier sont si épaisses que l'on à peine à deviner la couleur de leur peinture.

Quelques marins assis sur l'un de ces ponts crasseux nous regardent en souriant. Les bateaux arborent le pavillon gambien, mais c'est en français que l'on nous apostrophe :

- Ça va toubab ?

Je leur réponds d'un grand geste du bras tout en continuant de ranger les amarres.

Quelques militaires s'affairent sur un long débarcadère de bois. L'un d'eux prend place dans un énorme zodiac amarré à l'un des piliers, met le moteur en route, largue l'amarre et arrive vers nous. Il avance à vive allure malgré le peu de distance à parcourir, ce qui produit une grosse vague faisant déjauger l'embarcation qui se retrouve en quelques secondes collée à notre coque.

- Hello, lance-t-il en agrippant le rail de fargue. Les bureaux de l'immigration sont fermés le dimanche, dit-il. Nous ne pourrons donc descendre à terre que le lendemain.

Ceci fait, il s'en retourne de la même manière en accélérant le moteur plus qu'il n'est utile, ce qui, encore une fois, produit une grosse vague ayant pour effet de faire tanguer le voilier.

Le lendemain matin, je me présente aux bureaux de l'immigration situés à la sortie du port. C'est une vieille bâtisse de bois datant très certainement de l'époque où l'anglais régnait en maître sur cette langue de terre enclavée sur la côte sénégalaise.

Une jeune fille en uniforme me fait signe de monter au premier étage afin d'y rencontrer l'officier chargé d'accorder les visas. Je grimpe un escalier branlant et me retrouve dans une grande pièce où se tient effectivement, derrière un vieux bureau, un homme en civil affairé à classer une série de feuilles dactylographiées.

Il me salue dans un français aux consonances très britanniques, puis demande les passeports et papiers du bateau. Tout en les examinant, il me tend un formulaire à remplir, puis appose le cachet réglementaire sur l'une des pages du petit livret mauve.

Je m'en retourne au bateau accompagné d'un autre policier, un homme peu bavard, mais moins scrupuleux de sa personne à en croire une chemise froissée, ouverte sur le devant, et une casquette aux couleurs défraîchies, portée comme un chapeau, c'est-à-dire relevée en arrière plus qu'il n'est de coutume, ce qui confère à toute sa personne une décontraction peu en rapport avec la rigidité de la fonction.

Il grimpe dans l'annexe avec une certaine maladresse, s'assied sur la partie avant en se cramponnant aux bordés et me regarde ramer en souriant, tel un touriste effectuant une promenade sur l'eau.

Arrivé au bateau, je positionne l'annexe contre l'échelle de bain et la stabilise en m'agrippant sur le rail de fargue. L'homme me regarde manœuvrer sans même bouger le petit doigt, et avec cet air d'enfant gâté rendant la situation assez énervante.

Il se décide enfin à attraper l'un des échelons et grimper sur le pont où il entreprend aussitôt une fouille des coffres extérieurs. Puis il descend dans le bateau, toujours sans avoir prononcé le moindre mot, pas même un petit bonjour à mon épouse affairée à préparer le repas.

Il ouvre un coffre, dérange les marchandises s'y trouvant, puis le referme et ouvre le suivant. Tout est fait méthodiquement, avec cette espèce de flegme propre aux fonctionnaires de tous ces pays où l'Anglais est venu un jour imposer sa culture.

Enfin, il s'assied sur la banquette de carré, sort de l'une de ses poches de chemise un petit tampon encreur et appose un dernier cachet sur nos passeports. Ceci fait, il nous regarde et, sans pour cela que sa physionomie ne s'en trouve modifiée, nous souhaite la bienvenue en Gambie.

Aucun bakchich n'a été demandé, pas même le petit verre d'alcool que nous lui avons offert après que les formalités aient été effectuées, ce qui surprend quelque peu lorsque l'on arrive d'un pays comme le Sénégal où bon nombre d'anecdotes nous ont été contées sur ce triste sujet.

Je le ramène à terre, puis reviens chercher Claudette pour visiter la ville.

Incontestablement, ce petit pays est encore bien marqué de l'empreinte britannique. Malgré la vétusté des habitations, construites en bois pour la plupart, il est assez surprenant de voir, à la sortie des classes, ces écoliers et étudiants noirs vêtus d'uniformes composés de pull, short et casquette.

Les routes ne sont en fait que des voies sablonneuses. De grandes pelouses, où quelques Gambiens jouent au cricket, semblent vouloir rafraîchir l'atmosphère chaude et humide de cette capitale africaine. C'est le pays du tissu. Des rues entières sont occupées par des marchands proposant des étoffes de toutes couleurs.

Contrairement à Dakar, Tanger et autres villes parcourues sur ce continent, nous pouvons nous promener dans les rues, sur le marché, visiter les boutiques sans être importunés d'aucune manière par qui que ce soit, sans avoir une main tendue à chaque pas que nous faisons. Quelques misérables, vêtus de hardes rapiécées, l'air hagard, nous observent parfois en silence.

Banjul n'est pas ce que l'on peut appeler, à proprement, parler une ville touristique. Nous croisons bien sûr de temps à autre quelques Occidentaux harnachés d'appareils photos, des anglophones pour la plupart, mais la physionomie de cette agglomération de trente mille habitants est loin d'avoir le look rêvé permettant de penser que cette manne que l'on nomme tourisme, et qui constitue pour de nombreux pays en voie de développement une fabuleuse providence, puisse un jour ou l'autre s'y développer valablement.

Il se dégage cependant de ces rues poussiéreuses une atmosphère particulière. Le style de ces baraques, de par leur vétusté même, confère à l'ensemble un caractère original n'ayant rien de commun avec ce que nous avons pu rencontrer jusqu'à présent.

Durant un long moment, nous parcourons les boutiques du centre ville avant de nous attabler à la terrasse d'une petite taverne. Un homme assis sur un banc, un Gambien d'une cinquantaine d'années, des cheveux grisonnants, la mine joyeuse, habillé d'un méchant boubou multicolore, se lève alors nonchalamment, disparaît dans l'arrière-boutique, puis revient quelques instants plus tard en tenant dans ses mains une pile de cartes postales plus ou moins récentes qu'il étale sur notre table. Il nous montre également un gros livre sur l'Afrique et ses merveilles. En le feuilletant, nous apprenons que le fleuve Gambie constitue la plus belle voie d'eau de l'Afrique occidentale. On y trouve hippopotames, singes, crocodiles, et même des lions dans une réserve naturelle. Les photos de cet ouvrage sont d'une telle beauté que l'on a peine à croire que cet endroit soit ainsi oublié des plaisanciers aux longs cours.

Après en avoir tourné les pages, nous choisissons quelques cartes postales, les payons et retournons vers le centre ville.

Les images de cette réserve naturelle, facilement accessible pour un voilier comme le nôtre, défilent dans notre esprit. Comment donc est-il possible que nous n'ayons jamais entendu parler des attraits de ce fleuve, alors même que la Casamance, se trouvant à soixante milles plus au sud, constitue, en matière de plaisance, l'endroit le plus fréquenté d'Afrique de l'Ouest ?

Nous prenons la direction de ce qui représente le bureau des affaires maritimes afin d'obtenir plus amples informations concernant la navigation en ces eaux, et éventuellement y faire l'achat d'une carte.

C'est un grand bâtiment de deux étages, situé dans la partie sous douane du port de commerce. L'un des employés à qui nous nous adressons nous annonce que cette partie du fleuve, si merveilleuse soit-elle, est en fait interdite à toute navigation, en raison justement de son caractère particulier. La faune peuplant les berges est d'une telle richesse qu'il serait dangereux de laisser aller et venir des embarcations incontrôlées. Le braconnage fait encore des ravages, même parmi les espèces les plus protégées, et ce malgré une réglementation draconienne. Les autochtones n'ont guère de scrupule lorsqu'il s'agit de se nourrir !

Malgré tout, le commandant du port a toute latitude pour délivrer des dérogations si la raison invoquée lui semble suffisante. Rendez-vous est pris pour le lendemain à onze heures, seul moment où cette personne puisse nous recevoir. Nous retournons au bateau en traversant à nouveau les rues de la capitale.

Le lendemain à onze heures, la porte d'un immense bureau s'ouvre devant nous. Un Européen de haute stature nous invite à entrer. Des cheveux grisonnants, coupés courts, encadrent un visage have, aux traits profondément marqués. Son œil droit est garni d'un monocle. C'est un pur Britannique.

Nous lui expliquons brièvement l'objet de notre visite, notre projet de remonter le Gambie en voilier, le tout dans un anglais assez primaire qu'il semble cependant comprendre.

Il nous dévisage durant quelques instants sans rien dire, puis, après avoir affiché un petit sourire moqueur, nous explique dans un français presque parfait que la navigation sur ce fleuve est interdite au-delà de soixante kilomètres en amont. Ceci pour des raisons que l'on a déjà dû nous indiquer, dit-il assez froidement.

De plus, il se trouve sur quelques îles du fleuve des familles de gros singes, des gorilles et chimpanzés, implantés en cet endroit par des scientifiques américains aux fins d'observer leurs mœurs. Des essais de réadaptation à la vie sauvage après avoir vécu en captivité sont effectués, et il serait dangereux pour un touriste quelconque de s'aventurer sur ces eaux.

Il s'interrompt à nouveau quelques instants puis, d'un ton beaucoup plus chaleureux, nous indique que si nous désirons vraiment traverser cette région, alors il peut nous délivrer une dérogation. Devant notre mine réjouie, il tire une feuille de l'un des tiroirs de son bureau, y écrit quelques lignes, appose un cachet et nous tend le papier :

- La voici, dit-il.

Puis il appelle une seconde personne se trouvant dans une pièce voisine et lui demande de nous remettre la carte de détails du fleuve ainsi que le plan des quelques îles où le débarquement est interdit. Nous remercions l'homme au monocle qui nous souhaite un bon voyage et retournons au bateau.

Le temps a changé. Cette espèce d'écran brumeux produit par les sables de l'Harmattan a complètement disparu pour laisser la place à une extraordinaire visibilité. Le vent s'est également levé et forme à la surface du fleuve de petites vagues à la crête parfois blanche d'écume. C'est l'étale de marée basse, nous levons l'ancre et partons.

Les deux voiles déployées font gaillardement avancer le bateau qui traverse le delta en peu de temps. Nous sommes très rapides à présent, le courant nous porte allègrement.

La végétation n'a rien de commun avec celle du Salum. Ce ne sont pas des palétuviers qui garnissent les berges, mais une variété d'arbres beaucoup plus hauts, plus verts et plus touffus. Cela constitue comme un rempart uniforme dont la régularité deviendrait presque monotone. Les rives se resserrent peu à peu, mais la largeur du fleuve reste suffisante pour que nous puissions utiliser le pilote automatique.

La carte offerte par le commandant du port est assez précise, mais n'apporte aucune indication quant à la faune, la flore et les gens peuplant les berges.

Qu'allons nous donc trouver dans cette région sauvage, lorsque nous nous serons enfoncés au plus profond de la jungle gambienne ? Ce point d'interrogation m'emplit l'esprit d'une sorte de délicieuse frénésie.

Durant plusieurs jours, la navigation s'effectue dans ce décor de grands arbres au feuillage verdoyant. Nous parcourons ainsi une centaine de milles. Ce cours d'eau, large et profond, se rétrécit peu à peu. L'eau n'est plus salée maintenant, ce qui nous permet de faire notre lessive et nous laver sans avoir à puiser dans nos réservoirs.

Nous traversons une région marécageuse où le lit du fleuve n'est plus délimité que par un rempart de hautes herbes sèches. La végétation se transforme doucement. Les grands arbres disparaissent, laissant la place à tout un enchevêtrement de palmiers, calcédras, fromagers, plusieurs fois centenaires à en croire l'imposante largeur de certains troncs, et sur lesquels d'innombrables singes sautent de branche en branche en suivant le bateau.

Quelques oiseaux s'envolent lors de notre passage, des oiseaux dont le plumage blanc, rouge et vert se détache sur l'azur moutonneux de la voûte céleste. À l'Ouest, les chaudes nuances du crépuscule s'ébauchent doucement dans un ciel où les nuages se font de plus en plus discrets. Le ronronnement du moteur vient à peine troubler cette fabuleuse atmosphère tropicale.

Des cases de bambous apparaissent à la sortie d'un méandre. Leurs habitants accourent sur la plage. Les femmes ont leur enfant dans les bras ou maintenu sur le dos à l'aide d'un long morceau d'étoffe aux extrémités nouées sur le ventre. On nous fait des signes de bienvenue. J'enroule le génois et lâche le mouillage. Le bateau s'immobilise. Nous débarquons.

Tout le village est là à attendre. Les enfants se disputent pour nous donner la main. On nous presse de mille questions sur le voilier et notre itinéraire sur ce fleuve. La nuit tombe, les feux s'allument devant les cases, quelques pierres disposées autour de braises que l'on ravive aux heures des repas et sur lesquelles on pose le chaudron contenant la nourriture.

Ce n'est qu'à la nuit noire, après un long moment de palabre avec ces gens étonnés, que nous nous décidons à regagner notre bord.

Le lendemain, nous nous arrêtons au petit bourg de Kuntaur, à l'issue d'une longue journée de navigation. Exceptées quelques pirogues de pêcheurs, nous ne rencontrons aucune embarcation, pas même un voilier comme il serait logique d'en trouver en sachant qu'ils sont si nombreux à Dakar et en Casamance. Ce qui, du reste, est loin de nous déranger. Voir l'étonnement de ces gens, les voir sortir de leur case en courant, et s'attrouper sur la berge lorsque nous arrivons toutes voiles dehors, les entendre crier leur joie lorsque nous ralentissons, puis jetons l'ancre, tout cela me paraît revêtir un caractère si extraordinaire que je me sens en quelque sorte le petit Christophe Colomb découvrant une terre nouvelle sous le regard ébahi de ses habitants !

Aux dires des gens du village, il se trouverait, à quelques milles en amont, un endroit considéré comme magique et sacré, un endroit que les pêcheurs évitent de peur d'y rencontrer le mauvais esprit. En étudiant la carte, on se rend compte qu'il s'agit de ce groupe de trois îles indiquées à Benjul par les autorités britanniques et sur lesquelles des scientifiques américains procèdent à des expériences de réadaptation d'une race de gros singes à la vie sauvage.

Le bateau progresse lentement sur une eau plate et sans ride, une eau où se reflète de manière quasi parfaite cette végétation opulente formant comme une muraille impénétrable. L'impression est celle, non pas de naviguer sur l'eau tranquille d'un fleuve africain, mais plutôt sur une sorte de gigantesque miroir où le paysage tout entier se dédouble dans une étonnante harmonie de forme et de couleur.

Le soleil n'est guère haut dans un ciel maculé de petites taches blanches. Sa lumière semble tamisée par l'obliquité de ses rayons qui déjà nous inondent d'une douce chaleur. Le vent est nul, comme il l'est toujours à cette heure matinale. Le voilier avance tranquillement dans ce décor verdoyant.

À mesure que le soleil s'élève dans l'azur du firmament, un léger courant d'air se fait sentir, provoquant sur la peau de nos avant-bras la douce sensation d'une interminable caresse.

La première île apparaît au loin, fondue dans la végétation ambiante, puis de plus en plus distincte à mesure de notre approche. Tout comme lors d'un atterrissage en mer, si nous n'avions pas eu la carte sous les yeux, jamais nous n'aurions pu distinguer qu'il s'agissait de deux îles tant les couleurs de la végétation se fondent les unes dans les autres.

Nous nous passons les jumelles tour à tour et scrutons le feuillage de chacun des arbres à la recherche de ces gros primates si précieux pour l'état gambien.

Le vent, qui jusqu'alors n'était qu'un souffle à peine perceptible, semble se lever peu à peu, se transformant en une petite brise faisant claquer le taud de cockpit. Je déroule le génois et baisse le régime moteur.

Nous longeons la première de ces îles, la plus petite d'après notre carte, puis arrivons à la seconde, un morceau de terre long de plus de six kilomètres et entièrement recouvert d'une végétation on ne peut plus luxuriante. Sa forme en arc de cercle épouse celle du fleuve qui trace à cet endroit un immense méandre.

Des cris stridents viennent déchirer l'air. Un gros singe au pelage foncé, un animal d'une stature identique à celle de l'homme, nous suit en sautant de branche en branche, avant de disparaître dans les profondeurs verdoyantes. Quelques autres apparaissent çà et là. Un babouin au poil marron clair nous observe du haut de son cocotier.

Nous sommes au centre du fleuve. J'aperçois des choses sur l'eau, à quelques encablures devant le bateau. Cela paraît flotter comme le feraient de gros morceaux de bois. À moins que ce ne soient des écueils, des pointes de rochers dont la carte aurait bizarrement omis de signaler la présence.

Le voilier progresse lentement sur une eau quelque peu troublée par le souffle du vent.

Les taches brunes se font de plus en plus distinctes. J'observe aux jumelles et me rends compte, après quelques instants d'attention, qu'en fait de morceaux de bois ou de pointes d'écueils, il s'agit d'un troupeau d'hippopotames immergés dans cette eau boueuse, le museau et les oreilles à l'air libre, immobiles, silencieux.

Je suis émerveillé, des hippopotames en pleine liberté, là, quelques centaines de mètres seulement devant .l'étrave. Je prends soudainement conscience que le moteur est de trop. Si l'on veut réaliser pleinement cette espèce d'osmose avec la nature, il devient nécessaire de se fondre avec les éléments, de composer avec eux en quelque sorte.

J'actionne la tirette d'arrêt des gaz et arrête notre bruyant diesel. Le génois est gonflé. Le vent est cependant assez faible, mais il suffit pour maintenir une allure régulière. La coque glisse silencieusement en direction des mammifères.

L'impression est extraordinaire. Au-delà de la simple remontée d'un fleuve africain, il me semble vivre ce moment comme la réalisation parfaite de mes aspirations d'absolu. Cette fabuleuse approche, jamais je n'aurai osé l'imaginer avant notre départ de France. C'est un peu comme si la réalité dépassait tout ce qu'il m'eût été possible de concevoir en matière de navigation à voile ; l'idéal du voyage s'ébauchant, en quelque sorte, avec la domestication de la force des éléments, puis se faisant réalité à travers ce fabuleux spectacle des choses de la nature.

Les formes grossissent peu à peu. J'aperçois distinctement leur museau. Ils sont une dizaine non loin de la berge, immobiles, semblant ignorer notre présence. Nous en sommes très près à présent, à peine une cinquantaine de mètres nous séparent du premier. J'enroule doucement le génois, puis monte à l'avant décrocher le mouillage. L'ancre disparaît, emportant avec elle un long morceau de chaîne.

Malgré les précautions prises pour ne point les alarmer, le cliquetis provoqué par les maillons sur le dalot d'étrave a sans doute éveillé leur méfiance. Il en est un qui s'agite, puis disparaît dans les profondeurs du fleuve, le reste du groupe le suit peu de temps après. On ne les voit plus à présent.

Ils ne peuvent cependant rester indéfiniment au fond. Quelles que soient leurs capacités de suspendre leur respiration, il leur faudra refaire surface à un moment ou un autre. À moins qu'ils puissent progresser sur le fond et contourner l'île, auquel cas nous ne les reverrions plus.

Le voilier est immobilisé et nous attendons patiemment à l'ombre du taud de cockpit, sans faire aucun bruit, n'osant à peine remuer de peur de faire tanguer un tant soit peu le bateau.

Ça y est, l’un d’eux sort le museau une cinquantaine de mètres plus en avant. Il souffle bruyamment, puis s'immerge à nouveau. Un autre l’imite peu de temps après. Comme je le pensais, ils se déplacent sous cette eau boueuse. Un peu plus loin, trois autres refont surface.

Durant un long moment, nous contemplons ainsi leur manège. En voilà un qui réapparaît à une quinzaine de mètres du voilier, suivi d'un second non loin de l'étrave. Peut-être constituons-nous pour eux une telle curiosité qu'ils n'hésitent plus à s'approcher de manière à nous observer sereinement.

Le soleil est au zénith. Le voilier est comme irradié par ses rayons brûlants retombant à la verticale. Il devient de plus en plus pénible de se mouvoir dans cette chaleur torride, et s'il n'y avait pas le taud de cockpit, cette espèce de longue bâche passant au-dessus de la baume et dont les extrémités sont accrochées aux filières, l'endroit serait absolument intenable.

Il est seize heures. Nos gros mammifères sont toujours là, non loin de la berge, les oreilles et le museau hors de l'eau, semblant nous observer de manière assidue. Le vent est plus fort maintenant. Je déroule le génois et me porte à l'avant relever le mouillage. Sans autres bruits que ceux de la voile claquant au vent et du cliquetis de la chaîne sur le dalot d'étrave, le voilier s'éloigne doucement.

Les hippopotames sont derrière nous à présent. L'un d'eux pousse un hurlement semblant se propager dans la forêt tout entière. Est-ce un cri d'adieu ou tout simplement l'expression d'une certaine satisfaction de nous voir quitter les lieux ? Toujours est-il que cet endroit nous semble réellement magique.

Quel que soit le côté où se porte le regard, la vision est idyllique. À travers cet enchevêtrement verdoyant bordant les berges percent des cris de toutes sortes. Ce sont tantôt des piaillements, tantôt des ululements ou des glapissements, le tout se fondant en une clameur si délicieuse que l'on à peine à penser qu'il s'agit là du seul fait de la création. L'un de ces cris est assez insolite. Il est composé de quatre sons revenant continuellement, mi-sol, mi-fa, mi-sol, mi-fa, quatre sons se répétant avec une régularité quasi métronomique.

Le courant s'inverse, nous l'avons contre nous. Le vent est cependant canalisé par l'exubérante végétation et nous arrive en permanence de l'arrière. Nous continuons donc à progresser malgré que le bateau ait quelque peu ralenti l'allure.

Le soir nous posons l'ancre à hauteur d'un petit marigot, vers l'île Ka-aï. Nous sommes en pleine brousse, à six milles seulement du bourg de Georgetown.

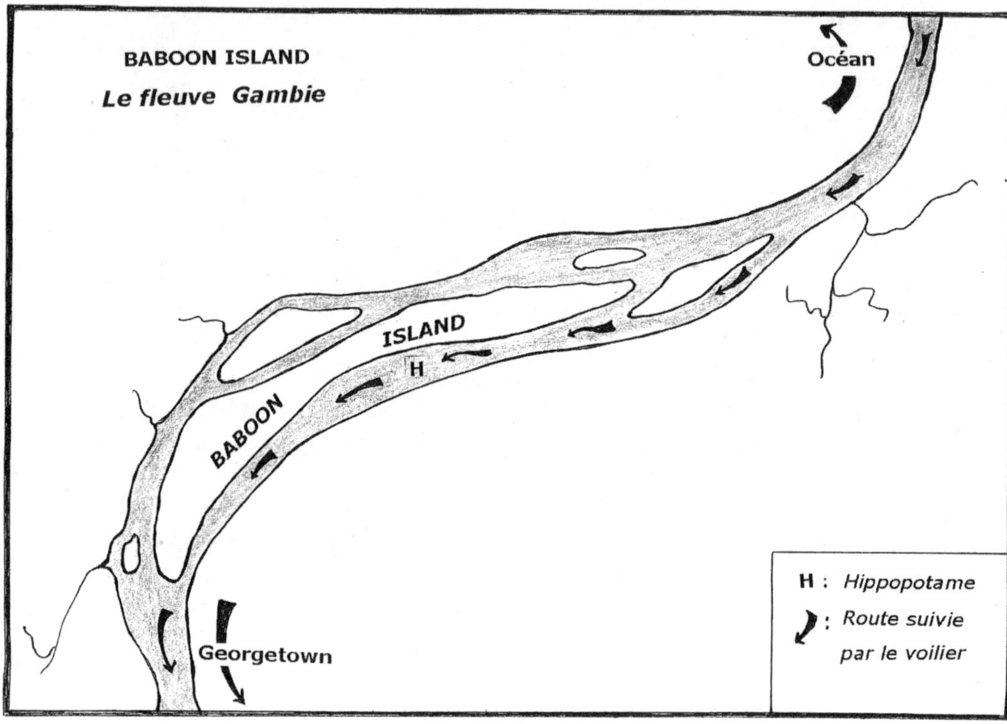

1, 2, 4 et 5 : Le Port de Las Palmas et ses bateaux de grands voyages...
3 : Une singulière éolienne.
6, 7 et 8 : Escale à Arguinéguin.
9 : Préparation de la traversée pour un voisin de ponton !
10 : La route de Dakar.

1

2

3

4

5

6

7

8

9

10

11

12

13

14

XIV

ET TU SERAS UN HOMME

Il est onze heures le lendemain lorsque nous atteignons Georgetown.

Georgetown, un petit bourg comme on ne peut trouver qu'en Afrique. Des habitations aux murs de torchis recouvertes de quelques plaques de tôles en guise de toiture, des ruelles étroites, des commerces plus ou moins bien achalandés, tenus tantôt par de purs gambiens, tantôt par quelques mauritaniens comme il y en a à Dakar ou Benjul. Un appontement en bois d'où part le bac faisant l'aller-retour entre les deux rives, et, près de la plage, le traditionnel marché où les femmes, et uniquement les femmes, viennent vendre leurs produits.

Non loin de ce marché, un grand tapis posé à même le sol et entouré de tôles ondulées fait office de mosquée. Les hommes, et uniquement les hommes cette fois-ci, peuvent venir s'y recueillir. Comme si Dieu, s'il existe, avait voulu séparer ces deux fonctions essentielles au sein du couple africain, le spirituel pour l'homme et le matériel pour sa moitié !

Reconstituer les réserves d'eau douce reste l'une de nos préoccupations lorsque la saison est peu favorable aux giboulées, aussi nous mettons nous rapidement en quête d'une fontaine.

---

11 et 12 : La route de Dakar.
13 : L'entrée du fleuve Salum.
14 : Au mouillage sous le palais présidentiel !

Un robinet est installé près d'un petit bâtiment bordant la rue principale, mais il ne fonctionne plus depuis fort longtemps, nous indique-t-on, ce qui ne constitue guère une gêne pour les habitants qui se désaltèrent directement dans l'eau du fleuve, une eau saumâtre ou la main disparaît avant même que le coude ne soit mouillé.

Je reconditionne donc l'un de nos vélos et me mets à la recherche d'un puits. Je parcours les villages alentour, transportant sur le porte-bagages deux des jerricans de vingt litres achetés à Las Palmas. Après quelques heures d'une pénible recherche sous un soleil de plomb, après avoir parcouru une bonne vingtaine de kilomètres sur des pistes sablonneuses où les roues du vélo s'enfonçaient parfois, je finis par découvrir un point d'eau dans un de ces villages de brousse aux habitations toutes pareillement constituées de murs de torchis.

Il s'agit d'un puits profond, protégé par une haute margelle de briques plates. Il n'y a pas de seau collectif, je dois emprunter celui d'une gambienne, une jeune femme à la physionomie très avenante, habillée d'un long boubou aux jointures flottantes.

En fait de seau, il s'agit d'un récipient rudimentaire artisanalement fabriqué avec des chambres à air de camion, cousues dans leur partie inférieure et maintenues ouvertes par une sorte d'arceau dans leur partie supérieure.

Une fois au fond, il est nécessaire de faire très vite pour le remonter, car il est percé de toute part. La manœuvre n'est guère aisée, mais ma jeune amie semble experte en ce genre de pratique, et c'en est presque un régal que de la voir remonter en quelques secondes ce seau débordant d'une eau trouble, mais somme toute plus claire que celle du Gambie. Le tout dans un déhanchement brutal et peu féminin qui contraste étonnement avec la lascivité de son regard et les formes harmonieuses de son corps.

Les deux jerricans sont remplis. Je les amarre solidement sur le porte-bagages, salue la jeune femme, puis m'en retourne à Georgetown, chargé comme un mulet, en laissant ma nymphe près de son puits, le seau à la main, l'air étonné.

Arrivé au bateau, cette eau ne sera pas mélangée à celle de nos réservoirs. Nous la faisons bouillir puis la filtrons dans un entonnoir bouché à la ouate avant de la transvaser dans de petits jerricans de cinq litres beaucoup plus commodes à l'utilisation.

À la suite de quoi nous la rafraîchissons par un vieux procédé consistant à habiller une bonbonne de terre cuite d'une grosse toile mouillée de l'eau du fleuve et à l'exposer au soleil.

L'eau de cette toile, en s'évaporant, produit de la fraîcheur qui refroidit la bonbonne. Nous arrivons ainsi à obtenir une eau, non pas glacée, mais relativement fraîche, avec laquelle nous nous désaltérons après l'avoir mélangée au jus de quelques citrons pressés.

Un soir, alors que nous nous promenons à la sortie du village, nous apercevons à l'orée de la forêt un groupe de jeunes enfants habillés de méchantes tuniques marron et cachant leur visage dans une grande capuche leur retombant jusqu'au menton. À peine avons-nous fait quelques pas dans leur direction, que nous les voyons s'enfuir et disparaître dans la végétation, telle une volée de moineaux qu'un renard effaroucherait.

C'est alors que nous rencontrons Hamine, un tailleur sénégalais d'une trentaine d'années, venu s'installer dans ce pays avec sa famille pour y gagner sa vie en taillant des boubous.

Lamine est heureux de pouvoir se lier d'amitié avec ce qu'il considère comme étant des touristes hors du commun. Il nous convie à l'un de ses repas, puis nous emmène en compagnie de ses frères sur une sorte de terrain vague à la sortie de Georgetown. Il semble que la population tout entière y soit réunie. Le son des tam-tams irradie l'air et nous arrive avec une telle régularité, une telle force, que chaque percussion paraît faire vibrer jusqu'au plus profond de nos entrailles.

Lamine est quelque peu ému. C'est la fête de la circoncision, explique-t-il, une fête n'ayant lieu que tous les quatre ou cinq ans, lorsqu'il y a suffisamment d'enfants à circoncire. C'est du reste une chance que nous soyons arrivés à ce moment, continue-t-il, car elle est tout à fait caractéristique des coutumes les plus ancrées de cette partie de l'Afrique.

Ces mêmes enfants que nous avions aperçus à l'orée de la forêt sont rassemblés près d'un arbre immense et forment un groupe compact qu'aucun des habitants de Georgetown ne semble vouloir approcher.

Près d'eux, une sorte d'épouvantail humain, un homme dont le corps disparaît entièrement sous un assemblage de longues fibres marron, s'agite en brandissant un sabre. Il pousse des hurlements en martelant violemment le sol de ses pieds nus. Les enfants le regardent sans réagir d'aucune manière.

Ces enfants viennent d'être circoncis, nous explique notre ami en faisant effort pour parler car les tam-tams couvrent en partie sa voix. Puis il me demande de le suivre avec ses frères tandis que Claudette reste en compagnie de Moura, sa jeune femme. Nous nous écartons alors de cette place, et nous asseyons quelques centaines de mètres plus loin, à même le sol, sur un carré de sable chaud, à l'ombre d'un jeune arbre aux branches à peine suffisamment touffues.

Je vais t'expliquer, fait Hamine. Ces enfants ont été circoncis il y a peu de temps et vivent depuis en groupe à l'écart du village. Ils ont tout d'abord été enlevés de chez leurs parents par ces mêmes surveillants habillés aujourd'hui de longues fibres marron et ayant cet aspect si hideux. On leur a aussitôt rasé la tête avant de les rassembler dans un endroit de la forêt, un endroit bien précis que l'on nomme « le bois sacré ». C'est là que se perpétue depuis la nuit des temps cette pratique semblant si atroce à vous autres européens.

Pour lui ce fut terrible, avoue-t-il sous le regard moqueur de l'un de ses frères. Cela remonte à une dizaine d'années. On le mit nu, et il dut attendre avec ses camarades à l'orée du bois sacré. C'était le plus âgé du groupe. Pour cette raison, il vit ses camarades partir un à un, emmenés par ces hommes si effrayants, et se retrouva seul jusqu'à ce que l'on vînt à son tour le chercher.

On l'amena devant une sorte de grand trou carré pratiqué dans le sol, et près duquel trois hommes de son village, méconnaissables sous leur déguisement, patientaient calmement. L'un tenait un long couteau dont la lame était encore rouge du sang de ceux l'ayant précédé.

À ce moment, il y eut comme un début de panique dans son for intérieur. Cette souffrance à laquelle il allait devoir faire face, il s'y était en quelque sorte préparé depuis longtemps, cela ne représentait plus qu'un détail, une simple formalité. Mais à présent qu'il se trouvait là, complètement nu, à la merci de ces gens si sauvagement habillés, devant ce trou au fond duquel on apercevait distinctement un amas de bouts de chairs sanguinolentes, il sentait la peur gagner tout son être et le faire horriblement tressaillir.

L'un des exécutants lui attrapa alors la verge et tira vivement sur son prépuce, un autre passa autour de cette petite peau une cordelette très fine et très dure.

Ce moment fut épouvantable. Une seule idée lui trottait dans l'esprit, celle qu'en aucun cas il ne devait crier. Quelle que soit l'intensité de la douleur, il ne devait faire aucun mouvement pouvant s'apparenter à celui de la frayeur, une frayeur qui pourtant semblait tétaniser jusqu'à la plus petite de ses particules.

L'un des hommes se tenait droit devant lui, une cravache à la main. Cette cravache lui était destinée s'il avait simplement le malheur de gémir lorsque la lame trancherait sa chair. Son prépuce était complètement enserré dans cette cordelette que l'homme avait nouée avec une effrayante violence. Le second saisit alors le couteau et s'approcha.

Cet instant, si court soit-il, représente le moment le plus épouvantable qu'il lui fut donné de vivre. Il savait exactement ce qui allait se passer, il était très courageux du reste, mais ce cérémonial si horrible, alors qu'il se trouvait pour la première fois hors de la protection de ses parents, à la merci totale de ces hommes inquiétants, faisait qu'il se sentait perdre peu à peu la maîtrise de ses moyens.

Il n'en conservait pas moins l'idée que rien de ce qu'il ressentait ne devait transparaître, de toute son attitude ne devait se dégager que de la froideur, presque de l'indifférence face à l'épreuve.

Le tam-tam battait avec force et violence, les coups de fusil résonnaient de toutes parts dans la plaine, mais il ne les entendait pas, il se concentrait sur cette seule idée : Ne pas bouger, ne pas crier. À ce moment, l'homme au couteau lui prit le prépuce entre deux doigts et tira. Ce fut très rapide. À peine eut-il le temps de sentir le froid de la lame, que déjà sa chair était tranchée.

La douleur fut vive. Il lui sembla que son corps tout entier s'enflammait, comme s'il était en quelque sorte irradié par cette terrible ablation. Durant quelques instants, la souffrance fut telle que des larmes lui vinrent aux yeux. Mais il ne bougea pas, aucun frémissement, pas même le plus petit clignement des paupières, ne vint attester de son état intérieur.

Le bout de sa verge était ensanglanté, un filet de sang coulait dans ce trou où avaient été jetés les prépuces de ses camarades. On lui tendit un petit morceau de bois en forme de fourche afin qu'il puisse soutenir son sexe ainsi mutilé. Il n'osait à peine le toucher, même avec cette fourche de peur d'augmenter cette douleur qui n'en finissait plus de lui brûler le bas-ventre.

Il s'efforçait de porter le regard droit devant, de manière à n'avoir pas à subir la terrible vision de ses chairs sanguinolentes, ce qui du reste lui donnait l'air d'être complètement insensible à ce qu'il subissait.

Qui l'eût vu à ce moment, le regard fixe, les dents serrées, ne bougeant pas, l'air presque indifférent, eût sans doute pensé que le courage de cet adolescent était bien grand. Mais si la pensée pouvait avoir une forme, s'il nous était donné d'entrevoir, à travers les linéaments étroits de ce trompe l'œil que l'on nomme apparence, la véritable couleur de l'esprit humain, alors on eût été pris d'une grande pitié en voyant ce pauvre enfant. Car derrière la froideur de son regard, le détachement dont il semblait faire preuve, il y avait une petite âme en détresse implorant de toutes ses forces que l'épreuve se terminât.

Alors que le sang s'était arrêté de couler et que la douleur allait en diminuant, l'un des hommes le fit venir à lui et installa une ficelle autour de ses reins. On y accrocha sa verge de manière à la maintenir en position haute et éviter ainsi tout frottement avec le reste du corps. Il put enfin rejoindre ses camarades silencieusement assis dans une clairière à quelques dizaines de mètres de cet endroit sacré.

L'après-midi se passa, puis la nuit, sans qu'aucun ne bougeât. Ils étaient tous là, adossés contre un arbre ou allongés sur le dos à même le sol, silencieux. Les hommes qui avaient opéré se relayaient pour surveiller ce groupe amorphe. On leur apporta du riz et de l'eau, mais très peu avaient suffisamment d'appétit pour se lever et manger.

Le lendemain matin seulement, des soins leurs furent donnés. Les plaies furent copieusement lavées à l'eau bouillie, puis on y appliqua un pansement composé de feuilles de bananier enduites de cendres et maintenues sur l'extrémité de la verge par des fibres végétales. Ces pansements furent renouvelés chaque matin et chaque soir jusqu'à ce que les chairs ne présentent plus qu'une croûte à l'endroit même où le couteau avait si cruellement tranché.

À ce moment commença la seconde partie de l'épreuve.

Notre ami interrompt alors son récit. Son regard se porte sur ce grand espace où les gens se font de plus en plus nombreux, où les tam-tams résonnent de plus en plus fort, et où l'on aperçoit les circoncis, toujours rassemblés près d'un grand fromager.

Durant quelques instants, son esprit semble se perdre en une intense méditation. Cherche-t-il une logique à tout cela ? A-t-il des doutes sur ce qui représente encore à l'heure actuelle la cérémonie la plus sacrée de son ethnie ? Ou bien s'interroge-t-il sur le bien fondé de cette conversation, est-il raisonnable qu'un blanc, un toubab comme ils disent, puisse être réellement mis au fait de tous ces détails, des détails tenus secrets par ses ancêtres depuis la nuit des temps ?

Aucun de ses frères ne l'interrompt dans ce silence inopportun.

J'aperçois Claudette parmi ces gens habillés de leur plus beau boubou. Il n'est guère nécessaire de chercher longtemps pour trouver un blanc parmi des centaines de têtes noires. Sa présence nous saute aux yeux. Elle converse avec quelques femmes qui l'entourent en lui palpant les vêtements de temps à autre.

Des coups de fusil résonnent dans l'air brûlant de cette journée d'avril, parvenant à peine à troubler le rythme diabolique des tam-tams et les cris euphoriques de cette foule en liesse.

Notre ami me regarde, sourit, puis poursuit son récit.

Durant plus de deux mois, il dut séjourner dans ce bois avec l'ensemble des circoncis, sous la surveillance de ces hommes qui l'avaient tant fait souffrir, et sans pouvoir retourner à son village ne serait-ce qu'une seule fois.

Ils subirent épreuves sur épreuves, sous les injures continuelles des surveillants. Les coups de bâton pleuvaient lorsque l'un présentait quelques faiblesses. On les faisait marcher comme des singes, puis monter aux arbres et crier. Ils devaient parcourir de longues distances les poignets liés aux chevilles. On les réveillait chaque nuit pour leur faire creuser des tombes et s'y allonger. Certains de ses amis subirent la pire offense que l'on puisse faire à un homme digne de ce nom.

L'heure des repas était sonnée à la trompe. Les circoncis, répartis par groupes de dix ou quinze, devaient attendre le signal pour se jeter sur la nourriture. Il n'y avait qu'un seul plat pour l'ensemble du groupe ; les plus faibles ne mangeaient que rarement à leur faim.

Je l'interroge sur le rôle des femmes dans cette tradition. Subissent-elles aussi de semblables pratiques ? Existe-t-il des rites de passage leurs étant destinés ?

Notre ami s'interrompt à nouveau quelques instants. Il porte une cigarette à ses grosses lèvres gercées, l'allume nonchalamment, tire quelques bouffées, puis reprend.

Les jeunes filles ont également à subir des rites identiques, à une période différente de celle des garçons. Cela se passe toujours dans le bois sacré, sous la surveillance des vieilles du village. Il s'agit d'une épreuve très dure, beaucoup plus que celle des garçons dont les souffrances ne sont que de courte durée. Mais, contrairement à ces derniers, les filles peuvent avoir peur, crier, et même hurler, sans pour autant qu'elles en soient déshonorées ; l'expression de la souffrance constitue du reste une preuve de leur féminité.

C'est d'ailleurs ce qui lui permit un beau jour d'assister à une scène de ce genre. Il était dans la forêt lorsqu'il entendit des hurlements de douleur entrecoupés de cris et d'insultes proférés à vive voix. Il se dirigea vers l'endroit d'où provenaient ces cris et, à travers les branchages de quelques arbrisseaux, il entrevit cette chose atroce.

Une jeune fille, entièrement nue, était maintenue par trois vieilles qui lui tenaient les jambes écartées face à l'arbre sacré. Un trou avait également été creusé dans le sol, un trou identique à celui des hommes lors des précédentes circoncisions. Elle tentait tant bien que mal de se débattre, mais les vieilles lui enserraient fermement les bras de leurs mains squelettiques.

La pauvrette était désespérée. Son regard était comme halluciné. Elle avait crié. Elle avait même hurlé, mais la quantité d'effroi débordant de cet esprit à peine sorti de l'adolescence n'avait pas réussi à adoucir un tant soit peu le mouvement des vieilles qui lui crochetaient le corps à la manière d'affreuses araignées sur une pauvre mouche prise au piège de leur toile.

Ces femmes n'avaient point d'âme.

Elle était maintenue de toute part et semblait s'être résignée au terrible sort lui étant réservé. L'une des vieilles, la plus âgée semblait-il, à en croire la profondeur des rides de son visage et les excroissances hideuses lui ponctuant la face, s'approcha lentement et s'agenouilla à même le sol face au corps de l'adolescente. Elle tenait dans une main un gros hameçon, et dans l'autre une lame de rasoir. La pauvrette eut à cet instant un sursaut de terreur. Elle se remit à hurler si désespérément que des gouttes de sueur apparurent sur son front livide.

Elle reçut alors un violent coup de poing à hauteur des reins, ce qui la fit se cambrer en arrière, oubliant sans doute, l'espace d'une demi seconde, le but morbide de sa présence en cet endroit au profit de la douleur engendrée par ce coup effroyable.

Au même moment, la plus vieille lui piqua le clitoris avec l'hameçon, tira violemment, transperçant le petit bout de chair de part et d'autre, et, d'un bref mouvement, le trancha avec la lame de rasoir, faisant apparaître simultanément un flot de sang qui coula sur les cuisses de la patiente.

Ce fut abominable. Les cris de la jeune fille, ne pouvant s'intensifier, se transformèrent. On eût dit que sa gorge tout entière allait éclater tant ses hurlements étaient désespérés. Les vieilles lâchèrent leur étreinte. La jeunette se jeta alors à terre et se recroquevilla sur elle-même en poussant des cris de plus en plus aigus, de plus en plus inhumains. Ses cuisses étaient ensanglantées, elle respirait par à-coups.

Elle demeura ainsi un long moment, telle une bête agonisante, le corps secoué d'instant en instant par de violents soubresauts, sous le regard satisfait de ces êtres, mi-femmes mi-monstres, qui conversaient à voix haute et d'une manière insouciante, comme si ce drame odieux dont elles avaient été les sinistres exécutantes les avait laissées complètement indifférentes.

On la fit enfin mettre sur le dos et l'on apposa sur sa plaie un cataplasme de plantes sauvages maintenu par de longues fibres prises autour de ses reins. Elle ne criait plus. Cette douleur extrême, qui l'avait si horriblement fait souffrir l'instant d'auparavant, semblait s'être quelque peu estompée. Son visage était cependant mouillé par un flot continuel de grosses larmes et ses traits n'en conservaient pas moins cette courbure caractéristique de la souffrance. Elle se leva péniblement et s'en alla du côté opposé à celui par lequel elle était arrivée. La suivante fut alors amenée.

Tout comme les hommes, une retraite de quelques semaines leur est imposée. Une retraite durant laquelle la jeune fille, devenue femme, sera instruite sur les choses de l'amour. Les brimades lui seront cependant épargnées, et, contrairement aux hommes, leur sortie de la forêt ne donnera lieu à aucune festivité. Elles regagneront tout simplement leur demeure et poursuivront leur vie comme il en était auparavant.

La fête bat son plein sur la grand place. Le son des tam-tams semble accompagner celui des coups de fusil, qui n'en finissent plus de claquer au-dessus de ces têtes joyeuses.

Lamine sort une nouvelle cigarette et l'allume nonchalamment.

Je n'ose lui demander quelle est la logique à tous ces rites, existe-t-il une seule raison qui puisse justifier ces tortures, ces mutilations infligées à de jeunes êtres à peine sortis de l'enfance ? Quelle peut-être la part de positif dans ce qui apparaît à mes yeux comme n'étant qu'un supplice aussi absurde qu'inutile ? Une simple tradition, aussi millénaire soit-elle, peut-elle excuser un seul de ces martyrs ?

Lamine me regarde perdu dans mes pensées. Et, comme s'il avait saisi le fil de mes réflexions, comme si cette espèce de révolte intérieure qui commençait à m'animer transparaissait de manière distincte sur ma physionomie de toubab, il poursuit d'un ton très doux, un ton qui contraste avec la sauvagerie de son précédent récit.

Il ne faut pas juger.

Toute culture à sa raison d'exister. Comment pourrais-je comprendre, moi qui suis issu d'un monde où tout est facile pour peu que l'on veuille bien se donner quelque peine, où la nature a perdu toute emprise sur l'individu, quelle que soit sa classe, quel que soit son rang, où l'injustice n'existe que dans les esprits et où la pauvreté n'est bien souvent qu'une question de définition, comment ce regard faussé par tant de considérations engendrées dans une société si différente, pourrait-il examiner en toute objectivité, en toute conscience, ce qui représente pour cette population comme l'apprentissage de ce que peut-être réellement la vie sur cette terre d'Afrique ?

Sa cigarette se consume lentement entre quelques profondes bouffées. La conversation semble avoir atteint sa phase finale à présent. Les regards se croisent, mais plus aucune parole ne se fait entendre. Nous nous levons et rejoignons cette place emplie de plusieurs centaines de gens.

XV

BABOON ISLAND

Durant une dizaine de jours, notre bateau tirera sur son ancre face à ce petit bourg de Georgetown. Cette longue escale, au plein cœur de ce pays si petit, nous fait découvrir une population bien différente de celle rencontrée au Sénégal. L'empreinte britannique semble avoir marqué les mentalités bien plus que ne le laissent entendre ceux avec qui nous conversons.

Et c'est une erreur de penser qu'un pays libéré de ses colonisateurs, aussi despotes soient-ils, puisse retrouver son intégrité d'antan. Quelle que soit la culture, quel que soit le niveau de vie des habitants, les marques laissées par l'oppresseur sont bien souvent de celles qui ne s'effacent pas.

C'est ainsi que le Gambien nous apparaît comme étant plus digne que le Sénégalais. Que ce soit à Benjul, à Kudang ou à Georgetown, les mains tendues sur notre passage sont quasi inexistantes, ce qui, paradoxalement, nous incite à donner, nous autres français, car là où l'Anglais n'aurait jeté qu'un dédaigneux regard, le Français, lui, offre quelques-unes de ses pauvres économies.

Deux fois par semaine une vache est débitée sur le marché, puis vendue une dizaine de francs le kilo, quel que soit le morceau. Une longue file de gens se forme non loin de la plage. Les premiers seront les mieux servis, quant aux retardataires, ils auront patienté quelques heures sous un soleil de plomb pour, en fin de compte, n'avoir que des os à ronger !

Il est temps pour nous de partir à présent. Ces deux semaines d'escale nous ont apporté bien plus que nous n'aurions pu l'imaginer, tant au niveau des rapports humains qu'à celui de la connaissance des traditions dans cette partie d'Afrique de l'Ouest.

Nous faisons nos adieux aux quelques amitiés naissantes, puis levons l'ancre et pointons l'étrave en direction de Benjul. Le vent est contraire, comme il le sera sans doute jusqu'à l'embouchure. Le courant est cependant assez fort pour permettre une progression normale tout en maintenant le moteur à bas régime.

À nouveau la végétation tropicale défile sous nos yeux. Les berges semblent pareilles à un immense jardin d'acclimatation. Les branches de quelques palmiers géants retombent à la surface de l'eau qu'elles semblent vouloir boire insatiablement. Une dizaine de singes nous suivent en sautant d'arbre en arbre, tout en poussant de petits cris aigus pareils à ceux d'une envolée de mouettes derrière le bateau d'un pêcheur. Le soleil nous inonde de ses violents rayons.

En scrutant le bord des berges, j'aperçois un crocodile étendu de tout son long sur un gros tronc d'arbre mort. Sa gueule est grande ouverte, mais il ne bouge pas, comme s'il guettait quelques proies.

À peine arrivons nous à sa hauteur qu'il disparaît en une impulsion si rapide qu'il nous est impossible de dire s'il a plongé dans l'eau trouble du fleuve ou s'il s'est enfoncé dans l'épaisseur de la végétation. Toujours est-il qu'il ne réapparaîtra pas malgré le moteur débrayé et le voilier avançant à la dérive du courant.

Baboon Island, l'île aux gros singes et aux hippopotames apparaît une nouvelle fois au début d'un immense méandre.

Le moteur tournant au ralenti se fait à peine entendre. Nous approchons la première île, celle où nous avions aperçu les hippopotames. Nous nous passons les jumelles et observons les berges dans l'espoir de revoir une dernière fois ces gros mammifères.

Ils ne sont malheureusement plus là. Cette île est très étendue, mais l'autre rive est interdite à toute navigation. Nous n'en poursuivons pas moins notre lente progression tout en scrutant le feuillage de chacun des arbres. Nous nous rapprochons de la berge. Le sondeur affiche deux mètres, mais les fonds me semblent sains. Je débraye le moteur et pose l'ancre.

Un héron debout sur ses grandes pattes, majestueux, pèche tranquillement à quelques mètres de l'étrave. Notre présence n'a pas l'air de l'effaroucher. Il plonge la tête et la ressort plusieurs fois jusqu'à ce qu'il tienne dans son bec un petit poisson gigotant éperdument.

Quelques cris percent cette végétation impénétrable. Des cris se situant entre le grognement et le hurlement. Des branchages s'agitent de toutes parts, il me semble qu'ils sont des dizaines, là, très près de nous, ne pouvant être vus, dissimulés par les feuillages, mais épiant le voilier comme le feraient les hommes d'une quelconque tribu devant quelque chose de tout à fait inconnu.

Là-bas, dans une petite trouée à travers cette végétation luxuriante, une grosse tête brune apparaît. Je saisis les jumelles et l'examine attentivement.

Il est des physionomies qui ne trompent guère, que ce soit dans l'homme ou dans la bête, et l'expression que paraissent afficher ses traits est tout à fait caractéristique de celle de la curiosité. Un imposant museau, au-dessus duquel clignent de temps à autre deux yeux gros comme des mirabelles, remue à mesure des découvertes qu'il semble faire en observant le bateau.

Un peu plus loin, un autre se découvre complètement en approchant la berge. Il s'arrête au seuil de la lisière, s'accroupit à même le sol et, les bras pendants, le regard fixe, nous observe durant un long moment.

Il est dix-sept heures. Je remets le moteur en route, enclenche la marche arrière et actionne la manette des gaz. Nous sommes à plus de trois cents kilomètres de l'embouchure, mais les courants de marée se font déjà sentir. L'eau n'est pas salée, du moins pas en surface, mais son niveau monte et descend comme si nous étions très proches de l'océan.

La hauteur de marnage atteint plus d'un mètre en cette saison. Cette force d'inertie du flot marin, suffisamment puissante pour renverser le courant, n'est cependant que de courte durée. Et même au moment de sa plus forte intensité, la vitesse de l'eau, qui a du mal à atteindre les deux nœuds, ne constitue pas un réel handicap.

Aussi nous ne nous soucions guère d'attendre le meilleur moment pour lever l'ancre. Du reste, nous ne sommes point pressés. Cette nature si féerique représente pour moi comme un accomplissement. Ces bruits, ces senteurs tropicales, m'emplissent d'un ineffable bien-être. J'ai comme l'impression de palper mon bonheur, assis à la barre et progressant lentement dans ce merveilleux décor.

Nous poursuivons notre route jusqu'à l'extrémité de la dernière des îles puis posons notre ancre à quelques mètres de la berge.

L'endroit est paradisiaque. La silhouette des arbres se découpe majestueusement sur les rougeurs écarlates du couchant. La berge est constituée d'un singulier enchevêtrement de palmiers dont les branches, en retombant à la surface, forment comme un masque camouflant les bords terreux du fleuve, ce qui donne la bizarre impression d'une terre immergée.

Quelques petits singes apparaissent à travers cet écran de végétations. Des singes encore bien différents de ceux aperçus à Baboon Island. Ils sont plusieurs dizaines à sauter de branche en branche pour venir s'immobiliser au plus près de notre embarcation.

Michka, surprise et effarouchée par ces singuliers visiteurs, se met à aboyer sans retenue. Les singes répliquent alors en aboyant eux aussi, des aboiements ressemblant à s'y méprendre à ceux d'autres chiens et formant à travers la forêt comme un concerto étrange et fabuleux à la fois.

Cette scène pour le moins singulière se poursuit ainsi jusqu'à ce que la nuit soit complètement tombée et que l'obscurité, en noyant les formes, produise sur les êtres son effet apaisant.

Les aboiements s'estompent alors un à un, laissant la place à cet autre concerto que nous nous plaisons à écouter à chaque crépuscule, celui de la forêt tout entière, qui semble vouloir respirer d'une nouvelle vie à mesure que la nature s'enfonce dans les ténèbres d'une nouvelle nuit.

XVI

GAMBIE RIVER

Le lendemain matin nous nous arrêtons près d'un petit village comme il s'en trouve beaucoup sur les berges de ce grand fleuve. Les habitations faites de paille et de bambou laissent à penser qu'il s'agit d'un village de nomades destiné à n'être habité que pour une courte durée.

Encore une fois l'accueil est spontané. En l'espace de quelques instants, la berge se peuple d'une multitude de gens de tous âges, habillés de boubous multicolores, et dont les paroles nous arrivent au bateau en une sorte de brouhaha confus.

Nous posons l'ancre et débarquons.

À peine avons-nous touché la plage que le cordage de l'annexe est saisi par quelques mains vigoureuses? et notre petite embarcation tirée au sec sur le sable fin. Les visages sont souriants de ce sourire africain qui confère aux dents une étonnante blancheur d'ivoire sous ces grosses lèvres couleur d'ébène.

Il se produit subitement un mouvement de recul dans cette assemblée homogène. Michka vient de faire son apparition, et notre petite bête, peu accoutumée aux bonnes convenances, montre méchamment ses dents, blanches elles aussi, tout en faisant connaître son mécontentement par un grognement sans équivoque.

Je m'empresse de l'attraper au collier, mais une sorte de panique s'est encore une fois installée chez les plus jeunes, et, en quelques secondes, cette espèce de mur humain qui nous entourait se retrouve dix pas en arrière sur une petite butte surplombant le cours du fleuve.

Nous descendons de l'annexe et saluons l'assemblée d'un geste du bras. Je porte Michka sur mes épaules, là où elle aime se trouver, se sentant plus en sécurité, puis nous nous avançons au centre de ces habitations qu'un simple coup de vent suffirait à faire envoler.

Un grand homme s'approche et se présente dans un français très succinct. Il s'appelle Amadou. C'est un Sénégalais, de la région de Ziguinchor. Il n'habite ce village que pour y pêcher le poisson. Le Gambie est un fleuve très poissonneux et représente une véritable manne pour celui voulant bien s'en donner la peine.

Il nous invite à venir converser près de sa case avec sa famille et ses amis. Une case faite de paille et de bambou, et devant laquelle sèchent des poissons. Une dizaine de filles et garçons de tous âges sont assis autour d'un grand plat de riz. Chacun se sert avec la main. Ils en prennent une pleine poignée qu'ils malaxent longuement avant de la porter à leur bouche. Puis ils se désaltèrent dans un grand pichet rempli de l'eau trouble du fleuve. La plupart ne parlent que le wolof, un des nombreux dialectes de l'Afrique de l'Ouest, mais leur contact est agréable, et c'est avec un certain plaisir que nous nous attardons parmi eux.

Les femmes se font une joie de coiffer Claudette à l'Africaine. Elles se mettent à cinq pour lui confectionner des petites nattes traditionnelles tout en palabrant joyeusement.

Amadou nous présente son dernier né, un garçon âgé de quelques mois, couvert d'amulettes lui pendant autour du cou, de la taille et de ses petits mollets. Celle-ci doit le protéger contre les rages de dents, explique-t-il en montrant une sorte de grosse canine animale enchâssée dans un morceau de cuir, et celle-là devrait le prémunir des mauvaises fièvres, continue-t-il en en désignant une autre maintenue autour de son petit ventre par une fine cordelette de coton tressé.

Nous ne retournons au bateau que tard dans la soirée après avoir partagé un repas composé, bien sûr, de riz et de poisson.

Il est dix heures le lendemain matin lorsque nous nous réveillons. Je monte sur le pont et contemple une nouvelle fois l'endroit. Cette limpidité de l'air qui conférait à la végétation des variétés de couleurs si éclatantes, a complètement disparu pour laisser la place à une sorte de masque blafard.

L'harmattan est revenu. Cette espèce de nuée sablonneuse obscurcissant le ciel et diminuant la visibilité, la réduisant à quelques centaines de mètres, a refait son apparition en ce matin d'avril. Il semble que la forêt tout entière soit enveloppée d'un gigantesque suaire, comme si la création avait subitement décidé de se mettre en sommeil à l'arrivée de ce nuage du Sahara.

L'impression est étrange. Ce brouillard enveloppant cette partie de l'Afrique a l'air de provoquer comme une sensation d'étouffement. Je me mets à chercher le soleil, mais le plafond est trop bas. Tout est gris au-dessus de nos têtes.

Au loin, un son étrange m'arrive aux oreilles, comme une percussion au rythme lent et régulier, ne pouvant en rien s'apparenter à celui joyeux et vivant du tam-tam. Il s'agit plutôt d'une sorte de battement marquant une mesure. Un son lugubre et sourd dans ce décor froid et sans âme.

Qu'est ce donc que cela ? Il me semble que ce bruit, aussi étrange que lointain, se rapproche ostensiblement. C'est là, à l'Ouest, sur le fleuve sans doute, masqué par cet écran livide. Je m'assois sur l'un des bancs de cockpit et attends patiemment.

Quelques enfants s'amusent sur la berge, une femme s'évertue à laver une pile de hardes posée à même le sable. Mais les pirogues ne sont plus là, et aucun autre mouvement de vie ne vient animer ces habitations dont les dernières sont comme noyées par les brumes de l'harmattan.

Le bruit se rapproche encore et m'arrive de plus en plus fort, de plus en plus net. Ce n'est pas simplement le son d'un tam-tam que je perçois à présent, mais une sorte d'ensemble bizarre composé d'une percussion lente, sourde et régulière, et d'un bruit d'eau que l'on remue comme le ferait un groupe de nageurs remontant le fleuve à la même cadence.

Brusquement, perçant cet écran blafard, une silhouette étrange apparaît au centre de la voie d'eau, la silhouette d'une embarcation comme jamais nous n'en avons encore rencontré. Cela tire du voilier de par un mât fixé en son centre et sur lequel on distingue une voile ferlée latéralement, mais sa forme est celle de la pirogue, une pirogue énorme, quatre fois plus grosse que celles rencontrées en mer, au large de Dakar, lors de notre arrivée sur ce continent.

Il se forme comme un mouvement de chaque côté, mouvement rythmé au son du tam-tam et provoquant ce bruit caractéristique d'eau que l'on déplace. C'est un peu comme si cette embarcation était mue non pas par un moteur, comme il serait logique en cette fin de vingtième siècle, mais par un mouvement de rames, à la manière d'une galère arrivant d'un autre temps.

Je n'y crois pas. Ce ne peut être cela. Je fixe mon regard sur cette chose bizarre jusqu'à ce que celle-ci soit complètement sortie du rideau de brume. Les détails m'apparaissent de plus en plus nets à mesure que l'engin se rapproche.

Je suis alors saisi d'une stupeur inexprimable. C'est bien ce que j'entrevoyais, une sorte de galère d'une quinzaine de mètres, mue par huit rameurs disposés de chaque côté et tirant sur de grosses rames fixées directement aux bordés supérieurs. Un neuvième personnage, le chef sans doute, ou peut-être le maître, donne inexorablement la cadence en frappant sur un gros tambour, tout en tenant la barre de cette embarcation surannée.

Il me semble y avoir là non pas une gigantesque pirogue bariolée de peintures rouge, jaune et verte remontant tranquillement un fleuve d'Afrique, mais une vision irréelle, fantastique, incroyable, comme si ce nuage sablonneux, en noyant la végétation, nous avait subitement projeté dans un autre monde, une autre dimension.

Je suis sur le pont, immobile, contemplant silencieusement cette chose étrange s'avançant rapidement sur une eau plate et sans ride, avec toute la puissance que peuvent offrir huit bras serviles.

Ils sont à la hauteur du voilier à présent. Les détails m'apparaissent distinctement. J'entrevois la finesse des traits, l'harmonie des couleurs de chacun des motifs peints sur la coque, des ornements savamment étudiés pour flatter l'œil de l'éventuel spectateur et qui contrastent étonnamment avec la souffrance que semblent afficher ces misérables visages. Je perçois à travers le bruit de l'eau et les coups du tambour donnés par cet homme inflexible, comme des expirations violentes provenant de ces pauvres âmes.

Cela ne dure que quelques minutes. À peine ai-je le temps de réaliser ce dont il s'agit, que déjà l'embarcation disparaît dans la brume de l'harmattan.

Qu'était-ce donc que cette apparition ? Suis-je bien sûr qu'il ne s'agit pas d'un mirage, une vision comme on en peut sans doute avoir dans ces contrées aussi reculées ? Quelle est la part de réel dans ce dont je fus témoin durant quelques instants ?

Une pirogue apparaît à son tour. Il me semble reconnaître Amadou pagayant avec l'un de ses amis. La pirogue s'approche du voilier. Amadou me fait un petit signe amical. Je l'invite à monter en lui lançant un cordage. En quelques instants, les deux compagnons sont assis sur un banc du cockpit face à moi.

Amadou m'explique, dans un français on ne peut plus succinct, que cette grosse pirogue est celle transportant le sel de Banjul à Georgetown, soit une distance de trois cent cinquante kilomètres à la force des bras.

Les gens de ce pays sont très pauvres, et il est beaucoup plus rentable pour un patron de payer huit rameurs que d'investir dans l'achat d'un moteur et de son carburant. Du reste, le salaire de ces gens leur permettra à peine de se nourrir et se vêtir. Le travail de force ne paie pas sur cette terre de Gambie, mieux vaut être pêcheur, ajoute-t-il en souriant.

Nous quittons cet endroit le lendemain matin. Le plafond est toujours aussi bas, aussi gris, aussi oppressant, mais la visibilité semble plus étendue que la journée précédente. La végétation se transforme à mesure que l'eau salée fait sa réapparition. Cette espèce de muraille verdoyante formée par des arbres hauts et touffus réapparaît de chaque côté du fleuve.

Nous nous arrêtons à Kau Ur, Mansa Konko, Tendaba, Kerewan, ainsi que près d'un bon nombre de petits villages de pêcheurs que nous découvrons l'espace de quelques heures ou d'une longue nuit d'escale.

Peu à peu le Gambie s'élargit, la navigation se fait de plus en plus délicate du fait d'un vent assez fort s'engouffrant à l'intérieur des terres, canalisé par les berges, et nous arrivant de face, sans aucune complaisance, en formant de petites vagues qui cassent l'inertie du bateau.

La marche au moteur devient alors pénible, même en ayant le courant avec nous. La seule solution consiste à tirer des bords d'une rive à l'autre et remonter ce vent sous le regard ébahi des pêcheurs qui, debout sur leur pirogue, envoient leur épervier en imprimant un geste noble et parfait, et sans doute plus auguste que celui du semeur.

Quelques jours plus tard nous sommes de retour à Benjul.

L'atmosphère est étouffante ce matin. Le soleil n'est pas, à proprement parler, radieux comme il pourrait l'être en cette période de l'année sous des latitudes aussi clémentes, mais sa chaleur a l'air de retomber sur nos épaules avec une lourdeur quasi insupportable.

Nous progressons cependant dans les artères de Benjul en quête de victuailles pour la prochaine navigation, une navigation qui devra cette fois-ci nous emmener en Casamance, un fleuve sénégalais situé à 80 milles plus au sud. La vie y sera plus chère, aussi devons-nous faire le plein de nourriture de manière à ménager le plus possible notre caisse de bord.

Le sable recouvrant le sol est brûlant, mais les rues sont grouillantes de monde, de partout les gens déambulent. Il n'est pas un endroit où l'on ne perçoive un mouvement de vie malgré une atmosphère torride.

Nous nous asseyons sur une sorte de grande marche à l'ombre d'un imposant porche en pierre de taille. Un léger courant d'air nous caresse la peau. Envie de ne plus bouger. Quel pays...

Face à nous, trois gambiens assis sur de petits tabourets en osier préparent des sandwichs. Pour quatre dalasis, soit l'équivalent de deux de nos francs français, on vous garnit généreusement la moitié d'un gros pain de viande de bœuf, d'oignons, de piments et d'une sauce épaisse imbibant la mie et vous mettant l'eau à la bouche. Le tout soigneusement emballée dans la page d'un journal local.

Je me lève et m'approche de ces gens qui me regardent arriver sans pour cela interrompre un tant soit peu leurs mouvements, des mouvements semblant tout machinaux du reste. L'un coupe la viande, les oignons et les piments, l'autre les fait cuire tout en remuant la sauce, quant au troisième, il ouvre le pain à l'aide d'un grand couteau et garnit les casse-croûte, des casse-croûte se vendant à une cadence folle ; il n'est pas un instant sans qu'une personne ne s'arrête, tende l'argent, et s'en retourne en dévorant ce mets encore tout dégoulinant.

Je paie le troisième homme et reviens m'asseoir sous le porche.

Ma femme n'a pas faim. Ce soleil de plomb, cette atmosphère étouffante ont plutôt pour effet de lui assécher la gorge. Elle me fait cependant un petit signe de tête indiquant une personne assise à même le sol, à quelques mètres de nous. Je ne l'avais pas remarquée.

Oh, le pauvre homme ! Ses habits ne sont que de misérables haillons, couleur terre séchée, déchirés aux jointures, et plus voisins du linceul que du quelconque vêtement. Des boursouflures, de larges crevasses recouvertes d'une espèce de croûte mi-rougeâtre, mi-jaunâtre, lui déforment les avant-bras. Ses mains semblent repliées sur elles-mêmes, mais, en observant plus amplement, on se rend compte que ce ne sont pas des doigts qui en garnissent les extrémités, mais de petits moignons difformes dont la peau sèche et craquelée à l'air de se répandre en lambeaux.

Son visage n'en est plus un. Son œil gauche regarde fixement devant lui. Son œil droit n'est en fait qu'une sorte de cavité dans laquelle on aperçoit distinctement quelque chose de blanchâtre et d'immobile. Un morceau de chair purulent et aplati figure ce qui avait peut-être été un nez.

Cet horrible faciès, comme tétanisé sur ce corps inerte, semble ne plus rien percevoir des choses l'entourant. C'est à peine s'il entrevoit les quelques passants s'arrêtant à sa hauteur l'espace d'une demi-seconde et jetant deux ou trois piécettes dans cette boîte de conserve posée face à lui.

C'est un lépreux.

Comment peut-il être possible sur cette terre où nous nous démenons tous pour atteindre un tant soit peu de bonheur, que l'on puisse arriver à un tel état de misère ?

Avoir encore dans les yeux la vision de ces paysages extraordinaires, dans les oreilles le son des tam-tams, le fabuleux concerto de toute la création lorsque le soleil est à l'horizon, se sentir encore enivré par les senteurs tropicales, et se retrouver là, avec devant soi le sinistre spectacle de cette réalité africaine, dans toute sa cruauté, dans toute sa véracité.

Il me semble qu'il y ait là non pas la forme humaine d'un être dénaturé par la maladie, mais une sorte de dramatique symbole venant froidement transfigurer l'expérience d'un formidable voyage dans l'une des contrées les plus fabuleuses de cette partie du continent noir.

Est-il possible qu'un être pareil puisse penser, être animé de sentiments d'amour ou de haine, avoir des besoins, des envies, de l'affection pour quelqu'un, alors même qu'il n'est plus dans cette société gambienne qu'une sorte de déchet, une ordure attendant que ce filament étroit le reliant encore au monde des hommes et que l'on appelle la vie se soit définitivement rompu.

Comment donc, cet être suprême, ce Dieu, comme il est nommé de partout, s'il existe, peut-il admettre que de pareilles choses puissent exister ? Comment peut-on croire en un au-delà, louer une quelconque divinité, tout en constatant cette lamentable réalité ?

Je l'observe sans rien dire, avec dans l'esprit cet âpre sentiment de colère et d'impuissance que l'on ressent généralement en présence de pareilles visions.

Cette réalité froide et sans appel vient à point tempérer l'enthousiasme débordant qui nous animait depuis notre arrivée dans ce pays.

Je me lève, m'approche du pauvre homme et dépose mon sandwich à ses pieds. Il le prend avec le reste de ses deux mains atrophiées, me fait un signe de remerciement, puis le porte à sa bouche et le mange. Je dépose également un billet de cinq dalasis dans sa boîte et retourne m'asseoir vers Claudette.

Nous rentrons au bateau en fin d'après-midi, les bras emplis de provisions de toutes natures.

La Casamance n'est distante que de quatre-vingts milles, soit approximativement seize heures de route. Mais Claudette appréhende quelque peu ce court trajet. Nous sommes restés plus de deux mois sans naviguer et il lui faut se réamariner pour effectuer cette distance.

La navigation n'est pas vraiment ce qu'elle apprécie le plus dans ce long voyage entrepris voilà bientôt deux ans. Ces fabuleuses sensations ressenties lorsque le vent gonfle les voiles et que la coque se met à fendre vigoureusement la vague, ces impressions faisant vibrer jusqu'au plus profond de moi-même, n'ont pour effet sur elle que de la laisser froide, et la seule chose à laquelle elle aspire en ces moments divins est d'arriver le plus promptement possible à la destination que nous nous sommes fixée, ce dont je ne peux la blâmer.

Il est treize heures. Banjul disparaît lentement à mesure que le bateau s'éloigne vers l'océan. Nous devrions avoir le courant avec nous durant les quelques heures nécessaires pour sortir de cette immense embouchure. Le vent est contraire, ce qui a pour effet de lever un peu de mer. Mais la coque a été nettoyée par l'eau douce du fleuve, plus un seul coquillage n'y est accroché. Nous sommes de ce fait assez rapide.

Le soleil disparaît derrière un épais rideau de brume, nous ne verrons pas le couchant. L'obscurité s'installe doucement. C'est encore une nuit sans lune qui nous attend. Je dois ralentir le voilier pour ne pas arriver avant l'aurore, nous risquerions de rater l'entrée. Je réduis la grand-voile et le génois de moitié, mais le bateau trace encore un large sillage sur son passage.

Enfin, le jour se lève, la côte se dessine sur l'horizon. Là-bas, Claudette aperçoit une balise, c'est la Casamance, nous sommes juste à sa hauteur. Le chenal d'entrée est très large et point n'est besoin de mettre le moteur en route. Nous passons les balises une à une. Cet endroit est beaucoup moins impressionnant que l'entrée du Salum. Le courant est favorable, ce qui est appréciable après une nuit de navigation.

Nous remontons ce fleuve jusqu'à Ziguinchor, une petite ville située à une cinquantaine de milles de l'embouchure, ceci afin d'effectuer les formalités d'entrée au pays. La Casamance est un fleuve très large, aux rives bien différentes de celles du Gambie. La végétation est composée non pas de ces arbres immenses formant une sorte de muraille de chaque côté des berges, mais d'une continuité de palétuviers comme on en pouvait trouver sur le Salum, c'est-à-dire des petits bosquets très bas et dont les branches retombent à la surface lorsque l'eau est à son niveau le plus haut.

C'est un peu comme si l'origine des anciens colonisateurs avait influé non seulement sur le tempérament des autochtones, mais également sur la nature de la végétation.

La navigation ne pose guère de problème. Le chenal est clair et les hauts-fonds quasi inexistants. Tout en faisant route sur Ziguinchor, la capitale de cette région, j'observe avec une certaine curiosité les innombrables bolons, comme on les nomme par ici, de ces bras de fleuve formant sur la carte une sorte de gigantesque labyrinthe.

XVII

ESCALE EN CASAMANCE

Nous arrivons à Ziguinchor. Nous ne pouvons d'ailleurs aller plus en avant, un pont nous en empêche. Nous posons donc notre ancre non loin d'un débarcadère où se trouve amarré un voilier d'une douzaine de mètres. Nous débarquons et nous rendons aussitôt aux bureaux de la Gendarmerie locale afin d'y faire viser nos passeports.

Ziguinchor est une petite ville de trente mille habitants, au style typiquement sénégalais. De grands bâtiments aux murs blancs attestent d'un passé marqué par la présence des « colonisateurs français », comme ils disent. Des bâtiments à présent élevés au rang de monuments et conférant à cette petite agglomération un caractère la rendant bien agréable à vivre pour les touristes francophones débarquant chaque jour en taxi-brousse.

On peut aisément y trouver de quoi effectuer un ravitaillement correct en prévision de la traversée. De petites épiceries proposent des conserves de cassoulet, saucisses lentilles et choucroute, et même des bouteilles de vin de table, à des prix sans doute plus élevés que ceux de l'hexagone, mais dont notre caisse de bord pourra s'accommoder malgré un niveau passé sous un seuil critique. Cette perspective de retravailler quelque temps à Cayenne lors de notre arrivée en Amérique du sud nous rassure pour la suite de notre périple.

Nous parcourons les rues de cette petite ville de brousse en nous attardant çà et là dans quelques boutiques ou près des nombreuses échoppes disposées à même le trottoir.

C'est ainsi que nous faisons la connaissance d'Abdullah. Abdulhah est tailleur de vêtements. Il est assez étonnant du reste de voir le nombre de tailleurs pouvant ainsi gagner leur vie en confectionnant des vêtements sur mesure. Ils sont plusieurs dizaines à peupler les trottoirs de ces rues poussiéreuses, assis sur une chaise bancale derrière de vieilles Singer à pédale, et vous interpellant joyeusement lorsque vous passez à proximité.

Abdulhah a cette particularité d'être ouvert à la conversation tout en paraissant moins intéressé par une éventuelle commande ; Peut-être est-il tout simplement meilleur commerçant. Toujours est-il qu'il converse aimablement avec nous en actionnant la pédale de sa machine et en ajustant un assemblage de tissus.

Il nous questionne sur notre vie, nos projets de navigation, sans pour cela faire aucune référence au fait que nous pourrions lui acheter un quelconque vêtement. Nous finissons malgré tout par lui commander un boubou complet, un boubou que nous irons chercher chez lui, dit-il, car il nous invite en sa demeure. Il veut nous présenter sa grande famille, c'est-à-dire ses quatre femmes et treize enfants.

Quelques jours plus tard, nous nous présentons à l'adresse illustrée par un plan grossièrement tracé sur un méchant bout de papier. Il s'agit d'une maison toute simple, aux murs de torchis et au toit de tôle ondulée, construite au centre d'une cour immense où quelques poules picorent on ne sait quoi dans un sable nous brûlant les pieds à travers les sandales.

Deux femmes sont allongées sur une natte tressée, à l'ombre d'un gros manguier dont les branches ploient sous le poids de nombreux fruits pas encore tout à fait mûrs. À quelques mètres de là, une autre femme attise les braises d'un feu sur lequel est posé un chaudron contenant quelques aliments. Un enfant est assis sur la margelle carrée du puits familial.

Abdulhah attend près de la porte. Nous le saluons, saluons les trois femmes et l'enfant, puis pénétrons dans la demeure.

C'est une maison toute simple, composée de trois chambres disposées autour d'une pièce principale dont le seul mobilier est constitué d'une petite commode de bois adossée au mur du fond. Aucune chaise, pas même un tapis pour s'asseoir, ne vient égayer cette pièce qui ne semble avoir été conçue que comme un lieu de passage permettant de se rendre dans chacune des autres chambres. Nous traversons cet espace vide et pénétrons dans la première, celle d'Abdullah.

L'endroit est à peine suffisant pour qu'un lit de deux personnes puisse y être installé. Entre ce lit et la porte, un épais tapis recouvre le sol dans sa quasi-totalité. Une fenêtre fermée d'une simple moustiquaire éclaire l'ensemble.

Ses épouses habitent deux chambres beaucoup plus grandes. Elles y ont chacune un grand lit, disposé en vis-à-vis, où elles dorment avec leurs enfants. Dans le fond de ces chambres une porte permet l'accès à une autre pièce plus petite. Dans la première, un lit est installé, celui de l'aîné des treize enfants. Dans la seconde, deux gros sacs de riz sont posés à même le sol ; c'est la nourriture pour le mois.

Nous retournons dans la chambre d'Abdoulha et nous asseyons sur le tapis. Notre ami s'excuse de ne pouvoir nous servir un quelconque mets, mais nous sommes en pleine période de ramadan et la nourriture lui est interdite du lever au coucher du soleil, c'est-à-dire de cinq à dix-neuf heures, période où il doit non seulement ne rien manger, mais également ne rien boire, ni fumer, et s'abstenir d'avoir des rapports sexuels. L'une des jeunes femmes, aperçue dans la cour lors de notre arrivée, nous apporte cependant une cuvette contenant de grosses mangues et quelques bananes.

Nous le questionnons alors sur sa vie de famille, une famille qui nous semble vraiment surprenante. Je ne lui cache pas mon étonnement de me retrouver ainsi dans un foyer polygame, conversant sereinement avec l'homme tout en me faisant servir par ses compagnes ! Comment donc un homme peut-il ainsi se partager entre quatre femmes et mener une existence familiale on ne peut plus tranquille ? Comment des femmes peuvent-elles accepter de partager leur mari avec d'autres sans pour cela ressentir un tant soit peu de jalousie ?

S'il peut être intéressant sur le plan de l'assouvissement des désirs sexuels, de pouvoir, pour un homme, disposer de plusieurs femmes, est-ce que pour ces femmes, vivant sous le même toit, se côtoyant chaque jour, se trouvant dans l'obligation de s'accepter mutuellement, une pareille existence peut être facilement supportable ?

Abdulhah sourit. Il semble flatté de ce que l'on puisse ainsi s'interroger sur ses facultés de gérer une aussi grande famille. Ce n'est en effet pas donné à tous, dit-il. Quatre femmes, c'est là le maximum autorisé par la loi coranique. De plus, un mariage n'est pas gratuit. La dot à payer aux parents est généralement en fonction de la beauté de la fille. Ses deux dernières, Diara et Fatou lui coûtèrent très cher. Elles avaient douze ans lorsqu'il se les accapara à seulement une année d'intervalle !

Ses affaires marchent bien, dit-il. Les vêtements qu'il fabrique sont de bonne qualité et ses clients de plus en plus nombreux, ce qui lui permet de mener une existence bourgeoise, et au Sénégal, un bon bourgeois se doit bien évidemment d'avoir quatre femmes.

Je regarde Claudette et ne peux m'empêcher de sourire. Abdulhah s'en aperçoit, et, loin de s'en offusquer, me demande calmement s'il ne m'est jamais arrivé, malgré ma culture on ne peut plus monogame, de ressentir quelque envie pour d'autres femmes ? Puis il ajoute aussitôt, en jetant un regard furtif sur mon unique épouse qui finit par se sentir gênée, qu'il ne connaît pas un seul homme pouvant prétendre ne pas porter ce désir en lui. Dieu nous a tous fait à son image, continue-t-il. L'apparence peut-être différente, le fond est bien évidemment le même !

La plus âgée des compagnes d'Abdullah, sa première semble-t-il, pénètre alors dans la pièce principale. Elle adresse quelques mots à son mari qui traduit en langue française. Elle désire présenter ses enfants à Claudette, et lui faire visiter le jardin.

Claudette se lève docilement et la suit à l'extérieur.

J'en profite pour questionner notre ami sur un sujet dont on ne peut guère s'entretenir que d'homme à homme : Ses rapports sexuels. Comment peut-il organiser des rapports harmonieux avec quatre épouses à la fois ? Cela se passe-t-il méthodiquement, une par une, suivant un tour préétabli en fonction des envies de chacune ? Ou alors de manière anarchique, deux par deux, voire les quatre ensemble, dans le même lit, au gré de ses fantasmes du jour ?

Abdulhah se rapproche de moi. Son visage s'éclaire d'un petit sourire complice, un sourire qui semble vouloir dire : Maintenant on peut causer ! Son regard est franc et droit, ses petits yeux ont l'air de pétiller de joie. Il semble heureux, non seulement qu'un toubab puisse s'intéresser à sa vie de famille, mais que le sujet de la conversation en soit arrivé à ce point précis, un point dont il s'honore peut-être. Alors, à mots couverts, de peur sans doute d'être entendu d'une autre personne, il se met en devoir de tout me raconter.

Ses épouses s'entendent à merveille, dit-il. Il a su les choisir, car tout est une question de choix. Elles sont exactement comme le prescrit le Coran « comparables aux quatre points cardinaux de l'homme ». C'est à la première qu'il donne l'argent du ménage, elle le répartit ensuite aux trois autres suivant les besoins de chacune.

Pour ce qui est de leur vie sexuelle, tout est ordonné méthodiquement. Il n'a pas de favorite. Les deux dernières lui procurent, bien sûr, beaucoup plus de plaisir que Wandigo, son épouse du début, qui arrive dans sa quarante cinquième année et dont les pétales commencent à se faner, mais il les respecte toutes et remplit son contrat moral, l'une après l'autre, suivant un tour préétabli, et sans jamais faire preuve d'aucune iniquité.

Chacune des femmes couche avec lui deux nuits de suite. Durant ces deux nuits, il devra lui faire l'amour une fois, et une fois seulement, de manière à ne pas compromettre l'équilibre entre toutes. Un équilibre qui ne peut tenir, du reste, que grâce à la diversité des partenaires. La première n'exerçant plus, bien sûr, l'attrait indispensable à sa libido pour lui permettre des rapports satisfaisants.

Mais après avoir couché avec les deux dernières sur quatre jours d'intervalle, son esprit a comme qui dirait rajeuni de trente ans. Le poids des années semble avoir disparu, comme si le fait d'avoir pris autant de plaisir avec de si jeunes créatures avait littéralement transformé son organisme.

Et c'est là le miracle de la polygamie, affirme-t-il, cette transformation intérieure, cette espèce de plénitude mentale dont il jouit depuis ses deux derniers mariages est tout à fait profitable à Wandigo, sa première, qui, prise dans une sorte de mouvement d'inertie, peut ainsi bénéficier d'une vie sexuelle tout à fait convenable, et sans doute plus du tout en rapport avec ce qu'il s'imagine être dans un foyer monogame d'âge identique.

De toute manière, conclut-il, la femme en général, ne peut réellement avoir de bons rapports avec un homme qui si elle est animée de sentiment d'amour envers cet homme. Le plaisir physique au féminin n'étant pas dissociable de l'attachement mental, au contraire de l'homme qui peut ressentir beaucoup d'envie, et se procurer beaucoup de plaisir, avec une femme quelconque sans pour cela lui vouer un tant soit peu d'amour.

Le soir de la première nuit, alors que tout le monde est endormi, la femme se lève et rejoint son mari dans le lit conjugal. Si elle est en période de menstrues, elle attend le prochain tour où il devra lui faire l'amour deux fois pour rattraper le temps perdu. C'est d'ailleurs la raison pour laquelle ce tour dure deux jours et deux nuits ; il est plus facile ainsi de tenir le rythme.

Cette disposition est en général commune à tous les ménages polygames. La femme, durant son tour, doit s'occuper du feu, ranger la maison, faire cuire les aliments, aller chercher l'eau au puits, laver la vaisselle, etc...

Abdulhah sourit. Ses propos semblent l'avoir amplement satisfait. Il me regarde une nouvelle fois d'un air complice, comme s'il avait en lui la certitude de m'avoir fait découvrir un pan caché de cette vérité de la vie, l'un des secrets du bonheur en quelque sorte.

Il se lève, me tapote doucement le bras et m'invite à le suivre. Il va toutes me les présenter. Je me lève à mon tour et l'accompagne dans la cour. L'une de ses épouses, un enfant dans les bras, semble en grande conversation avec Claudette, et tente de lui faire comprendre je ne sais quoi dans un dialecte où ma femme n'entend strictement rien. Celle-là, c'est Tounka, dit-il. Il l'a prise pour épouse il y a maintenant six années. Elle n'est âgée que de trente ans et lui a déjà donné quatre enfants, m'explique-t-il d'une voix presque chuchotante. Je regarde la femme qui semble ne point faire attention à nous. Elle est habillée d'un maillot et d'une longue étoffe bleu ciel lui descendant à mi-jambe.

Un peu plus loin, allongées sur un grand tapis posé à même le sable, deux autres femmes se reposent à l'ombre du grand manguier. Il s'agit de Wandigo, sa première, et Fatou, son avant-dernière.

Ces deux-là s'entendent à merveille, continue-t-il. Elles partagent la même chambre et ne se quittent pour ainsi dire jamais. Wandigo a pourtant quarante-cinq ans, alors que Fatou n'en a à peine que vingt-neuf. Mais elles sont ici comme des sœurs, contrairement aux deux autres qui ont parfois du mal à accepter cette promiscuité féminine.

Les deux femmes ont effectivement l'air de très bien s'entendre. La plus jeune est allongée sur le tapis, près de Wandigo, sa tête reposant sur la cuisse de sa compagne qui lui caresse délicatement les cheveux. Elles me regardent toutes deux et sourient. La quatrième est au marché, continue Abdulah.

Durant un long moment, je parcours ainsi la cour, puis le jardin, m'arrêtant ça et là écoutant mon ami conter son enfance à Ziguinchor, ses parents, ses frères et sœurs.

Diara revient du marché. Diara est une splendide créature de vingt-six ans. Un visage fin et avenant, où deux yeux superbes étincellent au-dessus d'un petit nez aquilin et d'une bouche aux lèvres larges et sensuelles, ponctue un long corps dont les formes harmonieuses se modèlent magnifiquement sous un pagne souple et multicolore. Elle tient un petit panier dans l'une de ses mains.

C'est incontestablement la plus belle des quatre, et elle le sait la coquine ! Elle traverse la cour, passe devant ses compagnes sans même leur adresser un regard, puis se dirige vers moi à pas lents.

Wandigo souffle alors quelques paroles à l'oreille de fatou qui éclate de rire. Un de ces rires aigu et peu naturel, derrière lequel on perçoit clairement toute la quantité d'antipathie pouvant séparer ces deux êtres.

Diara semble n'y point faire attention, habituée sans nul doute à de tels comportements, et peut-être même satisfaite de cette réaction que son arrivée a provoquée.

Je ne peux cependant m'empêcher de contempler la beauté de ce fin visage dont les traits m'apparaissent de plus en plus distinctement à mesure qu'elle se rapproche. S'il m'était donné un beau jour de devoir choisir une femme noire pour suppléer Claudette, c'est sans conteste un modèle de ce genre que je choisirais.

Abdulhah, constatant l'effet produit par l'arrivée de Diara, se contente de m'indiquer qu'il s'agit de sa quatrième. Puis, sans pour cela ressentir une gêne quelconque, il ajoute d'un air faussement débonnaire :

- C'est son tour aujourd'hui...

Il se fait tard. Diara s'affaire à la préparation du repas qu'ils prendront lorsque le soleil sera couché. Wandigo et Fatou sont rentrées dans leur chambre.

Nous saluons cette grande famille tout en les remerciant pour leur accueil si spontané, et nous en retournons au bateau.

L'escale de Ziguinchor est plus longue que nous l'avions envisagée. Le courrier que nous attendions en poste restante n'est pas entièrement arrivé et il nous faut patienter encore quelques jours.

Les nouvelles de nos proches, celles des amis, qui nous sont d'autant plus chers que la distance et le temps nous séparant se font de plus en plus conséquent, ces petites lettres anodines relatant des choses sans grande importance, semblent revêtir à présent un caractère essentiel.

Lorsque, après avoir fouillé un long moment dans un profond tiroir de bois vermoulu, parmi des centaines de lettres aux provenances différentes, la postière sort nonchalamment quelques enveloppes sur lesquelles se détache le petit timbre rouge et où l'on perçoit furtivement les noms de Claudette et Jean-François Diné, l'instant qui suit est un moment de bonheur ineffable.

Les prendre ces enveloppes, les contempler, les soupeser, deviner les écritures, sans pour autant les lire de suite, c'est là, je crois, l'une des plus grandes joies qu'il nous fut données durant cette fabuleuse expérience de la vie que l'on nomme voyage.

Ce pays de France, cette région de Champagne, que nous quittions quelques années auparavant, ne représentait pour nous que bien peu de chose face à l'immensité de la création, à cette ouverture sur une vie de découverte, à ce monde qui nous tendait les bras.

Mais à présent que nous la parcourons cette fabuleuse planète, que les paysages défilent sous nos yeux à mesure des milles que le voilier avale par milliers, il me semble réellement avoir laissé quelque chose de moi-même sur cette terre brune du nord-est, quelque chose de profond que j'ai presque l'impression de palper au toucher de ces petites lettres tendues par la postière d'une manière calme et indifférente.

La terre natale est toujours éblouissante lorsque le rayon qui l'éclaire est celui de la pensée.

La saison est très avancée. Nous sommes au mois de mai et les innombrables voiliers qui sillonnaient cette espèce de labyrinthe fluvial que constitue la Casamance et ses marigots sont maintenant partis pour les Amériques. Les quelques-uns restant n'escomptent plus s'en aller à présent. Cette terre leur plaît sans doute plus que la traversée ne les tente. Aussi s'installent-ils dans un endroit où un autre et vivent-ils à un rythme leur convenant tout à fait.

Quant à nous, j'ai beau lire et relire les instructions nautiques, les pilots chart et toutes les documentations embarquées avant le départ, je n'arrive à trouver aucun argument justifiant que la traversée doive absolument s'effectuer avant mai. Les Instructions Nautiques signalent juste l'apparition de la mousson de sud-ouest provoquant des vents contraires sur une distance assez faible, ce qui ne constitue pas, à mes yeux, un élément pouvant justifier que nous nous hâtions au point de rayer définitivement les marigots de Casamance de notre programme de navigation.

Du reste, entre Afrique et Amérique du sud, le mauvais temps est inexistant, et ce quelle que soit la saison. Les vents peuvent être contraires sans doute, mais jamais assez forts pour rendre la navigation dangereuse ou impossible.

Et puis, au dire des gens rencontrés durant cette escale, la période la plus belle sur cette terre d'Afrique est la saison des pluies. La nature tout entière semble vouloir respirer d'un nouveau souffle, et ce serait une grave erreur que de quitter ce pays sans en avoir apprécié tous les charmes.

---

1 à 3 : Village sur les rives du fleuve Gambie.
4 et 5 : Navigation sur le fleuve Salum.
6, 7, 8 et 9 : Georgetown.
10 : Les berges du Gambie.

1

2

3

4

5

6

7

8

9

10

15

11

12

13

14

16

17

18

Quinze jours après notre arrivée, nous quittons Ziguinchor pour le marigot de Guinée, l'un des marigots les plus profonds de Casamance. Quelques-uns de ses bras trouveraient, parait-il, leur source en Guinée-Bissau située au sud du Sénégal, ce qui permettrait un trafic de contrebande assez important entre les deux pays.

La distance séparant Ziguinchor de cet affluent n'est guère importante, à peine une cinquantaine de milles, mais il nous faut deux jours pour la parcourir, deux jours à louvoyer contre un vent assez fort levant des petites vagues ayant pour effet, tout comme sur le Gambie, de casser l'inertie du bateau. Et, même aidé par le courant de marée, il nous faut lutter contre les éléments pour enfin, le soir du second jour, venir poser l'ancre près du village d'Ellinkine, à quelques milles en amont de l'embouchure.

11 à 15 : Escale à Georgetown, fête de la circoncision.
16 : Dauphin d'eau douce sur les fleuves d'Afrique.
17 et 18 : Une embarcation d'un autre âge (fleuve Gambie).

Le fleuve CASAMANCE

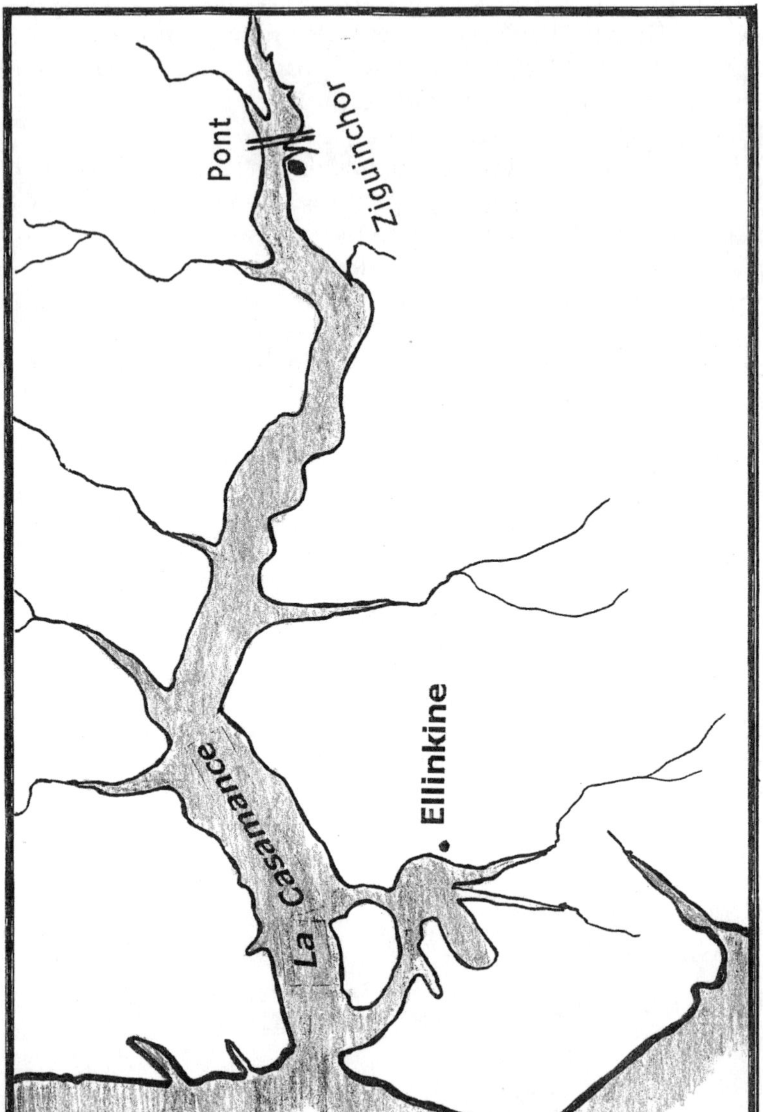

XVIII

ELLINKINE

Elinkine, un village comme seule la Casamance peut en créer. Des cases aux murs de torchis et au toit de paille séchée apparaissent derrière un écran d'arbres tropicaux. Au premier plan, une longue plage se dessine en un gigantesque arc de cercle.

Quelques pirogues peintes aux couleurs du Sénégal ont été tirées au sec. Tout est calme. On perçoit le bruit du vent dans les arbres et celui du courant sur la coque. Au loin, un vieillard avance nonchalamment. Il longe la plage en s'aidant d'un bâton sur lequel il appuie chacun de ses pas. Arrivé à notre hauteur, il s'immobilise un long moment en contemplant le voilier. Nous lui faisons un petit signe de main. Il nous répond d'un signe identique, puis s'en retourne vers les habitations.

Nous rangeons l'intérieur du bateau qui, même après deux jours de navigation, présente un désordre indescriptible, puis débarquons sur cette plage. Des enfants accourent, une dizaine de filles et garçons, sans doute avertis de notre arrivée par le vieil homme, et qui nous entourent joyeusement en prodiguant de grands « Bonjour Toubab ». Nous voilà donc avançant vers les habitations, tenant de chaque côté un enfant par la main. C'est ainsi que ces petits êtres nous emmènent chez Jean-Marie, le chef du village.

Jean-Marie habite la partie catholique, nous expliquent nos jeunes amis, car toutes les religions sont présentes dans cette agglomération de brousse, les catholiques bien sûr, mais aussi les musulmans qui sont peut-être plus nombreux, et quelques animistes, de ces gens ne croyant aux esprits qu'à travers les choses de la nature.

Nous arrivons à une grande case dont les murs de torchis forment un cercle assez parfait sur un sol sablonneux. L'homme est sur le pas de sa porte et semble attendre, comme s'il avait été prévenu de notre visite. C'est un être de haute stature. Un regard franc sur un visage noble annonce un caractère droit dans une nature ouverte. Il nous invite à entrer dans sa demeure et nous asseoir à même le sol.

Sans être avare de paroles, Jean-Marie n'est pas à proprement parler ce que l'on pourrait nommer un bavard. Il attend que nous lui fassions des questions pour y répondre sans pour cela s'épancher plus que nécessaire. Il s'étonne cependant de notre arrivée tardive pour la saison. Il n'y a plus guère de bateaux en ce moment, dit-il. Les toubabs n'aiment pas la saison des pluies et s'en vont avant même d'avoir connu la première averse.

Je lui explique que nous aimerions justement connaître ce moment de l'année que l'on nous conte comme étant le printemps africain. Un large sourire rayonne sur son visage. Les toubabs ne savent pas ce qui est bon, acquiesce-t-il en pouffant de rire.

Une femme d'une trentaine d'années est allongée sur une natte dans le fond de l'habitation et semble complètement indifférente à notre présence. Une autre, un peu plus jeune, pénètre dans la case, un enfant sur le dos. Ce sont ses deux épouses, dit-il.

Je ne peux m'empêcher de m'étonner ouvertement. Il est assez singulier pour un catholique d'avoir plusieurs femmes. Cette pratique étant généralement réservée aux musulmans.

L'homme ne s'en offusque pas. Ce n'est en effet guère la coutume pour un catholique, dit-il, et pourtant cela va dans le sens même de la logique, quoi qu'en dise le missionnaire de la région ! Il n'y a aucune raison pour qu'un musulman, qui est un homme comme un autre, puisse avoir plusieurs femmes, alors que lui, le chef du village, soit limité à une seule, uniquement pour le simple fait qu'il fut baptisé et que son éducation ait été celle d'un catholique.

Et puis, catholique ou Musulman, c'est le même bon Dieu, continue-t-il. Comment pourrait-il en être autrement du reste ? Peut-on s'imaginer un seul instant que le ciel puisse être partagé entre plusieurs Dieux, celui des Catholiques, celui des musulmans, et les autres ?

Non, la même règle doit-être appliquée à chacun. C'est sa doctrine. Et quoi qu'en dise le prêtre, il boit de l'alcool comme les catholiques et aura ses quatre femmes comme les musulmans. Il arrivera bien à s'en arranger lorsqu'il sera au ciel, conclut-il.

Trois mois plus tôt, ils étaient plus de vingt voiliers à l'ancre face à son village. Les derniers sont partis, il y a quinze jours de cela. Quant à nous, nous pouvons rester le temps qu'il nous plaira. Les toubabs sont toujours les bienvenus, surtout lorsqu'ils arrivent de la mer.

Nous remercions l'homme et rentrons au bateau après avoir fait le tour des habitations.

Le lendemain nous faisons la connaissance d'Abdullah N'Diao, un père de famille à peine plus âgé que moi. Son français, tout comme celui du chef du village est un français très correct. Il nous invite à prendre un repas en compagnie de sa famille. Abdulhah est musulman et nous sommes en pleine période de ramadan. Aussi devons-nous attendre dix-neuf heures trente, l'heure où le soleil disparaît sur l'horizon, pour commencer.

Il nous présente ses deux femmes et six enfants, des enfants dont les âges se situent entre trois mois et huit ans. Le dernier, Mustafa, a très soif. Comme le prescrit le Coran, il n'a rien mangé et rien bu de la journée, et il a fait très chaud aujourd'hui.

Il est assis en tailleur près d'une natte étendue à même le sol, une natte sur laquelle les deux femmes s'affairent à la préparation du repas. Une gamelle d'eau est posée près d'un gros réveil mécanique dont le tic-tac égrène les secondes. Le père est là, près de lui, et donnera le signal de la fin du jeune.

Encore quelques minutes d'abstinence et la souffrance sera terminée. Quelques minutes... Les dernières sont bien sur les plus longues, surtout lorsque les yeux sont rivés sur le cadrant du réveil. L'eau est là, toute prête. Il ne reste qu'à la porter à ses lèvres, mais le temps n'est pas encore écoulé, et il lui faut encore attendre malgré une soif intense.

Quelques secondes et il pourra boire. Mustapha se rapproche et prend la gamelle dans les mains. Dix-neuf heures trente, le temps est écoulé, mais le père n'a pas donné le signal, les regards se tournent à présent vers lui en affichant cet air qui semble vouloir dire « - Mais qu'attend-il ? ».

- Allez-y, dit-il enfin.

Mustapha porte la gamelle à sa bouche et boit, longuement, sans reprendre son souffle. Ceci fait, il tend la gamelle à ses sœurs, puis vient le tour des deux mères, et enfin celui du mari.

Nous nous installons alors en tailleur autour de la grande natte et conversons. L'une de ses épouses, une grande femme habillée d'un long morceau d'étoffe laissant apparaître deux bras maigrichons, apporte un gros plat d'aluminium dans lequel est contenu un mélange de riz et de petits morceaux de poulet.

Il n'y a ni assiette, ni couvert, sur cette natte, seulement ce gros plat autour duquel est installée toute la famille. Le père commence. Il avance le bras, prend une poignée de riz, la malaxe un peu, puis la porte à sa bouche. Une dizaine de petites mains s'avancent alors simultanément et en font de même avec une rapidité étonnante.

À mon tour, j'approche la main et me sers de la même manière. Claudette est un peu hésitante, mais elle finit malgré tout par prendre une poignée de riz et la porter à sa bouche. En peu de temps, le plat est terminé et nous nous rinçons les mains dans une cuvette d'eau apportée par Mustapha.

L'endroit est vraiment charmant. Jamais jusqu'à présent nous n'avions autant ressenti ce désir de prolonger l'escale.

Au fil des jours, nous apprenons à connaître les gens de ce village. La plupart n'ont rien, une case de bambou, un peu de vaisselle et quelques volailles. Leur repas quotidien se compose de riz et de poisson, du poisson tout droit sorti de cet inépuisable garde-manger que constitue la Casamance.

Il n'est pas rare de les voir arriver peu de temps avant midi, lancer l'épervier depuis la berge ou du bout de leur pirogue, et le ressortir tout frétillant d'une friture à vous donner l'eau à la bouche. Quant au riz, ils le cultivent eux-mêmes dans les immenses rizières du plateau d'Oussouille. Cette région constitue du reste ce qu'ils appellent le grenier du Sénégal. Les récoltes que l'on peut y faire sont largement supérieures à celles du reste de ce pays de l'Ouest africain.

Peu à peu, il nous semble comme nous intégrer à la population. Les gens nous connaissent, et nous finissons par les connaître. Des liens d'amitié se nouent à mesure des rencontres et du temps qui passe.

De qui cela est-il venu ? Quel est celui, ou celle, qui en eut le premier l'idée ? Toujours est-il que l'on nous surnomme "Mamadou et Fatou", et en l'espace de quelques jours le village tout entier ne nous connaîtra plus que sous ces deux prénoms.

Cela fait bientôt un an que le voilier n'a pas été nettoyé. Des coquillages commencent à faire leur apparition à certains endroits de la surface immergée, et il est indispensable d'effectuer un nouveau carénage avant la traversée.

Nous sommes en période de vives-eaux, la période idéale pour assécher le bateau. Nous repérons l'endroit le plus approprié à cette manœuvre, attendons l'étale de marée haute et approchons la coque jusqu'à ce que la poupe s'immobilise silencieusement sur le rivage. La pente est très douce et l'eau très calme, sans ondulation, sans vague aucune, ce qui permet un échouage aisé.

Je descends le mouillage principal et le positionne sur tribord. Un cordage fixé à un cocotier permet de maintenir le bateau dans l'axe de la plage. Lentement, Rêve d'Eden se met à gîter, puis finit par se coucher sur le sable fin de cet endroit paradisiaque.

Un homme arrive au bateau et frappe quelques coups sur l'étrave en appelant :

- Mamadou, Mamadou...

Je me lève et monte à la poupe.

C'est Antoine, un père de famille avec lequel nous avons plus d'une fois partagé le repas, le soir, dans la case familiale. Antoine est un homme peu corpulent, d'apparence presque chétive, mais dont la vivacité d'esprit étonne au prime abord celui s'attardant en sa compagnie.

Je m'accroche au balcon avant, me laisse tomber sur le sable humide et salue mon ami. Antoine me dévisage durant quelques secondes, sans rien dire, comme il le fait toujours à chacune de nos rencontres, comme si cette espèce de prélude à la parole était pour lui une sorte de rite à accomplir avant d'entamer une quelconque conversation.

Puis il m'annonce que sa grand-mère est décédée durant la nuit, et que son fusil ne fonctionne plus. Il me demande donc de lui prêter le mien.

Une telle requête en un pareil moment n'est pas sans m'étonner.

- Mais que veux-tu faire avec un fusil ? lui dis-je sur un ton que je fais le plus grave possible.

- Nous allons fêter cela, me répond-il.

Un large sourire illumine sa face tout en dévoilant une dentition abîmée par de méchantes caries. Ses petits yeux pétillent d'une lueur joyeuse.

- D'accord ? Tu veux ? continue-t-il de cette manière directe et sincère qui met en confiance l'interlocuteur en faisant apparaître l'honnête homme derrière des apparences de candeur et de bonhomie.

Puis, devant mon évidente stupéfaction, il m'explique que mourir à quatre-vingt-dix ans est quelque chose de formidable, que tous dans le village souhaiteraient mourir à quatre-vingt-dix ans. Et c'est pour cette raison qu'ils feront la fête toute la nuit. L'aïeule ne sera enterrée que demain matin.

C'est à lui que revient l'honneur d'annoncer le début des festivités. Il lui faut pour cela tirer quelques cartouches en l'air, c'est la tradition par ici. Je remonte dans le bateau, saisis l'arme, glisse six cartouches dans le magasin et la lui confie. Puis je descends à nouveau sur le sable humide et l'accompagne jusqu'à la case de la défunte.

La cour est pleine d'une quantité de femmes dont le visage ne m'est pas inconnu. Ce sont les habitantes d'Elinkine. Tout le monde est venu fêter comme il convient le départ de la vieille dame. Une douzaine d'entre elles chantent et dansent au milieu de l'assemblée, de ces chants typiquement africains qui n'ont guère besoin d'instrument pour marquer le rythme et dont la mélodie est tout à fait caractéristique de cette culture propre au grand continent noir. D'autres sont assises sur de petits bancs de bois ou à même un sol sablonneux.

Le corps de la grand-mère est allongé sur un petit lit placé bien en évidence sur le pas de la porte de sa maison. D'autres femmes l'entourent, de vieilles femmes à en croire les rides marquant leur visage, habillées de vêtements multicolores. L'une d'elles agite un chiffon blanc au-dessus de la défunte. Ses gestes sont lents et réguliers, ce qui confère à l'ensemble un caractère étrangement cérémonieux. Un crucifix est posé sur une petite table, près d'un bouquet de fleurs et d'une lampe à pétrole. C'était une catholique.

Antoine pénètre dans la cour, le fusil à la main, le canon braqué vers le ciel. Les femmes l'ont vu arriver. Quelques-unes se bouchent les oreilles en criant, alors que d'autres se contentent d'observer calmement. Il charge l'arme. Un petit cliquettement se fait entendre, aussitôt suivi de six détonations. Les femmes applaudissent, certaines poussent de petits cris joyeux. La fête est commencée.

Antoine me rend le fusil en me remerciant et me demande de revenir avec mon épouse, les festivités dureront jusqu'à l'aube du jour suivant.

Je le remercie et fais retour au bateau.

La coque est complètement échouée à présent, mais nous ne travaillerons pas aujourd'hui. Il serait bien dommage en effet de ne pas répondre à cette invitation. D'autant que nous n'aurons sans doute plus la chance, s'il est permis de s'exprimer ainsi, d'assister à d'autres funérailles avant le départ pour les Amériques.

J'ai remarqué durant les quelques instants de ma présence dans la cour de la vieille dame, que des cadeaux étaient offerts à la famille. Je prépare donc un petit colis comprenant une plaque de chocolat, un paquet de sucre, des cigarettes et quelques autres bricoles que nous remettrons à Antoine.

Tout le village est en effervescence semble-t-il. Les gens arrivent de partout. Cela chante, cela rit, cela danse, comme s'il s'agissait d'un mariage ou de réjouissances tout à fait mémorables. Nous offrons notre cadeau à Antoine qui nous remercie et nous invite à nous approcher du lit de mort.

Le corps de la défunte est enveloppé d'un somptueux tissu de couleur violette parcouru de motifs or et argent. Son visage est serein. Elle est allongée sur un petit lit de bois comme il s'en fait dans cette région. Ses deux mains ont été jointes à hauteur de sa poitrine. Sa tête est rehaussée sur un petit oreiller, comme si on avait voulu qu'elle assiste elle-même à cette ultime fête donnée en son honneur.

Du reste, les traits de son visage ne sont ni froids, ni flétris, il semble même que ses lèvres affichent un discret sourire. Ce qui fait que l'on ne ressent pas ce sentiment de fatalité et d'impuissance qui nous fait généralement frissonner devant cette chose inexorable que constitue le trépas.

De vieilles femmes se relaient pour agiter un tissu blanc au-dessus de son corps. Nous rejoignons l'assemblée et nous asseyons sur deux petits bancs à l'ombre du fromager. Quelques danseuses se meuvent devant nous en agitant au-dessus de leur tête des petites branches de riz fraîchement cueillies. L'une d'elles remue une sorte d'instrument comparable au triangle de chez nous. Il en sort des sons qu'elle rythme avec les chants des autres femmes. Il en est une autre qui frappe sur un gros bidon.

Des plats de riz et de semoule circulent de main en main. Chacun se sert de grosses poignées. Il semble que l'on ait voulu faire apparaître, à travers ces festivités, quelque chose marquant l'abondance, le bonheur, la joie de vivre, un peu comme s'il s'agissait de rassurer la morte sur le sort de ceux qui resteront ici-bas.

Une femme bien en chair fait son apparition sous le gros fromager. Elle souffle dans une sorte de petite corne pendue à son cou et produisant un son aigu qu'elle arrive à moduler jusqu'à en faire une mélodie. Et elle se remue au rythme de cette singulière musique, de telle sorte que la scène en devient très comique.

Plusieurs coups de feu retentissent à l'autre bout du village. Les fusils ont l'air de fonctionner là-bas. Nous nous levons et nous dirigeons vers l'endroit d'où sont partis les déflagrations. Il s'agit d'un autre groupe, des hommes pour la plupart. Ils ramènent une vache pour la tuer, la débiter et la manger. Mais ils doivent au préalable la promener devant toutes les habitations avant de la présenter à la défunte. La tradition est ainsi, faite me souffle-t-on à l'oreille.

Pas un des habitants d'Ellinkine ne manque à l'appel. Tous sont là, catholiques et musulmans, suivant la vache, ou dans la cour de la vieille dame, chantant, dansant et riant. De temps à autre un coup de feu se fait entendre au-dessus de ces têtes joyeuses. En fin d'après-midi, nous regagnons le bateau. Claudette est fatiguée. Nous mangeons un morceau, puis elle s'allonge et s'endort.

Je retourne seul à la fête.

Il fait nuit. Un grand feu est allumé au centre de la cour, mais il y a moins de monde. Quelques femmes chantent encore. Il en est qui dorment à même le sol. Antoine est là, assis sur un banc près du feu. Je m'approche et m'installe à ses côtés.

Il a visiblement abusé du vin de palme. Ses yeux sont brillants et ses paroles inintelligibles. Il m'explique tant bien que mal qu'il ne dormira pas de la nuit, que les femmes se relaieront pour chanter et que l'enterrement aura lieu demain matin, dès que le cercueil sera terminé, car la défunte aura un cercueil, ce qui est un luxe par ici.

Après avoir veillé durant un long moment à ses côtés, je me lève et m'en retourne vers le fleuve. Je marche à travers les cases du village, l'esprit perdu en d'intenses méditations, et me retrouve sur le bord de la plage face à mon bateau qui paraît à présent vouloir se vautrer sur le sable fin, doré par une lune de plus en plus haute, de plus en plus brillante.

XIX

LE MARABOUT

La saison des pluies est commencée depuis maintenant plus d'un mois. La végétation tout entière semble s'être revêtue d'une nouvelle parure. La pluie a lavé le feuillage des arbres salis par l'Harmattan, ce vent arrivant du désert et soufflant fréquemment en saison sèche.

Les deux premiers mois, il ne pleut guère qu'une ou deux fois par semaine. Mais, après chaque giboulée, la transparence de l'air est telle que l'on peut y voir à plusieurs dizaines de milles. Les couchers de soleil y sont de ce fait fabuleux. Certes, il y a plus de moustiques et il y fait plus chaud, mais cela sent bon dans la brousse. De partout le sol se couvre d'un petit duvet vert parsemé de fleurs jaunes, rouges et mauves. La nature se fait toute belle, serait-ce là le printemps africain ?

De nombreux enfants viennent nous voir sur la plage, apportant bien souvent des fruits et légumes, et même, de temps à autre, quelques œufs sans doute ramassés dans les poulaillers de leurs parents. Nous leur prêtons alors nos vélos avec lesquels ils s'en vont faire de longues promenades.

Abdou, le directeur de l'école, vient de revenir après quelques jours d'absence. Abdou est un personnage comme seul le Sénégal peut en engendrer. De taille moyenne, sa physionomie affiche des traits qui, au premier abord, impressionnent, voire intimident, celui ne le connaissant pas. Il y a comme des ondes bizarres qui se dégagent de ce regard perçant. Et même en étant quelque peu habitué à le côtoyer, on se sent comme qui dirait gêné dès que son rayon visuel se pose sur le nôtre et semble vouloir fouiller jusqu'au plus profond de nous-même.

Ses paroles, lorsqu'une conversation s'engage, ont l'air d'être posées une à une, comme s'il se construisait, à travers le dialogue, je ne sais quelle édification mentale propre à perturber le plus cartésien des cartésiens.

C'est un musulman, un pur musulman. Pas l'un de ces hommes se contentant d'observer les règles particulières propres à cette religion, plutôt quelqu'un qui réfléchit, analyse, extrapole chacun des versets du Coran, jusqu'à ce que le sens même de ces petites phrases, qu'il considère comme sacrées, lui soit apparu sous toutes ses facettes, même celles les plus cachées.

Ceci étant, il est relativement ouvert d'esprit, et sa vision des choses est celle d'un homme loyal, sincère, honnête et généreux. C'est lui qui, un beau jour, est venu nous rendre visite au bateau, intrigué par le fait que les gens du village aient pu nous rebaptiser Fatou et Mamadou. Nous le reçûmes à bord avec tous les égards que l'on se doit d'avoir vis-à-vis d'une personne considérée comme très respectable par l'ensemble des gens d'Elinkine.

Mais aujourd'hui, c'est lui-même qui me fait appeler. Il me demande de venir rapidement à son domicile par un message que m'apporte l'un de ses fils.

L'affaire paraît urgente. Aussi, à peine ai-je reçu ce petit bout de papier sur lequel figure quelques lignes écrites à l'encre noire, que je me rends dans cette belle maison construite près de l'école à l'extrémité du village.

Il est vingt heures et la nuit est déjà tombée.

La maison d'Abdou est là, devant moi, découpant sa forme rectangulaire sur l'étendue scintillante de la voûte céleste. Je m'approche de la porte, frappe quelques discrets petits coups. Puis, sans attendre que l'on me dise d'entrer, je pousse cette porte, qui n'est pas verrouillée, et pénètre dans une grande pièce où les formes sont à peine visibles tant la lumière qui les éclaire est de faible intensité.

L'atmosphère est étrange. Une chandelle, posée sur une petite table à ras le sol, répand une lueur laissant à peine entrevoir les contours des quelques meubles disposés de part et d'autre.

Abdou est assis en tailleur sur un grand tapis étalé au centre de l'habitation. Il ne me regarde pas et semble perdu dans une sorte de profonde méditation.

Face à lui, un autre personnage, également assis en tailleur, m'observe en silence. Son visage, dont les traits sont comme intensifiés par le reflet de cette petite flamme vacillante, est inquiétant. Un front large et dégarni, signe d'une certaine intelligence, donne le pendant à un nez évasé, surplombant des lèvres rectilignes entourées d'une courte barbe, ce qui confère à l'ensemble un aspect sévère.

Je le salue d'un petit signe de tête. Il me répond par un signe identique à peine perceptible. Je m'approche alors du tapis et m'assois également en tailleur à égale distance des deux personnages. Aucune parole n'a été prononcée, aucun geste, aucun mouvement, ni de la part d'Abdou, ni de la part de l'autre homme, n'est venu troubler cette atmosphère lourde et angoissante.

Il se passe ainsi quelques longues minutes, durant lesquelles je tente malgré tout d'empêcher un petit moustique de me mordre la peau. Tout en faisant, je dévisage le visiteur dont les traits m'apparaissent de plus en plus distinctement à mesure que mon acuité visuelle s'habitue à cette demi-obscurité.

Il n'est âgé que d'une quarantaine d'années. Il ne dit rien, mais l'expression de son visage est loin d'être celle d'un homme en pleine méditation. Il a plutôt l'air d'attendre comme je le fais moi-même. Du reste, son rayon visuel n'est pas fixe comme l'est celui d'Abdou qui semble transporté dans une sorte de voyage intérieur intense. De temps à autre il me regarde, silencieusement, comme s'il avait envie de me parler sans pour cela y arriver, comme si quelque chose l'en empêchait.

Sur le mur face à moi, près d'une seconde ouverture donnant sur la cour de l'école, quelques dessins ont été griffonnés, les silhouettes de personnages quelconques sous lesquelles figure cette inscription :

THE ROAD IS SO FOGGY

Je contemple ces étranges esquisses représentant sans doute une scène de la vie quotidienne suivie de la morale s'y rapportant, une morale telle que l'instituteur peut lui-même en concevoir, et qu'il a retranscrit en anglais, sans doute pour en accentuer l'énigme, ou pour piquer la curiosité de l'éventuel visiteur ne connaissant pas cette langue.

Je promène mon regard dans cette pièce obscure.

Cette maison qui d'ordinaire, c'est-à-dire en plein jour et lors de circonstances normales, ne présentait guère d'intérêt pour moi, semble revêtir à présent un caractère étrange. Cette ambiance mystérieuse, à cette heure avancée de la soirée, a comme qui dirait transformé l'agencement même de l'endroit, et des choses bizarres m'apparaissent à présent, sur les murs, dans l'obscurité des encoignures, au-dessus des quelques meubles.

D'autres dessins que je n'avais pas même remarqués auparavant, et dont l'ensemble constitue pourtant une sorte de gigantesque fresque murale.

Les lueurs de la bougie, au lieu d'atténuer les formes et couleurs, comme il serait logique à cette heure de la nuit, ont l'air au contraire d'en accentuer les nuances, de telle sorte que certains détails qui m'avaient complètement échappé lors de mes précédentes visites, me sautent à présent aux yeux de manière éclatante.

C'est tout un monde étrange qui apparaît partout ou mes yeux se posent, un univers différent de celui où je me trouvais avant d'avoir franchi la porte de cette maison.

Abdou vient de sortir de sa méditation. Il tourne lentement la tête, me dévisage durant quelques instants, puis me salue de cette manière propre aux musulmans.

- Salla Malikum, Mamadou...

Puis, sans même attendre que je lui rende son salut, il se met en devoir de me présenter l'homme assis face à lui. Il s'agit de Aliou Diédhou, son ami. Il arrive directement de Bissine, un petit pays situé non loin de Ziguinchor.

Il est marabout, c'est-à-dire ce que nous appelons chez nous un sorcier. Ses pouvoirs sont immenses. Il communique avec l'au-delà par l'intermédiaire de la pensée et peut exercer une grande influence sur la destinée de chacun. Les gris-gris qu'il fabrique sont parmi ceux les plus efficaces que l'on puisse trouver dans la région.

Du reste, sa notoriété dépasse les simples frontières du Sénégal pour s'étendre jusqu'en Gambie et en Guinée Bisau d'où l'on vient régulièrement le consulter.

Et s'il est à Ellinkine en ce moment même, c'est qu'un grave problème le préoccupe. Un problème dont la solution ne peut guère être apportée que par un étranger. Et c'est la raison pour laquelle il me fit demander. Mon aide peut lui être précieuse...

Je regarde l'homme qui écoute et acquiesce d'un petit signe de tête sans pour cela produire aucune parole.

Aliou est un pur diola, continue Abdou, il ne parle que le dialecte de son ethnie. Il ignore tout du français, mais sa science est grande, affirme-t-il en martelant ses mots comme pour essayer de me persuader de ses propos.

Puis, après un court moment de silence, durant lequel il semble une nouvelle fois repartir dans une mystérieuse méditation, il me demande sur un ton sec, l'un de ces tons plus appropriés à l'invective qu'au tranquille dialogue :

- Mamadou, veux-tu nous aider ?

Je lui réponds que je n'ai aucune raison de lui refuser mon aide et que je ferai tout ce qu'il me sera possible pour lui être agréable, encore que cela dépende de ce qu'il attend de moi...

Abdou traduit la réponse à Aliou qui remue la tête pour signifier qu'il a compris. Alors s'instaure entre les deux hommes un dialogue étrange où chacune des phrases prononcées par l'un ou l'autre est ponctuée d'un long silence, un dialogue auquel je ne comprends strictement rien et qui pourtant parait me concerner.

J'attends, immobile dans cette pénombre inquiétante. La petite flamme semble gagner en intensité à mesure des minutes qui s'égrènent, sa lumière se reflète sur les visages, ce qui a pour effet de transformer littéralement la physionomie de chacun, donnant aux deux personnages un angoissant aspect d'outre-tombe.

Enfin, après un long échange de paroles, Abdou me regarde fixement, droit dans les yeux, de cette manière qui lui est propre et à travers laquelle on sent comme une onde vous fouiller l'esprit, puis il me dit :

- Le marabout t'offre sa confiance, il croit en ta sincérité.

Après un nouveau temps mort durant lequel je dois encore une fois me frapper le corps pour écraser un petit moustique, il se met en devoir de m'expliquer que son hôte ne peut réellement exercer ses talents de marabout sans l'aide de ce qu'il appelle un génie, c'est-à-dire une sorte d'être immatériel dont la formule pour le faire apparaître se trouve enfouie parmi les versets du Coran.

Sans ce génie, Abdou n'est rien. Toute sa puissance, tous ses secrets, toute sa magie, lui sont apportés par cet esprit avec lequel il entretient des relations étroites depuis son plus jeune âge.

Malgré mon grand scepticisme, je remue la tête en signe de compréhension, puis lui demande où se trouve le problème, et en quoi puis-je lui être utile, moi qui d'ordinaire n'ai guère le tempérament à croire à de pareilles choses ?

Voilà, continue-t-il. Nous y arrivons. Ce génie est un très vieux génie, car les esprits vieillissent aussi, ce qui étonne parfois même les plus grands marabouts d'Afrique. Un génie, malgré son appartenance à l'au-delà, n'est pas un esprit immortel, m'explique-t-il. Cette faculté de pouvoir apparaître et disparaître aux yeux de certains humains fait qu'il est sujet à ce que l'on nomme chez nous l'usure du temps.

Cette conversation, qui, en un autre endroit, en d'autres circonstances, m'aurait sans doute fait largement sourire, produit sur moi un effet de curiosité. Jamais je n'avais entendu parler de pareils phénomènes, bien sûr, mais, dans mon for intérieur, et ce malgré une éducation purement cartésienne, il me semble y avoir là comme une sorte de singulière authenticité.

Aussi je l'écoute, curieux de ce qu'il me raconte, mais également intéressé par le fait qu'il puisse avoir besoin de moi. J'ai comme l'impression d'être transporté dans l'un des contes des mille et une nuits.

- Qu'attends-tu de moi, lui dis-je.

Après un nouveau temps mort où il semble cette fois-ci chercher ses mots, il m'explique qu'il existe un procédé pouvant aider ce génie à reprendre quelque vivacité. Ce procédé a été indiqué à Aliou par le génie lui-même lors de l'une de ses précédentes apparitions à Bissine.

Il s'agit d'une recette très complexe mettant en œuvre plusieurs ingrédients parmi lesquels figure un produit très spécial, le mercure rouge.

Je m'étonne ouvertement :

- Le mercure n'est pas rouge, mais blanc !

Abdou, sans s'offusquer de ma remarque, rétorque qu'il existe une variété de mercure ayant la couleur rouge. Et c'est bien là le gros problème, car ce produit est d'une extrême rareté sur cette terre. Mais sans lui, il y a bien peu de chance pour que notre génie puisse un beau jour recouvrer sa jeunesse d'antan.

Et c'est la raison pour laquelle il me supplie de l'aider. Si par hasard je parvenais à leur procurer une infime portion de ce produit, alors le génie me serait très reconnaissant. Il exaucerait tous mes vœux et me protégerait dans tout ce que j'entreprendrai.

Au Sénégal, même le mercure blanc est introuvable, continue-t-il. Alors le mercure rouge...

C'est à moi cette fois-ci de me perdre en d'intenses réflexions. Durant un long moment qu'aucun des deux personnages ne semble vouloir interrompre, je cherche dans ma tête un moyen qui me permettrait, si ce produit existe réellement, de m'en procurer à peu de frais et me le faire expédier en poste restante à Ziguinchor.

Mon frère Thierry est magasinier dans une coopérative pharmaceutique à Melun. Peut-être pourra-t-il m'apporter plus de renseignements sur ce produit dont j'ignorais jusqu'à l'existence.

Sans rien lui promettre quant au résultat, je l'assure que je prendrai dès le lendemain toutes les dispositions pour essayer de lui en trouver.

Abdou traduit aussitôt la réponse à Aliou qui remue la tête d'un air satisfait. Puis il se lève et se dirige vers l'une des encoignures de la pièce, un endroit où sont entassés pêle-mêle de petits récipients, des casseroles et divers objets qu'il m'est bien difficile d'identifier dans la pénombre ambiante. Il revient en tenant dans l'une de ses mains plusieurs de ces grands haricots que les enfants cueillent dans la brousse et qui font office de friandises. Il en décortique deux et nous les tend délicatement.

Tout cela s'effectue sans qu'aucune parole ne soit prononcée, et avec une telle lenteur méthodique qu'il me semble s'agir d'une sorte de cérémonial où chacun des gestes ait été calculé d'avance, ce qui, dans cette ambiance particulière, paraît revêtir un caractère extraordinaire.

Je prends le haricot et le porte à ma bouche pour en avaler le contenu. C'est une nourriture sucrée, quelque peu farineuse, mais somme toute assez agréable à manger. Aliou en fait de même sous le regard pensif de l'instituteur dont la stature, dans l'opacité de cette pièce ténébreuse, semble à présent comme figée sur elle-même, telle l'une de ces idoles de bronze dans l'un des mystérieux temples d'Extrême-Orient.

Il semble à présent que tout ait été dit, que chacun des deux personnages n'attende plus que je me mette en quête de ce mystérieux produit. Alors je me lève, les salue respectueusement, et m'en retourne au bateau.

La nuit est très noire ce soir, et il m'est difficile de distinguer quoi que ce soit à travers les cases éparses. Je butte çà et là sur une grosse racine, un morceau de bois, une gamelle métallique. Mais tout en marchant dans cette obscurité écrasante, je ne peux m'empêcher de méditer sur cette soirée passée en compagnie des personnages les plus étranges rencontrés depuis mon arrivée sur cette terre d'Afrique.

Le lendemain matin, à peine les lueurs du jour me réveillent-elles, que je saute de ma couchette, m'installe sur la table de carré et me lance dans l'écriture d'une longue lettre destinée à mon frère Thierry. Une lettre où je lui explique dans les moindres détails ma rencontre avec ce marabout, et l'aide qu'il me demande pour lui procurer le mercure rouge.

Cette lettre écrite, je m'en vais la confier à l'un des chauffeurs de taxi-brousse effectuant quotidiennement la liaison Elinkine-Ziguinchor en lui demandant de la déposer au bureau de poste.

Il ne me reste qu'à attendre à présent. Peut-être mon frère, s'il arrive à s'en procurer, m'en enverra-t-il un échantillon par retour du courrier, auquel cas, je le recevrai rapidement et pourrai l'emmener au marabout, s'il est toujours à Ellinkine.

Toujours est-il qu'il devra faire vite, nous sommes déjà au mois de juillet, et cette escale, malgré qu'elle soit fort agréable, ne saurait se prolonger encore bien longtemps.

Il est assez aisé de vivre avec peu de moyens sur cette terre sénégalaise, le filet que je pose chaque soir entre la berge et le bateau procure suffisamment de poisson pour notre consommation personnelle, mais notre caisse de bord est arrivée à un seuil critique

Personne ne nous assiste en France, aucun secours de quelque nature qui soit ne nous sera apporté, ni par mes proches, ni par aucun de nos amis qui ont déjà bien du mal à s'en sortir eux-mêmes dans cette société française. Aussi nous faudra-t-il retravailler quelque temps afin de pouvoir poursuivre sereinement le voyage en Amérique du Sud.

Cayenne nous tend les bras, nous a-t-on dit. Nous envisageons donc une longue escale dans ce département français où de nombreux voileux se sont refaits une solide santé financière. Nous programmons le départ pour début août. Mon frère aura ainsi le temps de se procurer le produit, s'il en a la possibilité, et nous l'envoyer en poste restante à Ziguinchor.

Un mariage sera célébré les jours prochains à Cachouane, un village situé à une demi-heure de navigation d'Elinkine.

XX

MARIAGE A CACHOUANE

Claudette et moi, sommes invités à participer aux réjouissances données à cette occasion. Les mariages, sur cette terre d'Afrique, constituent les fêtes les plus longues dans la vie d'un homme. Que ce soit du côté catholique ou du côté musulman, il n'est pas rare qu'un mariage se déroule sur quatre jours et quatre nuits durant lesquelles les gens dansent, mangent et boivent au son du tam-tam. Nous relevons donc notre mouillage et mettons le cap sur Cachouane.

Les marigots de Casamance sont faciles à naviguer. Il se trouve bien sûr ça et là des hauts-fonds non signalés, mais ce ne sont jamais que des bancs de sable ou quelques langues de terre sur lesquelles le bateau peu venir s'échouer sans que cela occasionne de dégât.

Du reste, l'eau a bien monté depuis le début de la saison humide. Les pluies orageuses traversant la région ont fait enfler le fleuve et ses affluents, et la navigation devient aisée. Il n'est guère nécessaire d'avoir recours à une carte très précise pour progresser dans ce labyrinthe de voies d'eau.

Quoi qu'il en soit, des cartes, il n'y en a pas. Celle du SCHOM, conçue pour les cargos, ne concerne que la voie principale depuis l'embouchure jusqu'à Ziguinchor. Mais pour ce qui est des marigots, ceux nous intéressant principalement nous autres plaisanciers, rien n'existe, mis à part sur les cargos russes qui possèdent de la région des documents d'une étonnante précision, où figurent non seulement les cours d'eau avec leurs isobathes, mais également les routes, et même les pistes reliant chacun des villages de brousse !

Les français sont moins pointilleux et n'ont trouvé utile de ne mentionner que le tracé des berges, la position des balises et les lignes de sondes. Mais nous ne le regrettons pas. Nous ne sommes point là pour faire du tourisme, et le voyage, lorsque les seules indications sur la route à suivre sont celles que veulent bien vous donner les habitants, revêt un caractère de découverte propre à piquer la curiosité du plus timide des plaisanciers. Quoi qu'il en soit, pour ce qui est de Cachouane, la route est simple. De plus, le village est situé sur une île bordant le fleuve mère, la Casamance. Elle figure donc sur notre carte du SCHOM.

Après une demi-heure de route, nous mouillons notre ancre non loin de la plage de ce petit village. Je prépare un colis dans un sac plastique, quelques paquets de cigarettes, un kilo de sucre, une boîte de lait concentré, un bic et des friandises achetées aux îles Canaries, le tout constituant notre cadeau de mariage. Claudette prend le sac à la main, puis nous embarquons dans l'annexe et descendons à terre.

Hibrahima nous attend, assis sur le rebord de l'une des nombreuses pirogues échouées sur la plage, en compagnie de Pape, un enfant de huit ans. Il m'aide à tirer l'annexe sur la berge, puis me souffle dans le creux de l'oreille :

- Mamadou, le cadeau, c'est à toi de le donner...

Je ne peux m'empêcher de réprimer un petit mouvement de surprise. Puis, après un court instant de réflexion, je m'avance vers Claudette et lui demande le petit sac plastique.

Tout en marchant vers le village, j'interroge Hibrahima.

- Et le cadeau, je le donne à qui ?

- Au marié, bien sur, me répond-il comme s'il s'agissait d'une évidence n'ayant guère besoin d'explication.

De nombreuses personnes sont arrivées et le tam-tam résonne déjà dans l'air humide. Le marié nous souhaite la bienvenue. Je lui remets le cadeau qui semble le satisfaire, puis nous échangeons quelques mots courtois, comme cela se fait en de pareilles circonstances.

Nous nous dirigeons ensuite vers une petite case située non loin de l'endroit des réjouissances. C'est là que se trouve sa future, explique Hibrahima. Il lui est interdit de sortir durant les quatre derniers jours précédents les festivités. Ce soir seulement, escortée par les femmes du village, elle se rendra à la case de son fiancé où l'attendra sa belle famille.

Nous pénétrons dans cette petite habitation, un peu gêné pour ma part car n'ayant plus rien à offrir à la belle qui nous regarde entrer sans pour cela prononcer aucune parole. Elle est assise sur un tabouret entourée de quelques jeunes filles s'affairant à lui confectionner une jolie coiffure. Elle n'est habillée que d'un long boubou blanc, mais sur une natte étendue à ses pieds se trouve un somptueux tissu multicolore qui lui servira probablement de robe de mariée.

Elle s'appelle Aïssétou, continue Hibrahima, depuis peu de temps seulement car elle vient d'épouser la religion musulmane afin de pouvoir se marier avec Lamine. Auparavant, elle était catholique et s'appelait Félicité.

Je n'ose l'interrompre durant sa séance de coiffure. Du reste, il semble qu'elle n'y tienne pas vraiment, ayant à présent détourné le regard et conversant avec l'une de ses compagnes dans le dialecte de son ethnie.

Nous ressortons donc et nous asseyons à l'ombre d'un cocotier.

Le tam-tam résonne de plus en plus fort. Un grand cercle se forme parmi les convives. Plusieurs femmes se mettent à danser. D'autres frappent dans leurs mains.

La danse au son du tam-tam est assez simple à exécuter pour celui qui est agile. On baisse le tronc et, les bras tendus en avant, on monte les genoux à hauteur du visage plus ou moins rapidement suivant le rythme.

L'une des danseuses est comme déchaînée. Elle martèle le sable à une vitesse époustouflante tout en montant les genoux très haut vers son visage, ce qui a pour effet de secouer fortement sa poitrine, à tel point que son boubou finit par s'ouvrir et laisse échapper deux gros seins qui se mettent à ballotter à une rapidité fulgurante.

Cette scène, pour le moins cocasse, ne dure que quelques secondes. L'effort est trop violent, et la pauvre femme s'arrête, haletante, alors que je ne peux m'empêcher d'esquisser un petit sourire amusé.

Quelques jeunes filles s'approchent et nous offrent ce que l'on appelle la cola. Il s'agit d'une sorte de noix grosse comme les noix de chez nous, mais de couleur rouge grenat et ayant l'apparence d'une amande ventrue. Les gens d'ici adorent ce fruit qui constitue, parait-il, un excitant. À l'occasion des mariages, la tradition veut que la cola soit distribuée aux invités. Je remercie les jeunes filles et croque dans l'une de ces noix, ce qui a aussitôt pour effet de m'irriter la langue, comme si j'avais mordu dans un radis très âcre. Ne pouvant la manger, je recrache discrètement le morceau croqué, puis glisse le restant dans l'une des poches de ma chemise.

Le soleil disparaît derrière les habitations. Le ciel s'assombrit peu à peu. Les tam-tams se taisent. Les convives se dispersent dans le village.

Chacun s'en va manger. Le marié nous appelle, un grand plat nous attend, dit-il. Nous pénétrons dans l'une des cases situées non loin de celle de sa famille et nous installons autour d'un immense plat de riz garni de viande de bœuf.

Hibrahima entre à son tour, tenant un seau empli d'une eau très claire, pareille à de l'eau de pluie. Chacun s'approche et plonge ses mains pour les laver. Le repas peut alors commencer.

Je commets d'emblée l'erreur de me servir une poignée de riz avec la main gauche, sous le regard stupéfait des convives qui semblent non seulement surpris, mais également quelque peu choqués, à en croire l'expression du visage d'Hibrahima.

- Tu manges avec ta main gauche ? me demande-t-il d'un air irrité.

Puis, comprenant mon ignorance en la matière, il m'explique qu'en Afrique, la main gauche est celle qui sert à s'essuyer après être allé à la selle. Il n'y a pas de papier hygiénique par ici, et même s'il y en avait, celui-ci serait trop cher pour être utilisé par les habitants. Tout se fait donc de la manière la plus naturelle qui soit, ce qui oblige bien sur à quelques précautions quant à la façon de s'alimenter. C'est donc la main droite que l'on doit utiliser pour se servir dans les plats !

Nous terminons le repas et faisons retour au bateau.

Il est déjà tard. Les tam-tams se sont tus du côté du village. Le bateau tire mollement sur son ancre, le courant diminue de plus en plus, ce sera bientôt l'étale. Il y a comme un calme étrange qui règne à présent. La création paraît s'être endormie. Aucun bruit, pas même la moindre voix d'enfant comme on en entendait très tard dans la nuit lorsque nous étions à Elinkine, ne vient perturber cette curieuse tranquillité. C'est à peine si le bruissement de l'eau sur la coque nous parvient aux oreilles, comme si le mouvement du fleuve, en s'atténuant, avait endormi la nature tout entière.

Cette ambiance si inattendue a pour effet de nous plonger dans les bras de Morphée plus promptement que nous en avions l'habitude depuis notre arrivée en Casamance.

Je suis brusquement réveillé par un épouvantable ronflement. Je me lève d'un bond et grimpe sur le pont. Les éoliennes tournent à une vitesse fulgurante sous l'impulsion d'un vent de tempête. Je me précipite sur la plage arrière et, tout en me maintenant après le pataras, les arrête l'une après l'autre.

J'observe alors autour de moi. L'instant est effroyable. Ce n'est pas un paysage nocturne qui s'offre à ma vue, mais l'épouvantable vision d'un spectacle extraordinaire, comme jamais depuis notre départ de France il me fut donné d'assister.

Le ciel est divisé en deux moitiés bien distinctes, d'un côté le firmament étoilé, de l'autre une masse obscure, lourde et inquiétante, s'avançant en ligne de front sur toute l'étendue visible. C'est un peu comme si une chape de plomb venait recouvrir cette partie de l'univers.

C'est une tornade.

Elle est là, juste au-dessus de nous, à la verticale du mât, produisant un vent comme jamais le bateau n'en a encore encaissé.

Claudette est paniquée, elle crie quelque chose que je ne comprends pas. Je cours à l'avant, ouvre le puits à chaîne et en renvoie une vingtaine de mètres. Le mouillage est déjà tendu presque à la verticale. Des vagues se forment à la surface, le bateau est secoué. Je descends dans le carré et prépare le moteur pour le cas où l'ancre ne tiendrait pas, puis je remonte dans le cockpit et patiente à l'abri de la capote de descente.

La ligne ténébreuse s'avance inexorablement vers l'Ouest, recouvrant un à un les astres dont le rayonnement diffus offre encore un peu de luminosité dans cette atmosphère épouvantable. Le vent souffle à présent par rafales, une pluie diluvienne s'abat alors en martelant le pont comme le ferait une giboulée de grêlons.

Chacune de ces grosses gouttes, en tombant sur l'eau, produit une sorte de micro-fluorescence ayant pour effet d'illuminer la surface du fleuve, de telle sorte que la lumière, ordinairement descendant du ciel pour éclairer la terre, semble à présent provenir de cette immense étendue d'eau et contraste étonnamment avec l'obscurité du firmament dont le nuage recouvre la quasi-totalité des astres. Il me semble assister à quelque chose d'irréel, de démoniaque, quelque chose comme seul ce continent peut en engendrer.

Durant un long moment, je demeure ainsi, observant silencieusement cette espèce de chaos de l'univers. De temps à autre, quelques éclairs zèbrent l'obscurité écrasante, illuminant durant de courts instants l'immensité de la création.

Peu à peu, les rafales se font de moins en moins violentes, de plus en plus espacées, la pluie a l'air de diminuer en intensité, et quelques lueurs blafardes apparaissent dans l'ombre de cette voûte nuageuse. J'ai l'impression que la tornade est passée à présent. Le bateau n'est plus secoué que par de petites vagues dont l'effet n'est guère suffisant pour engendrer des mouvements gênants.

Alors je me penche vers l'intérieur et appelle Claudette qui remonte sur le pont et s'assoit face à moi. Je ne peux m'empêcher de lui avouer la frayeur m'ayant tétanisé l'esprit un court instant lors de l'arrivée de ce phénomène naturel, puis je m'interroge sur les conséquences d'un pareil coup de vent pour les bateaux en mer.

Devant le silence de ma femme, je réfléchis un instant puis ajoute que ce n'est en fait qu'un gros grain et que, lorsque nous traverserons l'Atlantique, il suffira de veiller attentivement tant les cargos que les nuages.

Claudette ne dit rien. L'obscurité de la nuit masque les traits de son visage, mais, à travers quelques reniflements significatifs, je m'aperçois qu'elle pleure doucement.

Alors je lui prends la main et tente de la rassurer.

- C'est fini maintenant, la tornade ne reviendra plus, lui dis-je, nous pouvons dormir tranquille.

- Ce n'est pas cela... murmure-t-elle comme si elle avait quelque chose de grave à m'annoncer.

Alors je m'approche plus près encore et l'interroge du regard.

- Je ne veux pas traverser... annonce-t-elle sèchement entre deux sanglots. Puis comme si cette petite phrase, plus aveu que caprice, l'avait aidée à se libérer, elle continue d'un ton plus doux, plus conciliant :

- J'ai peur... Je ne veux pas y aller...

Comprenant que cette révélation constitue pour moi non seulement une bien désagréable surprise mais également un véritable problème, elle se répand en un flot de longs sanglots.

Alors je tente de la rassurer en lui disant qu'une traversée n'est en fait qu'une navigation un peu plus longue que les autres, que ce sont des dizaines de milliers de voiliers qui ont à ce jour pointé leur étrave vers les Amériques, et que s'il y avait quoi que ce soit de réellement dangereux, cela se saurait et les candidats au départ ne seraient pas si nombreux.

- Non, je ne veux pas y aller... répète-t-elle, faisant fi de mes propos, comme s'il s'agissait d'une idée fixe tétanisant l'ensemble de ses pensées.

Alors, voyant que tout est inutile et que le vent s'est bien calmé, je lâche sa main, monte sur la plage arrière libérer les éoliennes et redescends me coucher. Peut-être la journée du lendemain nous aidera-t-elle à y voir plus clair.

Le sommeil ne veut pas venir. Je tourne et retourne dans ma couchette en ressassant mes pensées. Comment ai-je pu arriver à ce point du voyage, et me retrouver face à l'océan avec une compagne refusant d'aller plus en avant ? Depuis quelque temps déjà cette idée de devoir traverser devait la tourmenter silencieusement. Mais elle n'avait jusqu'alors rien osé me dire, comprenant sans doute de trop à quel point ce pas de géant sur le bleu de l'Atlantique était important pour moi. Comment donc n'ai-je pu prévoir un pareil état de choses ?

Effectivement, depuis notre départ de France chacune de nos sorties en mer, que ce soit de quelques heures ou de quelques jours, représentait pour elle une bien difficile épreuve, mais arrivés ici, à la pointe de l'Afrique, sentir l'alizé nous caresser la peau, avoir le bateau prêt pour ce grand pas en avant, entendre déjà les airs de Samba résonner au fond de nos oreilles, et se dire qu'en fin de compte, c'est sur ce continent africain, et nulle part ailleurs, que le périple se poursuivra... Il me semble qu'il y ait là une impossibilité à laquelle mon esprit ne peut se résigner.

Bien sûr, ce voyage est le fruit de mes seules aspirations. Bien sûr, moi seul l'ai rêvé depuis mon plus jeune âge, moi seul avait dans la tête ces fabuleuses images de voiles déployées, d'embruns et de poissons volants. Mais depuis deux ans que dure ce périple, j'avais espéré qu'elle s'habituerait et trouverait elle aussi du bonheur à voyager de la sorte.

Je réalise à présent que, durant ces deux années, ma femme n'a fait que me suivre. Ce plaisir que je prenais parfois, cette satisfaction personnelle éprouvée au plus profond de moi-même lorsque le bateau taillait gaillardement sa route, ne représentaient pour elle qu'un bien pénible fardeau. Et ce que je ressentais comme étant de la joie, du bonheur de vivre, était vécu dans son for intérieur comme une douloureuse épreuve qu'il lui fallait à tout prix surmonter.

Comment donc ai-je pu m'imaginer qu'elle finirait par apprécier cette vie au point de me suivre jusqu'au beau milieu de l'océan ? Comment donc ai-je pu croire que cette jeune femme, qui est à présent mon épouse, après l'avoir extirpée de sa campagne natale, se laisserait ainsi mener jusqu'au bout du monde uniquement pour le simple fait qu'elle est ma femme et que je suis son mari ?

L'océan a fait tomber le masque.

J'ai beau creuser mes pensées, aucune solution n'apparaît dans mon esprit. Renoncer à cette traversée, faire une impasse sur cette fabuleuse expérience, je ne peux même pas l'imaginer. Et me séparer de mon épouse, il en est encore moins question. Alors quoi ?

Claudette est restée sur le pont, une habitude lui étant peu habituelle et révélant la gravité de la situation. Je l'entends de temps à autre rentrer ses larmes. Cette perspective de quelques semaines de mer serait-elle devenue pour elle un véritable cauchemar ?

Le gros nuage s'est complètement dissipé, et le ciel m'apparaît à nouveau par le hublot de la couchette, un ciel constellé d'étoiles scintillantes.

Un rayon de soleil arrivant de la descente vient timidement lécher le bord de ma couchette. Il est déjà tard, mais la nuit m'a semblé bien courte. J'ai dû tourner et retourner sur moi-même jusqu'à une heure très avancée. Je resterais bien couché quelques heures de plus, mais je m'aperçois que je suis seul dans le lit. Claudette n'est pas venue me rejoindre. Je me penche un peu de manière à voir dans le cockpit et l'aperçois allongée sur un banc à l'ombre du taud de protection.

Je me lève et la rejoints.

Elle ouvre les yeux et me regarde m'asseoir face à elle.

- Écoute, lui dis-je, tu vas rentrer en France, je traverserai seul...

Elle ne sait que répondre et se répand une nouvelle fois en un profond sanglot.

Cette solution que j'avais à peine ébauchée durant mon insomnie, je la lui propose comme un expédient face à une situation de crise qui s'avère bien pénible à gérer. Mais est-elle seulement réalisable ? Allons nous avoir au moins suffisamment d'argent pour payer les billets d'avion, celui qui la ramènera en France et un autre pour me rejoindre à Cayenne ? Notre caisse de bord déjà très limite pourra-t-elle au moins s'accommoder de pareilles dépenses ? Et si je ne trouvais pas de travail à Cayenne, qu'adviendrions nous, seuls, sans un sou, de l'autre côté de l'Atlantique, incapables d'aller plus en avant, et sans espoir, bien sur, d'une quelconque aide extérieure ?

Des questions si graves, si importantes, pour la suite de ce que je considère malgré tout comme étant une merveilleuse aventure, que les problèmes de la partie purement navigation d'une traversée en solitaire, en sont complètement éclipsés.

Claudette rentre à nouveau ses larmes. Elle ne sait que dire, quelle attitude adopter, comment se donner bonne contenance devant ce qui n'a pour effet que de la soulager. Elle s'assoit face à moi, me regarde un court instant et éclate encore une fois dans un bien triste sanglot.

L'affaire est entendue. Les comptes sont effectués. Notre argent nous permet cette dépense représentant plus de huit mois d'autonomie, de vie à bord. À la condition, bien sûr, de trouver un travail suffisamment rétribué dès notre arrivée en Guyane, sans quoi le problème sera insoluble. Pour ce qui est de la traversée, je ne me sens guère l'envie de la faire en solitaire. Mais peut-être pourrai-je trouver un équipier parmi les routards aperçus à Ziguinchor, lors de notre première escale.

Deux heures plus tard, nous sommes de retour au village et assistons à la suite des festivités du mariage. Malgré mes réticences à manger ces noix de cola, les gens insistent et m'en offrent de nombreuses qui emplissent les poches de ma chemise.

Durant quatre jours, le tam-tam résonnera et les femmes danseront sous l'œil amusé des hommes qui se contenteront simplement de regarder.

Une semaine plus tard nous sommes de retour à Ziguinchor. La compagnie aérienne la moins onéreuse pour revenir en France est une compagnie charter effectuant des retours non pas au départ de Dakar comme nous le pensions, mais au départ de Benjul, la capitale de Gambie.

Le billet d'avion est pris. Quatre mille francs sont sortis de la caisse, quatre liasses de billets de cent francs qui passent entre les mains d'une jeune sénégalaise en échange d'un aller simple pour Paris. Une opération qui n'est pas sans produire dans mon for intérieur comme un douloureux pincement.

Je me mets aussitôt à la recherche de celui ou celle qui voudra bien m'accompagner jusqu'en Guyane. La chose n'est guère aisée. Ils étaient très nombreux aux îles Canaries à rechercher un embarquement pour la traversée. Le bateau étant l'idéal du voyage, il semblait bien plus facile à un skipper de débusquer l'équipier idéal qu'à un équipier de trouver un embarquement sur un quelconque voilier. Mais nous sommes ici en Casamance, et les routards ayant poussé le chemin jusqu'à cette région du Sénégal ne l'ont guère fait dans le but de poursuivre vers Cayenne.

Les premiers rencontrés sont américains et ne parlent pas un mot de français. Les seconds sont d'emblée d'accord, mais demandent combien recevront-ils pour cela... Un pareil voyage doit se payer, disent-ils !

Quant aux troisièmes, ils seraient éventuellement partants pour l'aventure, mais leur mine peu catholique me rebute, et je finis par refuser moi-même, après qu'ils eussent accepté l'embarquement.

Enfin, je rencontre Jean-Louis, un pauvre homme d'une trentaine d'années, largué par sa compagne et déambulant seul dans cette partie de l'Afrique. Il n'est jamais monté sur un quelconque voilier, mais cette proposition lui semble une bonne opportunité. Aussi accepte-t-il de m'accompagner jusqu'à Cayenne où il pense continuer son périple en Amérique du sud.

Ma quête n'aura pas été longue. Je retourne au bateau et annonce la nouvelle à Claudette.

XXI

L'AÉROPORT

Cinq heures du matin. Le bateau évite nonchalamment sur ses quarante mètres de chaîne. La nuit est douce. Je verrouille le capot de descente, et amène l'annexe contre la coque.

Quelques instants plus tard nous débarquons sur le môle en bois prévu pour les pirogues de pécheurs. Claudette jette un dernier regard à ce bateau qu'elle ne reverra pas avant deux longs mois, puis nous nous mettons en route pour la gare routière.

Nous traversons Ziguinchor endormie, étalant ses longues rues silencieuses qui nous apparaissent tels d'immenses couloirs sous la voûte étincelante d'un ciel clair et dégagé.

Nous arrivons à la gare routière. Des dizaines de voitures commerciales et de minibus attendent sur la grande place les passagers pour Dakar, Benjul ou Bissau. Nous prenons deux billets et nous installons à l'arrière d'une vieille 504 break. Nous sommes les seuls. Le chauffeur, en tirant nonchalamment sur une cigarette mal roulée, nous signale qu'il ne partira pas avant que les places restantes ne soient occupées. Mais le temps ne presse pas. L'avion part à quatorze heures, ce qui nous laisse suffisamment de temps pour parcourir les cent cinquante kilomètres séparant Benjul de Ziguinchor.

Un couple accompagné d'un enfant et d'un vieillard prend place à son tour, aussitôt suivi d'une militaire et d'un homme en grande tenue musulmane.

- C'est un marabout... murmure en français le premier passager dans l'oreille attentive de son épouse assise à ses côtés. Puis il ajoute d'un air satisfait :

- On a de la chance, avec lui on n'aura pas d'accident !

À peine les huit places du break sont-elles occupées, que le chauffeur me demande de descendre avec l'autre homme et le militaire. Il faut pousser la voiture si l'on veut qu'elle puisse démarrer, répond-il à mon air étonné.

Nous poussons donc ce lourd véhicule sur une centaine de mètres jusqu'à ce qu'un épouvantable nuage noir noie l'endroit l'espace d'un instant. Le moteur tourne, nous pouvons enfin partir.

Le jour se lève sur la campagne sénégalaise. Les pluies des jours passés ont fait reverdir les pâturages. Nous traversons plusieurs villages animés par quelques paysans guidant les bœufs attelés à leur charrue ou se rendant à la rizière, un outil sur l'épaule. Des femmes charrient de l'eau dans de grands seaux tenus en équilibre sur leur crâne.

Il est à peine sept heures. Nous ne sommes guère rapides. Des troupeaux entiers de vaches ou de moutons encombrent la route, et il n'est pas un moment où le chauffeur ne puisse rouler sereinement sans avoir à faire usage de son klaxon. Le taxi s'arrête face à une baraque de bois vermoulue près de laquelle deux militaires sont assis sur une sorte de petit banc. C'est la frontière. Nous montrons les passeports et poursuivons sur le territoire de Gambie. Rien ne diffère du Sénégal si ce n'est quelques inscriptions en langue anglaise charbonnées au-dessus des boutiques.

L'aéroport se dessine enfin face à nous. Il est neuf heures quarante-cinq. Si l'on ne nous avait dit qu'il s'agissait de l'aéroport de Benjul, nous aurions pu aisément nous croire près d'une base militaire tant le nombre de soldats grouillant à chaque endroit est impressionnant.

Le taxi interrompt enfin sa course face à un grand hall. Nous récupérons nos bagages et pénétrons dans une longue salle d'attente où sont installées des rangées de fauteuils en plastique blanc.

Midi quinze. Une voix résonne dans les hauts parleurs, invitant les passagers du vol pour Paris à se présenter à l'enregistrement des bagages.

À peine sommes-nous levés de notre fauteuil qu'un mouvement de panique semble s'emparer des passagers africains, chacun se précipitant sur le comptoir indiqué, provoquant ainsi une indescriptible cohue. Ils sont une centaine de personnes, hommes et femmes de tous âges, à se bousculer violemment dans le seul but de passer l'un avant l'autre, alors même que le billet est nominatif et qu'il ne peut y avoir de lésés ! Que se passe-t-il ? Pourquoi donc ce subit affolement ? Je m'approche à mon tour du comptoir et observe ce singulier tumulte.

On n'aperçoit même plus la jeune femme chargée de l'enregistrement derrière cet innommable désordre. Des cris se font entendre, des regards haineux se croisent, et s'il n'y avait pas quelques policiers à proximité, il est fort probable que cette agitation se serait terminée en un véritable pugilat !

J'interroge du regard l'un des occidentaux patientant avec nous derrière ce tohu-bohu.

- Et à chaque fois c'est la même chose, dit-il calmement.

Puis il ajoute dans un haussement d'épaules :

- Bah, on finit par s'habituer à force de prendre l'avion...

Enfin, après un bon quart d'heure de cette indescriptible bousculade, après que les passagers africains eurent tous enregistré leurs bagages, nous nous présentons au comptoir et donnons le nôtre.

Nous nous dirigeons ensuite vers la zone sous douane où un douanier consulte avec un soin particulier les papiers de la chienne. Tout est en ordre. Il ne reste plus à Claudette qu'à monter dans l'avion et s'envoler pour la France. Nous pénétrons dans une nouvelle salle d'attente et nous asseyons sur de petites chaises près d'une table ronde. Les haut-parleurs se mettent de nouveau en branle. Les gens se taisent pour écouter.

- Le vol à destination de Paris est retardé. L'avion ne décollera pas avant vingt-deux heures trente !

Un fort brouhaha se fait entendre dans la salle. Ces gens, qui avaient retrouvé leur calme après le précédent tumulte, se mettent de nouveau à s'agiter. Quelques-uns se lamentent haut et fort avec dans la voix un énervement qu'ils ne cherchent pas même à contenir.

Nous repassons les contrôles en sens inverse et sortons de l'aéroport.

Neuf heures d'attente. Je cherche des casse-croûte, ou simplement une baguette de pain, mais ne réussis à trouver qu'une misérable femme étalant devant elle, à même le sol, de grosses mangues bien mûres. Je lui en prends quelques-unes et rejoins Claudette. Puis nous nous installons sur un carré d'herbe à proximité du hall d'entrée.

Il est dix-huit heures trente. Nous rentrons Michka dans sa malle en osier et regagnons la salle d'attente. L'équipe des douaniers effectuant les contrôles n'est plus la même, une relève a été effectuée durant l'après-midi.

Je sors le livret de vaccination de Michka et le tends au fonctionnaire qui l'examine en tournant lentement les pages. Durant un long moment, il contrôle les dates d'expiration de chacun des vaccins et lit avec une attention toute particulière les quelques lignes administratives figurant sur la couverture. Puis il repose le carnet sur la table et annonce d'un ton autoritaire :

- Je vais chercher le chef...

Je m'étonne ouvertement. Le carnet est à jour. Les vaccinations ont toutes été effectuées. D'ailleurs, l'équipe précédente n'avait rien trouvé d'anormal. Pour toute réponse, l'homme se lève de sa chaise et disparaît dans une petite pièce donnant sur le hall d'entrée.

- Reste ici... me lance sèchement son collègue tout en jetant sur moi un œil suspicieux.

Claudette commence à s'inquiéter. S'il est une chose qu'elle appréhende particulièrement après la navigation en mer, c'est bien les contrôles de police lorsqu'ils sont effectués sur cette terre d'Afrique. Le niveau de vie de ces populations, beaucoup plus bas que celui de nos pays occidentaux, rend certains fonctionnaires peu enclins à la probité. Et ce qui nous semble bien souvent comme étant de la corruption, de l'iniquité, ou tout simplement des actes de pure forfaiture, ne représentent pour eux qu'une banalité entrant directement dans ce que l'on appellerait en France les avantages de la profession. Quoi qu'il en soit, nous sommes parfaitement en règle, et il n'est guère possible que l'on puisse nous reprocher une faute quelconque.

Quelques instants plus tard, le chef arrive. Il s'agit d'un personnage de haute stature, habillé d'une chemise légèrement trop large et dont la couleur est complètement passée. Les traits bourrus de son visage annoncent un caractère non seulement autoritaire, mais également peu enclin au dialogue et à l'ouverture d'esprit. Il s'avance silencieusement en jetant sur moi un regard plein de ces mauvaises ondes comme on en ressent en présence de gens de mauvais alois.

Il passe derrière le bureau, s'assoit sur la chaise et consulte à son tour le petit livret de vaccinations. Puis, sans même être arrivé à la dernière page, me demande, d'un ton suspicieux, où se trouve le certificat vétérinaire qui a dû normalement nous être délivré lors de notre arrivée en Afrique. Il continue en affirmant que, de toute manière, nous ne pouvons embarquer notre chienne. Il nous faut une grosse caisse fermée pour la mettre dans la cale avec le fret. Il est strictement interdit de prendre de tels animaux à bord avec les passagers.

---

1 à 5 : Baboon Island.

6 à 12 : Escale à Ellinkine.

13 : Abdulhad, trois de ses femmes et quelques-un de ses enfants.

14 : Deux épouses s'entendant à merveille...

1

2

3

4

5

6

7

8

9

10

11

12

13

14
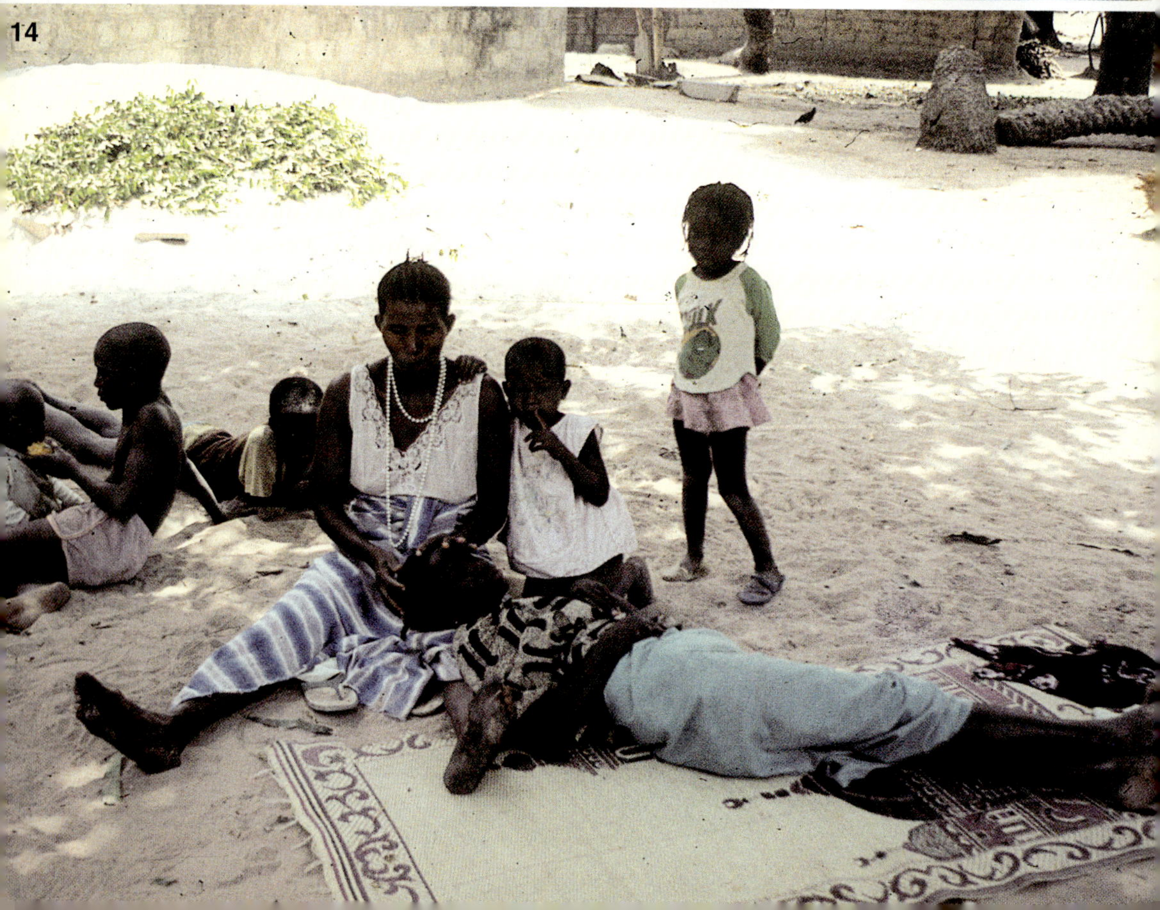

15

16

17

18

19

20

21

22

23

28

24

26

25

27

29

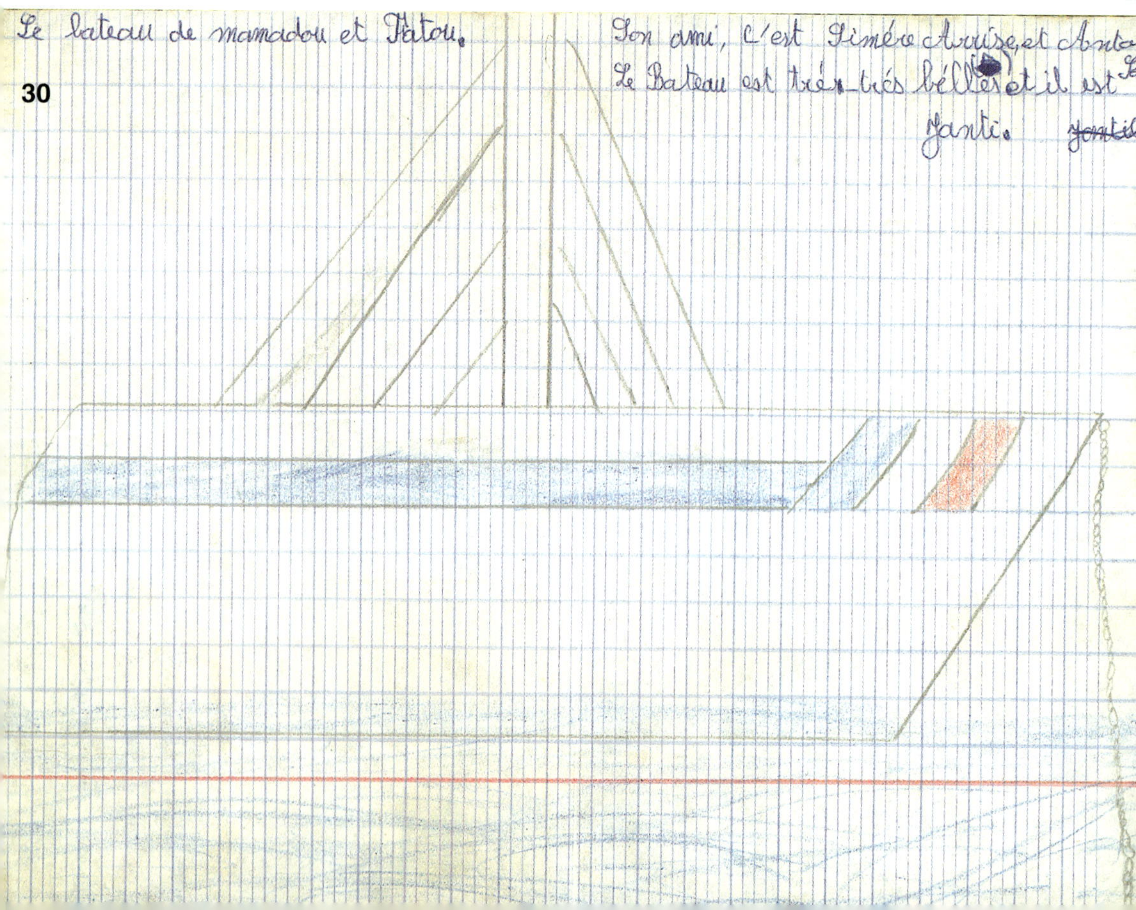
Le bateau de mamadou et Fatou.
Son ami, c'est Siméo Arouze, et Antoi
Le Bateau est trés très bélles et il est
Janti.

30

Je m'insurge ouvertement. L'agence de voyage nous a affirmé qu'au contraire, un simple panier en osier suffirait, Michka n'étant pas plus grosse qu'une poupée de petite fille.

Non, il n'est pas d'accord, et me le fait savoir en martelant ses mots comme s'il se sentait vexé d'une telle repartie. Puis il se lève et s'en retourne à son bureau. Les deux fonctionnaires chargés du contrôle affichent alors un sourire ironique. Claudette tombe en larmes. Rentrer en France sans Michka, savoir sa petite chienne sur cet océan, à la merci de la première déferlante... Pas un seul instant elle n'avait songé à une pareille possibilité.

Je ne sais que faire. Les pensées se bousculent dans mon esprit sans pour cela qu'une quelconque solution n'apparaisse distinctement. Une caisse de bois... Mais où veut-il que j'en trouve une ? Il ne reste à peine que deux heures avant le départ de l'appareil. Je prends Michka sous le bras, sors du hall en courant et attrape le premier taxi.

Le menuisier le plus proche se trouve à Sérékunda, m'indique le chauffeur dans un français sommaire, après que je lui eus expliqué le problème, un village situé sur la route de Benjul. Je grimpe à l'arrière de la voiture et le supplie de faire vite.

Ces chauffeurs africains, malgré leur apparente bonhomie, connaissent la région comme pas un gambien ne peut se vanter de la connaître. En l'espace de quelques minutes, me voilà dans la boutique du menuisier, un homme d'une cinquantaine d'années, les cheveux grisonnants, et qui, devant mon empressement de lui demander une caisse de bois, lance avec cet accent purement africain :

- Ya pas le feu... Ya pas le feu...

Puis, tout en prenant son temps, malgré mes gestes d'impatience et les regards nerveux que je jette continuellement à ma montre, il saisit quelques planches et se met au travail. Il n'y a pas d'électricité dans ce coin perdu. Tout est fait à la scie égoïne. Je l'aide comme je peux en bloquant les planches sur ce qu'il appelle son établi, une méchante table de travail recouverte d'un extraordinaire fouillis.

L'homme est en effet expérimenté. Sa manière de scier est efficace, et il plante ses clous avec une telle précision qu'en moins d'une demi-

15 à 18 : La Casamance.
19, 20 21 : Mariage à Cachouane.
22 : Claudette soignant quelques enfants à Elinkine.
23 : Aliou Diédhou, le marabout.
24 à 28 : Funérailles à Elinkine.
29 : Pirogue à voile.
30 : Notre bateau, vu par un enfant d'Elinkine.

heure, la caisse est terminée. Je prends Michka et la dépose à l'intérieur. L'homme saisit alors la dernière planche et plante les deux derniers clous.

Le travail est fait, et le prix demandé tout à fait raisonnable. Mais Michka ne se sent guère à l'aise, elle pousse de petits gémissements qui me fendent le cœur. Le chauffeur de taxi m'aide à transporter la caisse dans son coffre, elle est très lourde. Le bois employé est vraiment massif. Elle pèse au moins quarante kilos !

- Cela va vous coûter cher pour l'emmener en France... me prévient-il en démarrant son moteur.

Nous faisons retour sur l'aéroport. La nuit est noire. Il ne reste à peine qu'une demi-heure avant le départ de l'appareil. Arriverai-je au moins à la faire embarquer dans la soute à bagages ? Et le prix demandé sera-t-il dans nos possibilités ? Des questions qui emplissent mon esprit en me glaçant d'inquiétude.

Le taxi est garé face au grand hall. Le chauffeur m'aide une seconde fois à porter la lourde caisse dans la zone réservée au fret. Il s'agit en fait d'une grande salle contiguë à la salle d'attente et où se trouvent quelques policiers à peine intrigués de notre présence.

Claudette me rejoint. Elle a dû me guetter depuis la porte du hall d'entrée. Elle est accompagnée de deux africains avec qui nous avions sympathisé durant l'après-midi et qui embarquent également pour Paris.

Michka, sans même l'avoir vue, se met à gémir de plus belle à son approche. Alors ma pauvre femme, apercevant sa petite chienne ainsi enfermée, se répand une nouvelle fois en un bien triste sanglot. Un sanglot qui se transforme en une véritable lamentation lorsque l'un des deux hommes prétend qu'il est risqué de la faire ainsi partir en soute. Il n'y a que peu d'aération dans cet endroit de l'appareil, dit-il d'un ton assuré.

Il me faut prendre une autre décision. Il fait nuit, une nuit sans lune. Tout le monde a vu la caisse arriver, y compris les douaniers qui s'attendaient sans doute à recevoir plutôt un bon bakchich. Plus personne ne s'en inquiète à présent. Il serait alors peut-être possible d'en soustraire Michka, et l'emmener en douce près de l'avion, de manière à la donner à Claudette lorsqu'elle sera sur le point de monter sur la passerelle.

L'une des planches n'est que légèrement clouée. Je tire sur son extrémité et la fais pivoter. Je saisis Michka, la repose discrètement dans son panier et remets la planche en place.

Personne ne m'a vu, mis à part Claudette et les deux compères. Je leur explique brièvement ce que je vais tenter. L'une des portes de cette salle donne sur un petit couloir menant très certainement aux pistes. Cette porte n'est apparemment pas gardée, ce qui est inespéré.

Je la franchis, longe le couloir et me retrouve à l'extérieur. Personne ne m'a interpellé, pas même les policiers patrouillant dans cette zone. Je continue.

L'aéroport s'étale devant moi, noyé dans l'obscurité d'une nuit sans lune. Quelques points lumineux se détachent à certains endroits, des lampes de couleurs éclairant vaguement une sorte de cheminement bitumé. Là-bas, à quelques centaines de mètres sur ma droite, l'avion apparaît sous la lumière de puissants projecteurs installés sur un haut pilier. L'appareil est assez loin de l'aérogare, mais le nom de la compagnie Minerve ressort distinctement sur la carlingue. Le doute n'est plus possible, il s'agit de l'avion en partance pour la France.

Tout est calme autour de moi. Il n'y a personne, pas le moindre employé comme il serait logique d'en trouver sur une plate-forme internationale. Il me semble alors que la route soit libre, que le problème soit réglé et qu'il ne reste plus qu'à approcher l'avion et attendre l'arrivée des passagers.

Je m'engouffre dans un champ en friche et avance à grands pas. La lune n'est pas encore levée et les formes plus ou moins obscures de ce paysage aéroportuaire ne m'apparaissent qu'indistinctement. Mais mes yeux s'habituent à cette noirceur opaque, et il m'est presque aisé de marcher dans les hautes herbes que j'aperçois confusément.

Michka est silencieuse. Il semble presque qu'elle ait compris ce qui se passe, et que la pression des précédents instants l'ait rendue on ne peut plus compatissante pour cette délicate opération.

Le bruit d'un véhicule se fait entendre derrière moi. Je pose le panier à terre et m'accroupis. Une route passe à quelques mètres de l'endroit où je me trouve, une route parallèle à l'aérogare et desservant sans doute les aires de stationnement des avions. Durant un court instant, les bas-côtés sont éclairés par la vive lumière des phares, puis l'obscurité s'établit de nouveau. Le véhicule s'éloigne dans les ténèbres. Je reprends ma route.

Tout en marchant j'observe l'appareil. Il semble qu'il y ait deux personnes patientant debout non loin des trains d'atterrissage. Je poursuis ma silencieuse approche tout en réfléchissant à la tactique qu'il me faudra adopter pour que Claudette puisse prendre le panier et le monter à bord.

Les deux personnes m'apparaissent distinctement à présent. Ce ne sont ni des mécaniciens, ni des membres d'équipage, mais des militaires armés de fusils automatiques et assurant la protection de l'avion.

Cette présence me glace d'effroi, mais je suis trop près pour abandonner. Dix bonnes minutes ont dû s'écouler depuis ma sortie de l'aérogare, les passagers ne devraient plus tarder d'arriver. Alors je m'approche encore un peu en prenant mille précautions, puis je m'assois à même le sol et patiente calmement.

Ces deux militaires constitueraient une cible idéale pour le terroriste qui, camouflé par l'obscurité de la nuit, aurait, tout comme moi, réussi à les approcher de si près. Du reste, ayant la lueur des projecteurs dans les yeux, il est peu probable qu'ils puissent distinguer grand chose dans la zone d'ombre entourant leur position.

Il se passe ainsi un long moment, plein d'angoisse, et durant lequel je m'interroge sur le bien fondé de cette tentative désespérée. Ne serait-il pas plus raisonnable de rebrousser chemin, quitte à devoir garder Michka pour la traversée de l'Atlantique ? Quelle sera la réaction des militaires lorsqu'ils m'apercevront débarquant avec la malle en osier dans un secteur qu'ils ont en charge de protéger ? N'y a-t-il pas là un risque de me faire mitrailler sans sommation ? Je ne sais que faire, quelle attitude adopter.

Les deux militaires se tiennent aux extrémités de l'appareil, à hauteur des ailes. Le premier se rapproche de l'autre et lui parle durant un court instant. Un bruit de moteur se fait entendre. Un mini bus arrive dans cette direction.

Je reprends le panier, m'approche encore de quelques pas et m'immobilise une seconde fois dans les hautes herbes. Le mini bus est là. Il passe devant les soldats qui disparaissent derrière lui. Je me lève d'un bond et me mets à courir.

À peine ai-je fait trois pas qu'un énorme fossé me coupe la route, une sorte de large tranchée obscure semblant délimiter la partie bitumée de la zone de friche. Qu'y a-t-il au fond de ce trou, de l'eau ? De la boue ? Des questions qui fusent dans mon esprit l'espace d'un dixième de seconde. Je saute d'un bond et arrive à m'agripper de justesse sur l'autre bord. La quantité d'adrénaline secrétée par mon organisme doit-être de loin supérieure à ce qu'elle n'a jamais été.

Je suis sur la piste maintenant. J'entre sous le feu des projecteurs qui m'éblouissent. Le mini bus ne me couvre plus. Les deux militaires apparaissent distinctement. Je ralentis alors l'allure et me mets à marcher nonchalamment, comme si de rien n'était. Ils sont à une cinquantaine de mètres, sous l'autre aile, alors que le véhicule ne se trouve plus qu'à quelques pas.

L'un m'aperçoit et s'approche en m'interpellant violemment. Je fais mine de ne pas entendre et continue vers la passerelle. Un groupe de personnes descend du véhicule. Ce ne sont malheureusement pas les passagers s'apprêtant à embarquer, mais les membres d'équipage, le commandant de bord, son copilote et plusieurs hôtesses me regardant arriver alors que le militaire accourt en hurlant quelque chose que je ne comprends pas.

J'arrive à la passerelle. Le militaire est également là, à quelques pas. En deux mots j'explique au commandant de bord le pourquoi de ma présence et lui tends désespérément le panier contenant ma pauvre chienne. L'homme n'hésite pas un instant. Sans même poser aucune question, il saisit le panier et grimpe l'escalier.

Le soldat semble ne rien comprendre. Il me bouscule un peu, murmure quelques phrases, fronce les sourcils, regarde la malle disparaître dans l'avion, puis me regarde une seconde fois.

Qui suis-je ? Un ami du commandant de bord ? Que fais-je là ? Et qui m'a donc laissé entrer sur les pistes ? Voyant que je n'entends rien de ce qu'il demande, il se contente de rester près de moi le temps de l'embarquement de l'équipage. Puis, d'un geste autoritaire, il me montre l'aérogare.

- Ok, Ok... lui dis-je calmement.

Quelques instants plus tard, je pénètre une seconde fois dans l'aérogare. Franchir les contrôles en sens inverse sous le regard étonné des policiers gardant la porte d'entrée ne pose apparemment aucun problème. Je retrouve Claudette, m'assieds près d'elle et lui conte l'aventure.

Les hauts parleurs se mettent de nouveau en branle invitant les passagers du vol à destination de Paris à se rendre au comptoir d'embarquement. Cette fois-ci, c'est le départ, le vrai. La séparation est imminente. J'accompagne ma femme jusqu'aux portes vitrées, l'embrasse une dernière fois et la regarde s'en aller avec les passagers.

Peu de temps après, l'avion décolle, puis disparaît dans les profondeurs scintillantes de cette nuit de juillet.

XXII

LA PETITE BONNE

Je sors de l'aéroport. Il est vingt-trois heures. Rien de tout cela n'était prévu. Me voilà donc seul, sans aucune possibilité de revenir à Ziguinchor avant le lendemain, et le peu d'argent qu'il reste ne me permet guère le luxe d'une chambre d'hôtel. Je ne sais que faire, ni où aller.

L'aérogare vient de fermer ses portes. Les policiers sont partis. Je m'assois sur un banc près d'un long parking, réfléchis un moment, puis finis par m'allonger. Ces émotions successives m'ont fatigué. Je ferme les yeux et tente de trouver le sommeil.

Il ne fait pas froid, mais un petit vent me chatouille la peau des avant bras. Je ne suis habillé que d'un short et un maillot. Je me lève et regarde autour de moi s'il ne se trouverait pas un carton d'emballage ou quelque chose du genre pour m'enrouler dedans. Rien n'apparaît à ma vue. Alors je m'allonge une seconde fois, le dos au vent, et finis par m'assoupir après un long moment de méditation. La nuit est longue. À plusieurs reprises je me réveille, le corps transi par cette petite brise qui n'en finit plus de me glacer les côtes.

Quel bonheur le lendemain lorsque je m'assois enfin sur la banquette du taxi-brousse devant me ramener à Ziguinchor.

Je retrouve mon bateau après quelques heures d'une route cahoteuse, ponctuées de nombreux contrôles de police. L'atmosphère n'est plus la même. Le carré m'apparaît bien grand maintenant que j'y suis seul. Une seule chose m'importe : Partir le plus rapidement possible et rejoindre les côtes de Guyane. Notre caisse de bord est pratiquement vide, à peine de quoi faire le plein de victuailles pour les trente jours de mer qui s'annoncent.

Une idée me traverse l'esprit. Notre petit bar est bien achalandé et les quelques bouteilles de whisky achetées hors taxe à Las Palmas constituent une marchandise que les commerçants d'ici m'achèteraient volontiers.

Je dresse l'inventaire de tout ce qui peut être vendu dans le bateau, puis me rends le lendemain matin dans une boutique de Ziguinchor appartenant à un marchand libanais. L'homme est tout de suite d'accord pour reprendre les bouteilles à un prix légèrement inférieur à celui que je lui propose. L'affaire est conclue, mais je dois me rendre en sa demeure, une maison située non loin de sa boutique, afin d'y récupérer l'argent. Nous y sommes en quelques instants.

Les pièces, aussi larges que hautes, offrent cette particularité que l'on s'y sent au frais malgré l'absence de climatisation. Cela est-il dû à une orientation judicieusement étudiée ou aux nombreuses plantes vertes disposées de part et d'autres ? Toujours est-il que la transition, lorsque l'on arrive du dehors, produit un effet agréable et surprend le visiteur ne s'y attendant pas.

Le mobilier est luxueux pour le pays, et l'on sent à travers une série de meubles d'acajou finement ciselés, de grands tapis aux motifs éclatants et la présence de quelques domestiques sénégalais, que cette famille fait partie de l'aristocratie locale et que ses usages n'ont sans doute rien à voir avec ceux des gens que nous côtoyions depuis notre arrivée sur cette terre d'Afrique.

L'homme désigne un fauteuil où je dois m'asseoir.

À ce moment, une fillette d'une dizaine d'années à peine apparaît dans l'encoignure de la porte d'entrée, une enfant sénégalaise à en croire le grain foncé de la peau de ses petits bras. Elle est vêtue d'un long boubou lui descendant jusqu'aux chevilles et porte un plateau sur lequel sont posés deux grands verres fumants.

Elle s'approche de moi d'un pas non assuré. Ses petits yeux fixent les deux verres qu'elle a sans doute peur de faire tomber. Quelques mètres seulement la séparent du fauteuil où je suis installé, mais elle approche si lentement qu'il lui faut un long moment pour arriver à ma hauteur.

L'homme marmonne quelque chose entre ses dents. Il ne semble guère satisfait de ce petit être avançant en prenant mille précautions.

La pauvre enfant, sans doute quelque peu paniquée par ce que vient de lui dire le chef de maison, effectue les derniers pas d'une manière plus hâtive et arrive près de moi en heurtant malencontreusement mes jambes allongées.

Déséquilibrée, elle essaie de se redresser. Mais l'un des deux verres de thé se renverse, puis roule sur le plateau, répandant sur moi son contenu brûlant. Je ne peux m'empêcher de pousser un petit cri que je réprime aussitôt.

La réaction de l'homme est immédiate. Il se met à crier quelques mots que je ne comprends pas mais qui sont si violents, si impératifs, que la pauvre enfant se met à pleurer à chaudes larmes.

Une femme noire apparaît alors dans une ouverture située à l'autre extrémité de la pièce. Une femme dont le visage ridé, la mine renfrognée et le grisonnant de ses cheveux crépus, annonce un âge assez avancé. Elle saisit un torchon accroché dans une sorte de réduit contigu à la pièce, s'approche à grands pas et essuie rapidement l'endroit de ma chemise marqué par les taches de thé.

La petite fille ne sait que faire, son pauvre visage est baigné d'un flot de larmes qu'elle ne peut contenir.

L'homme lance à nouveau quelques violentes injonctions qui ont cette fois-ci pour effet de la faire courir vers la porte du fond où elle disparaît de ma vue.

Je tente alors d'intervenir en affirmant qu'il n'y a rien de grave, que ce n'est que du thé, et puis le fait qu'elle ait voulu me servir elle-même constitue une bonne action, il n'est pas commun de voir de si jeunes enfants jouer au domestique, cela prouve un caractère courageux, et plus tard, lorsqu'elle sera une femme, elle n'aura aucun mal à rendre un mari heureux.

L'homme hausse les épaules et lâche ces quelques mots d'un ton désinvolte :

- C'est son travail...

Puis il saisit une petite boîte métallique et en sort une liasse de francs CFA.

Des voix se font entendre du fond de la maison, une voix de femme adulte, et puis une voix très jeune que je reconnais comme étant celle de la petite fille. Que se disent-elles ? Il m'est impossible de discerner le sens des paroles prononcées dans le dialecte local, mais à la violence des propos de la femme, je comprends tout de suite que l'enfant est encore en train de subir quelques violentes réprimandes pour le thé renversé.

Il semble que le ton monte, du moins du côté de la femme adulte qui a l'air de s'énerver. Les propos de l'enfant sont suppliants et s'empreignent d'une crainte qu'elle ne peut s'empêcher de contenir. Sa petite voix résonne terriblement depuis le fond de ce grand appartement, et il faudrait avoir le cœur bien dur pour ne pas ressentir une quelconque pitié envers ce pauvre enfant dont le seul tort est d'avoir voulu être agréable à un étranger.

Le bruit d'une gifle se fait entendre, puis une seconde, ponctuée de pleurs et de cris déchirants. C'en est trop. Je me dresse sur le fauteuil et demande à l'homme, déjà affairé à compter les billets et semblant totalement indifférent au sort de la pauvrette, de faire cesser cette ridicule dispute.

Alors, voyant que cette scène m'importune au point de me faire lever moi aussi le ton, il se met à son tour à hurler quelques mots qui ont aussitôt pour effet de faire taire la femme et l'enfant.

Des questions fusent dans mon esprit. Qui est donc cette jeune sénégalaise vivant avec ces gens huppés ? Une amie de la famille ? Et comment se fait-il qu'elle puisse recevoir un pareil traitement pour une faute qui n'est en fait qu'un accident ?

Plus rien ne se fait entendre à présent, ni de la pièce du fond, ni d'aucune autre. L'homme me remet mon dû et lance quelques mots dans le dialecte local. Aussitôt la femme noire réapparaît, tenant dans ses mains un plateau sur lequel sont disposés deux autres verres fumants ainsi qu'un échantillonnage de morceaux de gâteaux.

Elle pose le plateau sur une petite table, m'adresse un léger sourire, puis s'en retourne dans la pièce du fond.

- Sers-toi, dit l'homme, ce sont des spécialités de mon pays.

Tout en me servant généreusement, je l'interroge sur ses origines, et puis sur le Liban. Cela fait une quinzaine d'années qu'il est venu s'installer dans ce coin d'Afrique. Les libanais sont partout, dit-il. C'est la tradition de ce peuple de s'exiler de la sorte afin d'exercer l'un des plus vieux métiers du monde, le commerce. Du reste, cela lui a réussi, mais il pense cependant remonter sur Dakar dans les prochaines années. Les affaires sont plus faciles, les occidentaux installés dans la capitale sénégalaise ne rechignent pas pour acheter lorsque la marchandise leur plaît.

Je l'interroge sur la petite fille. Qui est-elle, et que fait-elle avec sa famille ? Des questions qui me brûlaient les lèvres depuis la dispute et les gifles entendues du fond de l'appartement.

L'homme éclate de rire. Il se rassoit confortablement dans son fauteuil, me regarde d'un air amusé et m'explique qu'il s'agit simplement d'une bonne, une fillette dont le travail consiste à aider aux activités ménagères. Puis il continue en expliquant qu'il s'agit d'un usage en Afrique. Sa famille est très pauvre et elle est sans aucun doute bien mieux ici, au moins elle peut manger à sa faim.

La femme noire venant d'apporter la collation est à son service depuis plus de vingt-cinq ans, continue-t-il. Elle a commencé il y a bien longtemps, elle avait alors huit ans ! Il l'a reçue de ses parents lors de son mariage.

Un silence s'établit dans la grande pièce. Je tente instinctivement de réfléchir, d'analyser plus profondément ce que vient de m'expliquer mon hôte en essayant d'en extraire la teneur acceptable. Durant quelques instants, je suis là, assis dans ce fauteuil, un verre fumant dans une main, deux gâteaux dans l'autre, en me demandant presque si je ne venais pas de rêver les paroles prononcées par cet homme d'apparence chaleureuse et humaine.

Puis, après avoir épuisé mentalement toutes les hypothèses « concevables » d'un pareil état de domesticité, je repose mon verre et lui demande :

- Il n'est pas possible que vous puissiez ainsi employer des enfants en qualité de domestique...

- Ah, mon jeune ami, répond-il en souriant, mais si... puis tout en mordant dans une part de gâteau au chocolat, il ajoute nonchalamment :

- C'est ainsi en Afrique. Tu ignores beaucoup de choses sur ce continent.

Et il se met en devoir de me conter son enfance, les jeunes bonnes au service de ses parents et dont l'utilité, dans une famille où les enfants sont tous des garçons, ne se bornait pas uniquement aux simples tâches ménagères...

Je souris, puis mords dans ma part de gâteau. Il se moque de moi, bien sûr. Il s'agit là d'une sorte d'humour noir propre aux libanais. J'avale une lampée du contenu de mon verre, un thé au citron me brûlant la gorge, puis me mets à rire comme quelqu'un venant de se découvrir victime d'une bonne plaisanterie. L'homme sourit également et me tend une nouvelle fois le plateau de gâteaux.

Un second enfant fait son entrée dans la pièce, un garçon d'une dizaine d'années tout au plus, vêtu d'un short et d'une chemisette à carreaux. C'est son fils, dit-il, il revient d'un match de football.

Le jeune adolescent me salue, puis s'assoit à même le sol, non sans s'être également servi quelques morceaux de gâteau. Alors je me lève et indique à mon hôte que je dois partir ; mon bateau m'attend pour la traversée. Puis, après lui avoir serré une cordiale poignée de main, je sors de la maison et m'en retourne en direction du port.

Jean-Louis est là et m'attend. À peine m'aperçoit-il depuis le petit restaurant où il est attablé qu'il se lève et m'appelle en gesticulant. Puis il m'invite à m'asseoir et manger un morceau.

Il s'agit de l'un de ces petits établissements comme on en trouve au Sénégal, plus gargote que restaurant, et où l'on peut déguster à faible coût les spécialités locales. J'accepte sa proposition et m'installe face à lui sur une table de bois à peine suffisante pour que deux personnes puissent se restaurer convenablement.

Alors s'engage la première vraie conversation avec cet homme que je ne connaissais même pas la semaine passée, et qui pourtant sera mon compagnon durant l'expérience la plus fabuleuse qu'il me sera donné de vivre durant ces années de voyage : La traversée dans les alizés.

Je l'interroge sur ses origines, et ce qu'il est venu faire sur ce continent alors qu'il me semblait complètement perdu lors de notre première rencontre. Jean-Louis me paraît heureux. Ce n'est plus le pauvre être abattu, rencontré déambulant tristement sur le marché, mais plutôt quelqu'un de véritablement enthousiaste.

Il est à peine onze heures. Nous décidons de quitter Ziguinchor le jour même, à la renverse du courant, et nous rendre à Ellinkine afin d'y préparer le bateau. L'endroit est agréable et convient tout à fait à cette ultime escale sur le continent africain.

Nous avons tout juste le temps d'acheter les provisions pour la traversée. Après avoir dévoré un plat composé de riz et de petits morceaux de viande, nous établissons rapidement une liste des denrées indispensables et nous rendons au marché local, un endroit constituant la meilleure source d'approvisionnement en produits frais. Les marchandes arrivant des villages environnants ne sont guère farouches et acceptent volontiers de baisser un peu leurs prix après quelques marchandages. Nous trions les pommes de terre une à une, puis les citrons, les choux et les œufs, des produits frais qui devraient pouvoir se conserver tout au long de cette traversée.

Le prix des conserves « made in France » est assez élevé. Nous nous procurons malgré tout quelques boîtes de cassoulet et saucisses lentilles qui varieront l'ordinaire composé de riz et de corned-beef, du corned-beef acheté par carton de vingt dans une boutique tenue par un marchand mauritanien.

Au dos de ces boîtes figurent en grosses lettres :

« Supplied by world food programme gift of Denmark »

Il s'agit de vivres généreusement offerts aux populations des pays du tiers-monde par la République du Danemark, et revendues par le gouvernement sénégalais à quelques marchands peu scrupuleux qui en tirent un bénéfice non négligeable.

Et, pendant ce temps, des milliers de familles vivent dans un état de misère inqualifiable. Mais ceci n'est qu'un détail, la réalité africaine habitue bien vite le visiteur à ce genre d'infâmes spéculations !

Sur le marché de Ziguinchor sont également revendues des quantités de vêtements offerts de la même manière par les pays industrialisés aux populations africaines. Seuls pourront en bénéficier celui ou celle dont la bourse sera suffisamment garnie pour pouvoir les racheter, à un prix somme toute très raisonnable pour nous autres occidentaux, mais mettant cette marchandise largement hors de portée de ceux en ayant le plus besoin !

Je retourne une dernière fois à la poste récupérer le courrier. Une lettre de mon frère m'y attend, une lettre rédigée de manière très succincte, comme il en a l'habitude, et sur laquelle il me conte ses recherches concernant le mercure rouge.

Il s'est bien démené le pauvre, il est allé trouver biologistes et chercheurs, mais partout la réponse a été la même : Le mercure n'existe qu'en blanc ! Il serait cependant très facile à teinter, et cela deviendrait du mercure rouge... Après tout, peut-être est-ce tout ce que cherche le Marabout, dit-il. Alors il peut m'en envoyer une bonne quantité.

Nous faisons retour au bateau, les bras chargés de boîtes de conserve et de fruits frais, et l'esprit attristé par cette nouvelle décevante : Le mercure rouge n'existe pas !

Depuis ma rencontre avec Abdou, je n'avais cessé de penser à cette affaire. Je ne crois pas aux génies, bien sur, ni aux anges, encore moins aux démons, mais cette requête pour le moins particulière dans ce contexte si authentique avait fait germer en moi une certaine curiosité. Et il m'aurait été bien agréable de pouvoir rapporter au marabout un échantillon de ce produit si rare et si convoité.

XXIII

LE GRI-GRI

Une heure plus tard, sans même avoir pris le temps de conditionner les provisions dans les différents équipets, nous levons l'ancre et faisons route sur le bollon d'Ellinkine.

Nous sommes en période de vives eaux, le courant descendant est très fort, et le vent bizarrement nul. Ce qui fait que nous sommes très rapides, et cette distance qui nous avait demandé deux longues journées lors de notre arrivée avec Claudette, est avalée en l'espace de quelques heures seulement.

Alors même que le soleil disparaît derrière une végétation verdoyante, nous immobilisons le bateau à l'endroit même où il était ancré une dizaine de jours auparavant.

La nuit me semble interminable. Je tourne et retourne sur moi-même en essayant de trouver le sommeil, mais une sombre énigme m'en empêche. Une énigme que je ne peux évacuer et que mon esprit ressasse inlassablement, examine sous toutes ses formes, dans ses moindres détails, sans pour cela qu'aucune explication logique puisse y être apportée.

La petite bonne du libanais, cette enfant de huit ans que l'homme me présentait comme étant une jeune domestique et qui s'était faite maltraiter pour un verre de thé renversé... Qui donc était-elle ? D'où venait-elle réellement ? Le matin, j'avais commencé par écouter ce que me disait mon hôte, ses propos me paraissaient sérieux, et puis j'avais fini par rire devant l'absurdité d'une pareille chose.

Mais à présent que le souvenir de ces moments passés dans cette famille huppée réapparaît dans ma mémoire, distillé en quelque sorte par l'intervalle d'une après-midi de navigation, il me semble réellement avoir touché du doigt l'une des réalités les plus cachées, et sans doute les plus infâmes que cette société africaine ait engendrée.

Et si tout cela était vrai ? S'il existait encore sur ce continent une catégorie de gens issus des classes les plus pauvres et réduits à l'inqualifiable condition d'esclave ? Des gens dont le seul droit sur cette terre serait de se taire et d'obéir aux injonctions envoyées par le maître, subir les humeurs, les caprices, voire même les humiliations, les perversions, de celui ou celle qui, pour la simple raison de l'appartenance à une classe privilégiée, s'octroie un droit d'exploitation totale sur de pauvres êtres sans défense livrés par des parents miséreux ?

Je n'en peux plus de ressasser ces sombres hypothèses. Mon cerveau me commande de le mettre au repos, et de dormir.

Un choc contre la coque me fait ouvrir les yeux. Il fait grand jour. Il doit être plus de dix heures à en croire l'oblicité des rayons de soleil traversant le hublot. Je me jette hors de la couchette, enfile un short et grimpe sur le pont. Le voilier tire toujours nonchalamment sur son ancre à quelques mètres d'une longue plage de sable blanc.

La tête de Jean-Louis m'apparaît derrière la plage arrière. Il s'évertue à défaire le nœud machiavélique lui ayant permis de s'amarrer au taquet. Le pauvre est debout, dans la petite barque de bois qui cogne contre la coque. Il enlève un à un les nœuds plats, serrés au maximum et formant une grosse boule de cordage comme seul un pur néophyte est capable d'en constituer.

J'aurai le temps de lui apprendre les rudiments du matelotage pendant la traversée. Je redescends dans le bateau et prépare une tasse de lait.

Combien de temps ai-je pu dormir ? Il me semble que la nuit ait été blanche à force de ressasser mes pensées, de réfléchir à cette chose inconcevable, et qui me semblait encore impossible avant que je ne mette les pieds dans cette demeure bourgeoise de Ziguinchor. La mise en esclavage d'une fillette de huit ans !

J'avale ma tasse de chocolat et débarque à mon tour, après avoir rapidement enseigné à Jean-Louis la technique du nœud de huit.

Je me rends chez l'instituteur.

Je suis reçu par l'une de ses épouses qui me fait patienter quelques instants dans la pièce principale. J'observe une nouvelle fois les fresques ornant les murs et offrant à l'observateur des bases de réflexion tout à fait intéressantes.

Abdou fait son apparition dans l'encadrement de la porte d'entrée, aussitôt suivi d'Aliou. Les deux hommes affichent un sourire jovial en me voyant. Ils me saluent chaleureusement, s'asseyent face à moi et me questionnent sur mon séjour à Ellinkine. Puis nous en venons directement au sujet les intéressant plus particulièrement : Le mercure rouge.

Je sors alors la lettre de mon frère et leur explique que personne en France ne connaît ce produit, qu'il n'y aurait aucun problème pour lui procurer du mercure blanc, et qu'il serait aisé de le colorier en rouge, mais que du mercure ayant naturellement la couleur rouge, cela n'existe pas.

Abdou ne dit rien. Il écoute attentivement mes explications et les traduit à Aliou qui remue la tête en signe de compréhension. Mes explications terminées, Aliou prend la parole, dans le langage de son ethnie.

Ce produit est un produit trop rare pour que mon frère puisse le connaître, traduit Abdou. Non seulement trop rare, mais également trop précieux. Ses extraordinaires propriétés font que ceux ayant la chance d'en posséder la plus petite quantité en taisent même jusqu'à la simple existence, peut-être risqueraient-ils de mettre leur vie en péril en dévoilant un pareil secret.

Mais cela n'est guère important, continue-t-il. La solution se présentera un jour ou l'autre. Il me demande de continuer les recherches en Amérique du Sud, et même plus tard, après mon retour en France. Peut-être finirai-je par mettre la main sur une portion, même infime de ce produit. Alors il me faudra revenir le voir, car ma chance sera grande, conclut-il, le génie sera très reconnaissant !

Je l'assure que je ferai tout ce qui me sera possible pour m'en procurer si j'en entends parler lors de mes pérégrinations futures. Et si par hasard j'arrivais à mettre la main sur cette matière si extraordinaire, alors je reviendrais lui en apporter, plus par sympathie que par superstition, lui dis-je. Il est en effet peu probable que je puisse un beau jour accorder un tant soi peu d'importance à tout ce qui touche le para normal, les esprits et plus globalement la chose religieuse.

J'enchaîne alors sur ce sujet me préoccupant bien plus que le mercure rouge, et pour lequel ma nuit fut si courte. Peut-être Abdou pourra-t-il me fournir quelques explications.

Je lui conte l'histoire de cette jeune fille rencontrée dans une famille de Ziguinchor, l'obligation lui étant faite de servir ces gens telle une servante soumise, les gifles reçues pour un verre de thé renversé, et mon étonnement devant ce qui m'apparaît comme ne pouvant être qu'une hideuse réminiscence du passé.

Abdou traduit mes propos à Aliou, puis il se tourne vers moi et m'explique qu'ici, en Afrique, ce que nous appelons avec une certaine répulsion « l'esclavage », et que nous imaginons comme une chose disparue depuis bien longtemps, survit avec une persistance effroyable.

Ce dont j'ai été témoin n'est en fait qu'une partie visible de l'iceberg ; une fillette vendue par ses parents à de riches commerçants, quoi de plus banal ! C'est un fait de la misère. La misère de l'homme engendre inéluctablement celle de l'enfant. Pour certains de ces petits êtres, c'est véritablement en enfer qu'ils sont tombés le jour de leur naissance !

Ah, si les jeunes européens connaissaient toute la chance qu'ils ont d'avoir pu voir le jour dans ce monde de nantis qu'est l'occident... Ici, pour des milliers de pauvres âmes à peine écloses, le châtiment perpétuel commence dès le berceau. C'est l'exploitation à outrance pour ces pauvrettes que la loi du sort a désignées pour la damnation terrestre. C'est un peu comme si ce continent, n'ayant pas eu assez des souffrances passées, perpétuait l'hideux héritage de leurs ancêtres au sein même de leur propre culture.

Imaginez quelle peut être la douleur d'une mère, écrasée sous le poids de la misère et obligée de livrer son enfant à celui ou ceux qui se révéleront peut-être des maîtres non seulement exigeants, mais également implacables et cruels.

Bien sûr, tout cela n'est pas légal ! Bien sûr, officiellement rien de tout cela n'existe ! Et vous autre, du haut de ces valeurs acquises au cours des siècles, à coup de têtes noires déportées, enchaînées dans des cales humides et puantes, vers ce que vous appeliez « le nouveau monde », vous semblez redécouvrir cette pratique abominable, l'esclavage d'une enfant, et vous criez à la monstruosité...

Mais sachez qu'en d'autres parties d'Afrique, au Maroc, ou en Mauritanie par exemple, pour ne citer que ces pays, ce sont des familles entières qui vivent à l'état de soumission totale... L'homme, la femme et leur progéniture, réduits de génération en génération au lamentable état de la domesticité la plus ignominieuse, sous le regard et l'indulgence des grands de l'occident, car vos services de renseignements n'ignorent rien de cet état de choses ! Les droits de l'homme d'ici ne sont pas les mêmes que ceux de vos latitudes, bien sûr... Alors on ferme les yeux, on ne dit rien. À quoi cela servirait-il de détériorer un climat favorable aux relations économiques entre pays ? Pourquoi ? Pour qui ? Pour quelques pauvres bougres dont l'existence est bien loin de préoccuper l'opinion publique, ignorante de telles pratiques ? (1)

À mesure qu'il me parle, ses paroles se font de plus en plus dures, de plus en plus fortes, le ton qu'il emploie a doucement glissé vers celui de la colère. Il est là, dans le demi-jour de cette étrange demeure, martelant ses mots et roulant son regard, à la manière d'un révolté qu'un sentiment d'injustice emporterait.

Et moi, je l'écoute en tressaillant silencieusement sous le poids de cette monstruosité. Que puis-je faire, que pourrions-nous faire, au moins pour cette pauvre créature prisonnière de ces démons ? Je n'ai même plus assez d'argent CFA pour payer un aller-retour en taxi-brousse à Ziguinchor. Et puis mon visa est expiré, il me faut partir à présent, quitter ce pays pour l'autre continent.

Ah, je m'en veux de ne pas avoir réagi, de ne pas avoir tout de suite compris la véritable situation de cette fillette, et d'avoir quitté cet homme en lui serrant la main, sans même faire aucune allusion à ce qui me semble à présent un crime épouvantable.

Le flot de ses paroles s'est enfin tari. Sa colère n'est plus exprimée que par les traits de son visage qu'il ne peut s'empêcher de crisper, comme si une nourriture amère venait lui irriter la gorge.

Aliou prend la parole à son tour. Des paroles posées, calmes et semblant réfléchies, mais que je ne comprends pas, et qu'Abdou traduit après avoir repris un peu de lui-même.

Il dit qu'il va fabriquer un gri-gri destiné à me protéger des dangers durant mon voyage, un gri-gri que je devrais accrocher dans mon bateau. Il demande à ce que je revienne le lendemain matin. Il a besoin de la nuit pour cela.

Puis il ajoute que pour cette fillette dont la condition me préoccupe, la seule chose que je puisse faire, c'est de dénoncer cet état de fait au retour dans mon pays. Il serait en effet complètement illusoire de penser pouvoir changer la mentalité de ces gens, cela ne pourrait avoir comme conséquence que des désagréments supplémentaires pour celle que je voulais protéger. Ces pratiques font partie de la vie africaine, elles sont en quelque sorte entrées dans les mœurs, et peut-être est-il préférable pour certaines fillettes d'être assujetties à un bon maître que de devoir subir les affres de la misère !

---

(1) Cette pratique de l'esclavage n'est malheureusement plus seulement l'apanage de quelques pays africains… Voir exposé sur l'esclavage dans le monde page 296.

Personne ne dit plus rien. Chacun est là, silencieux, méditant sur cette conversation, le regard baissé, dans une attitude de prostration que seul un sentiment d'impuissance face à l'iniquité peut engendrer.

Alors je me lève, salue les deux amis et m'en retourne au bateau après que le marabout m'ait demandé de revenir le lendemain matin chercher le gri-gri.

Il est à peine midi.

Jean-Louis s'affaire à confectionner une sorte de pizza pour le déjeuner. Je m'allonge sur la couchette et médite silencieusement à toutes ces choses. Il me semble que cette dernière semaine, telle qu'elle fut réellement vécue, a véritablement compté double pour moi. Le départ de Claudette, dont il n'était pas même question il y a seulement quinze jours, l'épopée de l'aéroport, et puis cette hideuse constatation dans l'une des familles les plus huppées de Ziguinchor... Une sorte d'écœurement me tétanise l'esprit. C'en est trop. Il me semble arriver en quelque sorte à saturation. J'ai l'impression que la seule solution, pour délester un peu ma conscience, est de mettre de la distance avec ce pays ; partir, partir vite et loin.

L'après-midi se passe dans la préparation du bateau. Chaque chose est amarrée. Quelques centaines de litres d'eau tirés du puits du village sont bouillies à gros bouillons, puis stockés dans les réservoirs. Nous avons à boire et à manger pour plus de deux mois, ainsi que du matériel de pêche et de survie, de quoi tenir très longtemps en cas de problème. Le gréement est réglé, les voiles sont à poste. La coque est encore propre depuis notre dernier carénage sur cette longue plage de sable, et devrait le rester jusqu'à notre arrivée en Amérique.

Nous partirons demain matin.

La nuit est longue, très longue. À aucun moment de mon existence, je n'avais ressenti une pareille intensité de vie. D'un côté, l'Afrique, des contrées extraordinaires, des traditions inimaginables, mais la misère des peuples et l'exploitation à outrance des plus faibles ; de l'autre la traversée de l'Atlantique et le continent Sud américain...

J'ai l'impression, outre le dégoût qui me tétanise l'esprit lorsque réapparaît l'image de cette pauvrette, de vivre réellement non pas une expérience de vie, mais véritablement l'Expérience de ma vie. Comment aurais-je en effet pu concevoir une vie digne de ce nom, une vie qui vaille réellement la peine d'être vécue, si je n'avais pu me libérer de la sorte et réaliser pleinement mon vieux rêve de gosse que constitue ce voyage en voilier.

À travers les difficultés, les craintes, les frayeurs, les dégoûts, et les révoltes agitant encore ma conscience, devant mon impuissance face à certaines normes considérées ici comme normales, il me semble voir surgir quelque chose s'apparentant presque à ce qui l'on pourrait nommer la Vérité.

Une sorte de contrepoids est venu doucement se poser sur l'autre plateau de cette balance que nous avons en chacun de nous, et ce qui m'apparaissait comme étant ce qu'il pouvait y avoir de plus merveilleux lors de notre départ de France, s'est à présent fondu avec une autre réalité, bien plus pesante, bien plus profonde, bien plus poignante que tout ce à quoi je m'étais réellement préparé. C'est une page qui se tourne lentement cette nuit-là, une page atroce et fabuleuse à la fois. La réalité dans toute sa splendeur, la réalité dans toute son ignominie.

Il est à peine six heures lorsque nous nous levons. Le soleil brille de tous ses éclats d'un jour du mois d'août. Il nous faut y aller à présent. Mais je dois auparavant descendre à terre une dernière fois, quelqu'un m'attend...

Quelques instants plus tard, je me présente devant cette maison du bout du village où habite Habdou. J'appelle. Des pas se font entendre. La porte s'ouvre. Le marabout apparaît. Il me dévisage un court instant sans rien dire. Son regard est fatigué ; D'un geste du bras, il me fait entrer et indique l'endroit où je dois m'asseoir. Puis il s'en retourne par la porte voisine.

Alors, une dernière fois, je savoure ces instants de la vie Africaine, des instants si typiques qu'ils en finissent presque par devenir magiques. J'observe les fresques garnissant les murs, puis toutes ces choses qui constituent l'intérieur d'une demeure de brousse. Cela sent bon. Outre l'odeur se dégageant d'un feu de bois, je perçois confusément les effluves de je ne sais quelles fleurs sauvages que le vent a poussées jusqu'ici.

Abdou apparaît, suivi d'Aliou. Il me salue chaleureusement d'une longue poignée de main, puis s'assoit face à moi, à côté d'Aliou.

- Cette nuit, Aliou a beaucoup travaillé pour toi, dit-il d'une voix posée.

À ce moment, Aliou me tend quelque chose qu'il tient dans le creux de sa main. Il s'agit d'un petit rectangle de tissus rouge sur lequel est cousue une fine cordelette blanche.

C'est un gri-gri.

Aliou me regarde et sourit. Il marmonne quelque chose que je ne comprends pas, mais qu'Abdou traduit aussitôt.

- Il dit que la nuit entière lui a été nécessaire pour le fabriquer, et qu'il te faut maintenant l'accrocher à l'intérieur du bateau, il te portera chance et t'aidera à surmonter les épreuves à venir.

Je prends le petit rectangle, l'observe et le remercie.

Je ne crois pas en toutes ces choses, bien sûr, mais la sincérité des personnages, le contexte dans lequel je me trouve, et puis le fait qu'une personne que je ne connais qu'à peine, avec qui je n'ai pas même pu converser directement, mais qui, malgré tout, n'a pas hésité à consacrer une nuit complète à fabriquer un objet aux vertus soi-disant magiques dans le seul but de me protéger, m'emplit d'une émotion difficile à contenir et me faisant presque venir les larmes aux yeux.

Personne ne dit plus rien. Je contemple l'amulette durant un long moment dans le demi-jour de la petite pièce, puis le remercie en lui assurant encore une fois que si, par hasard, je venais à découvrir ce fameux produit, le mercure rouge, alors qu'il me fasse confiance, je lui en ferais aussitôt parvenir la quantité qu'il me sera possible.

Je me lève, salue chaleureusement ces deux personnages si énigmatiques, puis m'en retourne au bateau.

C'est l'étale de marée haute. Le moteur est en route. Quelques habitants d'Elinkine sont là, sur la plage, nous observant silencieusement. Je relève le mouillage, le range méthodiquement dans le puits à chaînes, puis prends la barre et enclenche la manette des gaz. Le bateau s'éloigne doucement.

Des bras s'agitent sur la berge. D'autres habitants arrivent encore. Je reconnais Habdulay, suivi de son frère, et de Pape. L'émotion est très forte. Je les salue de quelques grands gestes, puis attache mon regard sur cet endroit représentant à présent bien plus qu'une simple escale dans un village d'Afrique, jusqu'à ce que celui-ci disparaisse complètement derrière la courbe d'un large méandre.

Nous passons l'île Carabane, et nous retrouvons, propulsés par les courants de marée, dans l'embouchure de la Casamance. L'océan est là, profilant son horizon devant l'étrave et semblant nous accueillir par une eau plate et dont la houle est quasi inexistante.

Le vent ne souffle que très légèrement, ce qui n'est guère étonnant à cette heure matinale. J'établis la totalité de la voilure et règle le pilote.

Jean-Louis ne dit rien. Il est assis dans le cockpit et observe ce gigantesque horizon vers lequel le bateau pointe l'étrave. Je peaufine le réglage des voiles puis m'assois à mon tour et considère cette côte d'où l'on ne perçoit déjà plus l'embouchure du fleuve.

Le vent semble vouloir fraîchir à mesure que le soleil s'élève dans un ciel limpide. Une légère houle se forme peu à peu.

J'organise les quarts de jour, puis ceux de nuit, tout en expliquant à mon compagnon la manière d'observer, les choses à faire et ne pas faire et en proférant moult conseils pour sa sécurité.

Jean-Louis semble quelque peu importuné par cet exposé. Il ne dit rien, mais je m'aperçois, à de certains petits signes d'énervement, que son seul désir est de pouvoir apprécier silencieusement ces premiers instants de navigation, moments plus propices sans doute à la méditation qu'à l'apprentissage de la vie en mer.

Alors je finis par me taire et méditer, moi aussi, en considérant cette côte qui finit par se fondre complètement dans les flots de l'océan.

XXIV

LA MOUSSON DE SUD-OUEST

12 Août : Une légère brise nous a gentiment poussé durant la nuit, nous éloignant suffisamment du continent africain pour que nous n'ayons plus à craindre de tornade. Une brise qui semble cependant faiblir à mesure que le soleil s'élève dans un ciel brumeux.

À dix heures le vent est quasi nul. Les voiles retombent lamentablement sur le pont et claquent à chacun des mouvements du bateau qu'une interminable houle vient désagréablement ballotter.

Serions-nous déjà dans le pot au noir [1] ? Si tel est le cas, alors il nous faut faire du sud pour toucher le vent portant. À cette époque, les Alizés ne devraient guère être bien bas, l'anticyclone de Saint Hélène étant à son maximum au nord. J'enroule le génois, mets le moteur en route et prends un cap plein sud.

L'allure est peu rapide, mais je préfère ne pas monter le régime des gaz trop haut de manière à économiser le carburant dont nos réservoirs ne peuvent fournir que quelques jours d'autonomie.

Quel surprenant paysage avons-nous là ! Une immensité houleuse, réfléchissant le firmament grisâtre et nous arrivant par instants en de

(1) Pot-au-noir : Région de calme plat, également appelé "Zone Intertropicale de Convergence", et constituant ce que l'on pourrait nommer l'équateur vrais. Cette zone varie à mesure de l'inclinaison de la terre par rapport au soleil et délimite les deux anticyclones, celui des Açores et celui de Saint Hélène.

longues vagues, hautes et silencieuses, au versant lisse et sur lesquelles ma coquille de noix vient affreusement balancer.

Un manteau de brume réduit la visibilité à quelques milles seulement. La côte pourrait être là que nous ne la verrions pas, et si je n'étais pas absolument sûr de mon point, je serais sans doute très soucieux d'être rejeté sur le continent par les courants.

Nous ne dépassons pas les trois nœuds à en croire le temps que mettent les bulles d'eau engendrées par l'étrave à parcourir la longueur du bateau.

Jean-Louis galope d'un bout à l'autre du pont la montre en main, ct se lance dans de savants calculs afin de découvrir notre vitesse réelle et la distance que nous pouvons espérer parcourir dans la journée. Les trois nœuds semblent réellement établis, ce qui laisse penser que demain à pareille heure, si nous tenons ce même rythme, nous devrons avoir parcouru soixante-douze milles ! Des calculs qui, à défaut de satisfaire pleinement l'attente de l'équipage, ont au moins l'avantage de l'aider à passer le temps.

La journée s'écoule ainsi. La méridienne nous positionne plus au sud que nous ne le pensions. Peut-être les courants y sont-ils pour quelque chose, à moins que ce ne soit cette houle nous poussant également vers le Sud à chaque rouleau ballottant le voilier. Un second point effectué avec quatre droites de hauteur confirme cette donnée. À dix-sept heures, notre position nous situe au 19°32 W et 11° N, soit plus de quatre nœuds de moyenne depuis notre départ.

13 août : Il me semble avoir bien dormi durant ma période de sommeil. L'homme s'adapte à tout, et le ronflement continu de mon bruyant diesel ne m'a pas empêché de fermer les yeux et de sommeiller comme un bienheureux.

Peut-être la fatigue due à la tension nerveuse de ces deux premières journées y est-elle pour quelque chose, toujours est-il que je n'ai même pas eu besoin de me coincer la tête entre deux oreillers. À peine étais-je allongé que le noir s'établissait dans mon esprit et je me retrouvais plongé dans un sommeil de plomb.

Nous prenons les quarts par période de trois heures, ce qui nous laisse également trois heures pour nous reposer. Le rythme est ainsi tenable et la nuit passe relativement vite.

Le soleil est déjà bien haut dans un ciel immaculé. Ce rideau de brume, qui avait l'air d'entourer notre position, a semble-t-il disparu, et une seconde houle vient bizarrement s'interposer a celle de Nord, ce qui engendre des mouvements désordonnés sur cette mer d'huile. Que se passe-t-il ? Quel étrange phénomène peut-il provoquer ce bizarre chassé-croisé de deux houles, l'une venant du nord, l'autre du sud-ouest ?

Le vent est toujours aussi nul. De temps à autre, une petite tache noire se dessine sur l'horizon et figure sans doute un cargo ou un bateau de pêche.

Le premier point de la journée confirme notre avance. Nous sommes très certainement portés par quelque courant, c'est la seule explication logique à cette distance parcourue depuis notre départ.

Il est treize heures. Un léger souffle me caresse la peau, un souffle qui nous arrive à présent en une petite brise de sud-ouest dont la force est largement suffisante pour gonfler les voiles. Je déroule le génois et arrête le moteur.

Le bateau se met alors à gîter, puis s'élance sur la vague qu'il fend d'un puissant coup d'étrave. Quel merveilleux moment que celui-là. Après avoir été encalminé plus de trente heures, les oreilles saturées de ce bruit qui n'en finissait plus de résonner dans l'habitacle, se retrouver enfin les voiles déployées et sentir son bateau prendre de la vitesse, un long sillage se dessinant sur son passage, il me semble, moi aussi, respirer d'un souffle nouveau.

Le vent est contraire et se met à fraîchir peu à peu. La houle de nord a complètement disparu ; les vagues nous arrivent à présent au premier tiers bâbord. Nous sommes exactement dans ce que les instructions nautiques nomment : La mousson de sud-ouest.

La mer se fait de plus en plus forte. L'étrave enfourne alors violemment, ce qui a pour effet de faire vibrer le gréement. J'entends les voiles faseyer, puis se gonfler en claquant fortement. Le bateau se met alors à gîter et reprendre de la vitesse, puis il s'élance avant de planter une nouvelle fois son étrave dans ces masses bouillonnantes.

Alors que le soleil termine sa course derrière un horizon flamboyant, il me semble discerner une légère inflexion dans la direction du vent. J'ai l'impression que la brise passe doucement vers l'Ouest. L'inflexion n'est guère importante, quelques degrés à peine, mais des degrés qui ont pour effet de soulager le voilier et lui offrir une meilleure assise sur cette houle qu'il remonte inlassablement.

Un immense nuage gris, noir, passe au loin, roulant sa base sur les flots tumultueux et progressant inexorablement vers un horizon à présent obscur. Des éclairs invisibles illuminent cette masse extraordinaire à la manière de quelques néons déréglés que l'on aurait installés au centre. Tout autour du bateau, ce n'est qu'un gigantesque bouillon d'écumes éblouissant les profondeurs ténébreuses à chacune des vagues s'écrasant sur la coque.

Durant un long moment, je suis là, absorbé par cette vision fantastique, complètement déconnecté de ce qui constituait mes préoccupations il y a seulement quelques heures, comme projeté moi aussi dans ces fabuleuses images inhibant la totalité de mes pensées.

Il est minuit. Jean-Louis me relève. Je descends m'allonger dans la couchette double en me calant contre le puits de dérive.

La perception des choses de la mer lorsque l'on est sur le pont est bien différente lorsque l'on se trouve dans le bateau. Alors que je ferme les yeux et que le noir quasi complet est établi, il me semble ressentir chacun des mouvements, même ceux les plus imperceptibles, depuis la plus petite variation de cap jusqu'à l'angle de gîte un peu trop prononcé. C'est comme une sorte de sixième sens qui se mettrait en éveil dès que s'interrompt la surveillance visuelle. Le moindre claquement de voile, la plus infime vibration du gréement, est analysé d'une manière tout à fait instinctive, et met mon esprit en alerte dès que quelque chose de peu normal se produit.

La dérive claque dans son puits, un petit bruit sourd et régulier accompagnant les mouvements parfois violents de la coque lorsque l'étrave enfourne puissamment.

Je finis malgré tout par m'assoupir.

15 Août : La mousson de sud-ouest s'est rafraîchie. La mer est grosse. Je suis inquiet pour le mât. À chaque vague, le gréement vibre affreusement, et le mât se cintre d'une quinzaine de centimètres.

Cela est-il normal ? J'ai déjà infléchi le cap de manière à soulager le bateau, mais la mer est trop forte, et il me faudrait, pour arriver à annuler ce phénomène, tirer des bords non pas à 60° comme nous le faisons actuellement, mais à 70 ou 80° du lit du vent, ce qui, avec la dérive, équivaudrait à faire du sur place au beau milieu de l'océan.

Outre ce problème, le bateau est en permanence submergé. Il n'est pas une vague qui ne s'éclate sur le pont. La seule position acceptable est la position couchée. Hormis les quarts de trois heures, nous établissons un tour pour la cuisine. Nos repas se composent principalement de riz ou pommes de terre accompagnés de corned-beef, d'œufs et de tomates, de ces tomates achetées sur le marché de Ziguinchor et qui commencent à pâlir sérieusement malgré les précautions que nous avons prises pour les stocker dans un hamac suspendu au-dessus de la gazinière.

On finit par s'habituer au mauvais temps, aux bruits, aux craquements de la coque, à l'éclatement des vagues, aux soubresauts du bateau.

Tout devient presque familier, et s'il n'y avait pas cette difficulté à cuisiner et faire sa navigation, on finirait presque par se trouver bien, ainsi ballotté d'un bord sur l'autre, emmitouflé dans son ciré, sous les draps humides de ce qu'il devient de plus en plus difficile de nommer une couchette.

Il me faut encore réduire le génois, mais la drisse est sortie de son tambour et enroule à présent le ridoir maintenant l'étai sur le davier d'étrave, occasionnant de ce fait un blocage de l'enrouleur. Je dois monter à l'avant régler ce problème.

L'opération n'est guère aisée. Enserré dans mon harnais, je m'agrippe là où je peux, crochetant un mousqueton, décrochant l'autre, tout en m'assurant d'une main sur le pied de mât, le faux étai et enfin le balcon avant.

Le voilier évolue difficilement. Il grimpe chacune de ces vagues comme s'il s'agissait d'une sorte de tremplin. Arrivé au sommet, il poursuit sur sa lancée, puis retombe et plante son étrave dans cette eau tumultueuse. Je suis à ce moment littéralement submergé.

Comment est-il possible que l'on puisse encore évoluer dans de pareilles conditions ? Aucune lame ne nous épargne. À peine le bateau a-t-il pris un tant soit peu d'inertie sur le versant d'une vague qu'une nouvelle lame vient brutalement stopper sa course dans un terrifiant bouillon d'écume. L'eau m'arrive alors à la ceinture, je sens à ce moment l'étai de l'enrouleur sur lequel je m'agrippe se ramollir, puis se tendre à nouveau avant que le voilier ne reparte dans un nouvel assaut.

Aurais-je pu imaginer pires conditions pour une simple traversée ? Mon bateau sera-t-il capable de supporter encore longtemps un pareil traitement ? Ne serait-il pas plus sage de rebrousser chemin et attendre des conditions plus clémentes ? Des questions qui emplissent mon esprit et paralysent peu à peu ma capacité de volonté.

Jean-Louis appelle du fond de son cockpit.

- Alors, ça va ?

Sa voix m'apparaît lointaine dans ce brouhaha de la mer et du vent. La drisse est bien emmêlée et il me faut un long moment, chahuté de la sorte, les tripes remuées comme rarement elles ne l'ont été, avant de sentir le tambour de l'enrouleur se débloquer et enfin tourner sur son axe. Je lève la main en direction de mon équipier qui donne aussitôt deux tours sur le cabestan, réduisant ainsi le génois de quelques mètres carrés.

18 août : La mer me paraît plus grosse qu'elle ne l'était les jours précédents. La visibilité est bouchée ; ce n'est pas de la brume qui obstrue l'horizon, mais une pluie véritablement diluvienne, comme si nous n'avions pas assez de ces vagues s'écrasant perpétuellement sur le pont pour nous tremper la peau et les os.

De plus, voilà maintenant quatre jours qu'il ne m'a pas été possible de faire un point. Quatre jours durant lesquels nous n'avons pas vu le soleil, caché par un épais rideau nuageux semblant étouffer jusqu'à notre propre conscience. Et quand bien même s'il se montrait, procéder à un relevé avec l'état actuel de la mer tiendrait plus de la jonglerie que de l'observation astronomique.

Qu'est-ce donc que cette navigation ? Tout me semble contre nous, le vent, la pluie, les vagues, et, comme si cela ne suffisait pas, je suis pris d'une violente gastro-entérite qui me remue douloureusement les intestins et m'envoie des poussées de fièvre me picotant affreusement les yeux.

Il ne m'est plus possible d'avaler quoi que ce soit, mis à part les comprimés d'Ercéfuryl que je tenais en stock dans ma pharmacie de bord et dont la date de péremption est dépassée. Nous n'en poursuivons pas moins le rythme des quarts à la même allure, trois heures oui, trois heures non.

Avons-nous au moins progressé depuis mon dernier point ? Cette espèce de combat que nous menons contre des éléments si défavorables est-il au moins utile à quelque chose ? Pouvons-nous espérer voir ces conditions si mauvaises se transformer durant les jours qui suivront ? Il n'est même pas possible d'apporter une réponse un tant soit peu positive à ces interrogations m'emplissant l'esprit.

Un fracas se fait entendre, suivi d'un coup de gîte épouvantable. Je grimpe sur le pont. Une déferlante s'est écrasée sur la plage arrière, le balcon est défoncé. Rapidement, j'assure ce qui risque de tomber, la bouteille de gaz, les éoliennes que je démonte tant bien que mal. Jean-Louis me rejoint et prend la barre. Je rafistole le balcon avec quelques drisses, puis tente une réparation sur le régulateur qui ne fonctionne plus que sur un bord.

La nuit tombe et je suis fatigué. Le voilier avance en se débrouillant seul avec un bout de génois. Nous rentrons dans le bateau.

Je suis trempé jusqu'aux os, fatigué, ma gastro-entérite me fait souffrir. J'en ai marre. Je dois avoir de la fièvre. J'avale un comprimé d'Ercéfuryl, accompagné d'une vitamine C, puis m'allonge sur la couchette et me cale contre le bordé. Je ferme les yeux et tente de m'évader de cet enfer. Je suis vidé, écœuré de tout, envie de m'arrêter, de tout laisser tomber. Et dehors cela n'arrête pas, le voilier subit les assauts perpétuels de cette mer démontée.

Je finis malgré tout par m'assoupir.

Je suis réveillé dans un effrayant sursaut. Les voiles claquent, le bateau gîte affreusement. Le vent souffle avec violence et siffle dans les haubans. Que se passe-t-il ? Où est Jean-Louis ? Je me lève d'un bond et aperçois dans l'ombre épaisse du carré mon coéquipier affairé à enfiler un ciré.

- C'est un grain... dit-il.

Je l'avais deviné. J'enrage. Je saute de la couchette, grimpe sur le pont et enroule le génois aux trois quarts. Puis je choque l'écoute de grand voile, ce qui a tout de suite pour effet de redresser le bateau et lui faire reprendre un cap dans ce déchaînement hystérique des éléments.

Jean-Louis apparaît enfin au-dessus de l'échelle de descente. Il me tend le harnais de sécurité que j'enfile aussitôt. Je m'accroche au pied de mât et amène la grand-voile, puis je reviens à la barre et mets le bateau en fuite.

Tout autour de nous le spectacle est extraordinaire. On ne voit pas, on discerne, tant la pluie qui fouette le visage s'abat avec force et violence, poussée par de terribles rafales, et nous empêche d'ouvrir complètement les yeux. Les vagues ont la terrible apparence de dunes immenses dans une tempête de neige. Tout est blanc dans ce paysage ténébreux. L'instant est effroyable. Comment donc les éléments peuvent-ils se déchaîner de cette manière aussi subite ? Sommes nous en train d'encaisser un simple grain, ou s'agit-il de quelque chose d'autre, quelque chose de bien supérieur à tout ce que nous avions envisagé, même dans les cas les plus extrêmes ?

Durant un long moment, je reste sur le pont, observant mon bateau courir à travers ces masses effrayantes, parfois submergé dans un fracas épouvantable, chahuté comme rarement il ne l'a encore été.

Il me semble que le vent arrive de tous les côtés, un peu comme si deux énormes grains venaient de se télescoper violemment, provoquant une sorte d'effroyable chaos à l'endroit même où se trouvait le bateau.

La pluie n'en finit plus de fouetter mon corps transi de froid. Jean-Louis est assis face à moi et m'interroge anxieusement du regard. Que nous arrive-t-il ? Qu'est ce donc que ce déchaînement de la mer et du vent ?

Enfin, après un long moment d'expectative, de peur et d'interrogation, le vent consent à réduire son intensité. Ses rafales se font de moins en moins violentes, de plus en plus espacées, puis finissent par se fondre littéralement pour laisser la mousson reprendre ses droits.

La nuit est complètement obscure. Ce n'est pas un ciel que nous avons au-dessus de nos têtes, mais une sorte de chape épaisse ne laissant rien filtrer du firmament étoilé. Il me semble à présent non plus naviguer sur les eaux tumultueuses de l'océan, mais dans une espèce de ténébreux tunnel transformant la nature même de cet univers marin sur lequel nous progressons depuis maintenant plus de six jours.

Je me sens vraiment fatigué. Je remets de la toile, règle à nouveau le pilote et m'en retourne me coucher.

---

1 : Les Iles du salut.

2 et 3 : Tortues sur les plages de Guyane.

4 à 7 : Escale en Guyane, le carnaval, les indiens du fleuve Maroni.

8 à 10 : Mon frère Thierry, lors du retour, escale dans le delta de l'Orénoque.

11 : Initiation à la navigation astro.

1

2

3

4

5

6

7

8

9

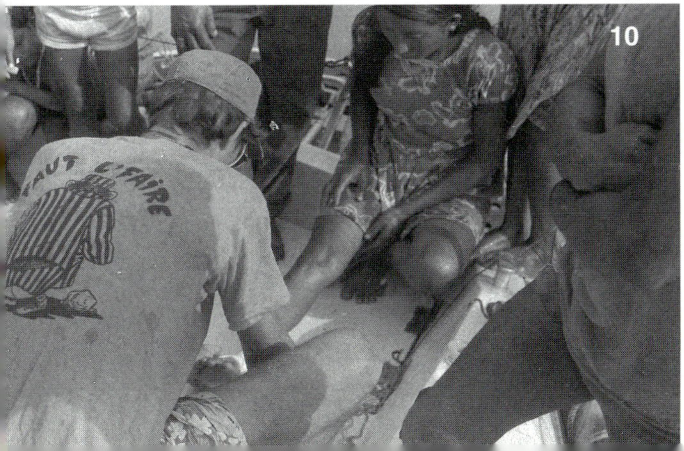

10

11

ORÉNOQUE -AMAZONE

SUR UN VOILIER DE DIX MÈTRES

Inimaginable. Et pourtant véridique. Deux plaisanciers français se sont offert la navigation la plus démentielle dont on puisse rêver. Remonter l'Orénoque jusqu'à ses sources, prendre un petit cours d'eau de traverse, rallier l'Amazone et descendre ce fleuve de légende jusqu'à Belem. Le tout à bord d'un voilier de dix mètres et de sept tonnes ! Au programme : rapides, chutes d'eau, bancs de sable, jungle, transport du bateau en camion, rencontres insolites avec des Indiens... «La Forêt d'Émeraude» vue depuis le pont d'un voilier de croisière. *Par Jean-François Diné, photos de l'auteur, carte François Tonnerre.*

ORÉNOQUE-AMAZONE :

Cela fait déjà deux ans que nous avons largué les amarres, ma femme et moi. Deux ans que nous avons pris le large à bord de « Rêve d'Éden », ce voilier de dix mètres construit de nos propres mains. Nous avons bourlingué en Méditerranée puis en Afrique. Mais quelque chose nous manque. Ce quelque chose, nous allons peut-être le trouver en Amazonie, loin des escales touristiques. Depuis toujours, je rêve de rencontrer des Indiens. Et maintenant, alors que nous commençons à remonter l'Orénoque, et que la forêt amazonienne défile sur les berges, je sens que nous approchons du but. Pourtant, c'est le hasard qui a guidé notre étrave dans ces eaux. Il y a quelques jours à peine, à Guiria, un petit port vénézuélien, un pêcheur nous a parlé d'une région merveilleuse, épargnée par la civilisation moderne. Ce petit coin de paradis, le bassin de l'Orénoque-Amazone, nous a-t-il dit, se situe au cœur de la forêt. Hélas ! a-t-il ajouté, il sera très difficile de s'y rendre avec un bateau comme le vôtre. Mais lorsqu'il a étalé sur une vieille table une carte du Venezuela et du Brésil et commencé à tracer un itinéraire à l'aide d'un crayon, notre décision a été prise. Nous allons tenter l'aventure.

ILLUSTRATIONS : HÉLÈNE PERDEREAU

L'ENFER VERT EN VOILIER

Jean-François Diné et Jean-Philippe Rémy

Jean-François Diné et sa femme Claudette ont réalisé une première mondiale : remonter l'Orénoque et l'Amazone sur un voilier de 10 mètres, avec des moyens de fortune. Un an sur les deux fleuves géants d'Amérique du Sud à rechercher le contact avec les Indiens. Récit d'une aventure extraordinaire.

6 500 km de long, un bon millier d'affluents, l'Amazone est un géant d'eau douce qui étend ses bras sur plus de 7 millions de kilomètres carrés. Le fleuve s'offre même le luxe d'un archipel sur le rio Negro, un de ses affluents. Les Anavilhanas, dédale de bras d'eau, de langues de terre et de bancs de sable, est une fabuleuse réserve pour la faune et la flore.

13 - Extrait de la revue «Science § Vie, Junior».

14

16

15

17

18

XXV

SUR LE BLEU DE L'OCÉAN

20 août : Voilà maintenant six jours que nous naviguons avec trois ris dans la grand-voile et le génois tel un tourmentin. Six jours sous un ciel bouché, la visibilité réduite par des pluies souvent très fortes, le bateau submergé en permanence par une mer qu'il est censé remonter. Six jours sans aucune indication sur notre position réelle dans ce cahot liquide. Où sommes nous donc ? Avons-nous au moins progressé sur cet océan d'écumes ?

La veille aux cargos se fait de plus en plus pénible. Nous sommes bien loin des routes de trafic, et devoir monter des quarts de trois heures sans jamais apercevoir le moindre fanal est une corvée à laquelle il devient vraiment fastidieux de s'astreindre.

Tout est humide à bord, les vêtements, les draps, l'atmosphère... Des moisissures apparaissent sur certaines parties du vaigrage, sous les hublots et dans la cabine avant. Le temps semble cependant vouloir changer. Quelques petites taches azur se dessinent entre deux masses nuageuses. Le vent est même passé au sud l'espace d'un court instant. Le régulateur d'allure ne fonctionne toujours que sur un bord et se bloque de temps à autre lorsque l'aérien est à l'horizontal, quant au pilote, il y a bien longtemps qu'il a rendu l'âme.

---

14 à 18 : Rétrospective photographique du périple Orénoque-Amazone.

Jean-Louis m'appelle.

- Jean-François, le soleil...

Je saute de ma couchette, saisis le sextant dans la table à carte et grimpe sur le pont.

Quelques timides rayons apparaissent, filtrés par une masse nuageuse plus ou moins diaphane. Les relevés ne sont guère aisés. Le disque blanc, tel que je peux l'observer à travers la lunette de mon instrument, est à peine perceptible, et il me faut faire, entre deux vagues, un long effort de concentration avant de pouvoir aligner son bord inférieur sur cette ligne plus ou moins précise que constitue l'horizon.

Après avoir réussi à prendre quelques relèvements avec un intervalle suffisamment long pour permettre des calculs, je descends dans le carré et trace mes droites de hauteur. Le point qu'il en résulte nous situe à moins de deux cent cinquante milles de notre précédente position, il y a six jours, soit une distance parcourue de quatre cent cinquante-sept kilomètres ! À ce rythme-là nous ne seront pas en Amérique avant deux mois...

Nous avons cependant bien gagné au sud. Peut-être est-ce la raison de ce timide changement dans la voûte nuageuse.

Jean-Louis est assis dans le carré, la tête basse. Il ne dit rien. C'est à lui d'assurer la veille aux cargos ; mon quart est terminé depuis plus d'une demi-heure déjà. Mais il est là, comme prostré dans l'ombre de l'habitacle, et demeure silencieux.

Depuis maintenant six jours que nous bataillons contre les éléments, il lui avait semblé que le bateau avançait bien plus rapidement ; le voyage était dur, éprouvant même, mais notre vitesse sur l'eau nous permettrait d'atteindre promptement les alizés et poursuivre la route à une allure beaucoup plus agréable. Le vent contraire, il ignorait ce que cela signifiait à notre départ du Sénégal, mais un voilier est également fait pour remonter le vent lui avais-je dit, et cela ne pouvait durer bien longtemps.

Mais arrivés à ce stade, avoir été chahutés durant plus de six longues journées, les vêtements mouillés d'une eau salée impossible à sécher, sur une mer on ne peut plus contraire, dormir dans un duvet humide, devoir s'accrocher à chaque repas, et se retrouver là, à deux cent cinquante milles seulement de notre précédent point, soit une distance quotidienne de moins de quarante milles... Il lui semble y avoir une impossibilité à laquelle il ne peut se résoudre.

- Es-tu sur de ne pas t'être trompé ? demande-t-il d'un ton hésitant.

Je lui réponds d'un petit signe affirmatif. L'erreur n'est guère possible, j'en ai effectué plusieurs fois les calculs avec un résultat identique. Et même si les relèvements étaient quelque peu erronés du fait de la hauteur des vagues, la différence qu'il en résulterait ne donnerait pas une distance beaucoup plus grande que ces deux cent cinquante milles.

Alors il me regarde et lance d'un air farouche :

- Mais combien de temps cela va-t-il encore durer ? j'en ai marre, moi, je n'en peux plus de cette navigation...

Je sors la carte, l'étends sur la table et lui montre notre position ainsi que la position probable des alizés. L'anti-cyclone de Saint Hélène ne devrait se trouver guère plus bas, c'est une question de patience, lui dis-je, peut-être y serons-nous ce soir, et le vent sera enfin portant.

Jean-Louis ne dit plus rien. Son regard se fait fuyant, comme s'il avait envie de se déconnecter de cette situation insensée. Trente cinq milles par jour, soit trois fois moins que la distance qu'il eût été normal de parcourir en de bonnes conditions, et tout cela au détriment d'un combat acharné contre la mer et le vent.

Que pourrions-nous faire d'autre que de poursuivre sur ce même cap ? Les deux cent cinquante milles matérialisés sur la carte par un méchant petit trait paraissent effectivement bien infimes face à la distance restant à parcourir, mais serait-il raisonnable de rebrousser chemin alors que les alizés sont peut-être là, à proximité ? Du reste, le vent a quelque peu faibli. La houle est moins haute, moins agressive, ce qui a pour effet de rendre les mouvements du bateau plus doux, moins chaotiques. Un adoucissement de temps inespéré au moment même où nous en avions le plus besoin, où une recharge de nos batteries intérieures était devenue vraiment nécessaire.

Je grimpe sur le pont et observe l'horizon. Rien en vu ! Mais le soleil semble enfin vouloir percer, ses rayons se font de plus en plus diffus. La voûte nuageuse elle-même paraît se fondre en certains endroits et laisser la place à quelques coins de ciel bleu. Le bateau quant à lui ne souffre plus comme les jours précédents, il grimpe allègrement la vague et ne plante plus systématiquement son étrave dans chacun des creux.

Je redescends dans la carrée et réfléchis à ce que nous allons manger ce soir. C'est mon tour de faire la cuisine, et un bon plat serait tout à fait opportun pour remonter le moral. Je me lance donc dans la confection de crêpes, de bonnes crêpes bien chaudes... Que pourrait-il y avoir de meilleur dans cette atmosphère si humide ? Depuis maintenant plus d'une semaine, nos repas sont cuits dans la cocotte-minute. Il est aisé de la maintenir sur la gazinière en la fixant à l'aide des serre-casserole et d'une cordelette prise dans la poignée du couvercle. Quels que soient les mouvements du bateau, la cocotte-minute ne bouge pas et la cuisson se poursuit comme si de rien n'était. Mais les plats, bien trop souvent composés de riz, de tomates et de corned-beef, nous semblent de plus en plus amers à avaler.

Je sors donc une boîte de farine, l'ouvre et verse une partie de son contenu dans une grosse casserole. Horreur... Une foule de charançons y ont établi leur domaine. Ils sont des centaines à s'être développés dans cette poudre achetée sur le marché de Ziguinchor. Je referme la boîte et en reprends une autre. Les mêmes insectes apparaissent sur le dessus, dedans, partout. J'ouvre une troisième, puis une quatrième... Le répugnant spectacle de ces petites bêtes fourmillant allègrement apparaît dès que le couvercle est levé.

Je referme le tout et m'assois sur la banquette, face à Jean-Louis.

Alors, ce qui jusqu'à cet instant n'avait encore réussi à me décourager, la mer, le vent, les vagues, ce temps de chien, cette impossible allure, les mouvements désordonnés du bateau dans ces creux parfois démesurés, toutes ces choses dures, parfois cruelles et auxquelles il avait bien fallu s'accoutumer, semblent trouver dans cette écœurante découverte comme une sorte de conclusion finale, de lugubre apothéose. Je me sens à présent comme abattu moi aussi. Je regarde Jean-Louis et marmonne quelques mots de découragement, puis je me lève, me réinstalle dans ma couchette et tente de m'évader dans un impossible sommeil.

22 août : Le vent est toujours contraire, mais il a encore faibli durant la nuit et ne lève plus que des petites vagues sur lesquelles la carène n'a aucun mal à se frayer un chemin. Toute la toile est sortie et le bateau gîté semble glisser sur cette mer moutonneuse.

Jean-Louis se fait chauffer un café, le verse dans un gobelet qu'il pose sur la table de carré. Une vague un peu plus haute que les autres vient alors percuter le bateau, projetant le gobelet qui s'en va répandre son contenu brûlant sur la banquette opposée. Jean-Louis jure tout ce qu'il peut. Il semblait de bonne humeur au lever, le voilà à présent fâché. Il monte sur le pont et, à défaut de boire une tasse de café chaud, allume une cigarette et en tire nonchalamment quelques bouffées.

J'entreprends quant à moi une opération de récupération de la farine. Je la tamise à l'aide d'une grosse passoire que je secoue au-dessus d'un grand plat. Les charançons sont ainsi filtrés, mais l'opération n'est guère aisée. Il me faut secouer longuement avant de pouvoir récupérer quelques centaines de grammes de cette poudre redevenue blanche immaculée.

Je me lance ensuite dans la préparation d'une boule de pain. Le premier depuis notre départ du continent africain. La fabrication d'un pain est assez aisée. Il suffit de posséder de cette levure granuleuse que l'on peut conserver très longtemps dans de petites boîtes étanches, mélanger cette levure à la farine après l'avoir dissoute dans de l'eau tiède, rajouter une petite quantité de sel, un long pétrissage, et notre boule est prête pour la seconde partie de l'opération.

Lorsque la pâte est levée, après quelques heures de repos dans le fond du four éteint, il ne reste qu'à la faire cuire. La phase la plus agréable, celle qui va emplir en peu de temps le bateau d'une délicieuse odeur de pain chaud.

Le résultat est rarement à la hauteur de ce que cette délicieuse odeur laissait espérer. La croûte est généralement très dure, la mie trop épaisse, et nous sommes bien loin de ces boules croustillantes que nous proposent les boulangeries de notre vieille France.

Mais ici, au beau milieu de l'océan, loin de tout, secoués à longueur de journée par des vagues capricieuses, il nous semble réellement que ce met ainsi préparé soit quelque chose de formidablement délicieux.

24 août : Le vent s'est remis à forcir durant la nuit. Le ciel est bouché, la mer est redevenue grosse, et le bateau de nouveau chahuté. La seule position acceptable est la position couchée. À chaque vague, l'étrave enfourne, le pont est littéralement submergé, le gréement vibre, et les voiles claquent.

Lorsque l'on n'a jamais vécu ce genre de situation, il est bien malaisé de s'en faire une réelle idée. Aucune photo, aussi fabuleuse soit-elle, ne pourrait restituer avec exactitude les émotions que le marin peut éprouver en ces difficiles moments. Ces masses d'eau sans arrêt en mouvement vous arrivent avec une régularité effroyable. Au début, on se demande si cela va passer, est-ce que toute cette eau ne va pas plutôt nous engloutir littéralement ? Alors on s'accroche, on ne bouge plus. L'étrave se plante dans un fracas épouvantable, le pont disparaît sous une avalanche écumante roulant sur les passavants, mais le voilier réagit aussitôt. Il semble se reprendre, il se soulève et grimpe la pente, comme si cette attaque avait déclenché en lui une sorte d'impulsion nerveuse. Arrivé au sommet, il retombe dans le creux suivant, et le cycle recommence inexorablement.

Cette épreuve se terminera-t-elle un jour ? Il me semble sentir cette ennemie du marin, la lassitude, s'installer peu à peu en moi. Depuis maintenant treize jours que ce voyage est commencé, à aucun moment, les conditions n'ont été favorables. Treize jours de mer, et quasi treize jours de vent contraire, de vent fort parfois, treize jours à batailler contre des éléments hostiles. Je n'en peux plus de cette traversée insensée. Le gréement est encore une fois mis à sévère épreuve, le mât se cintre à chacun des coups que lui assènent ces masses liquides. Va-t-il au moins pouvoir tenir jusqu'au bout ? Une seule certitude : Si le vent ne se calme pas, si la mer reste grosse, nous n'avancerons pas. La lutte sera donc inutile ! Et malgré tout nous sommes là, à nous acharner dans des conditions complètement absurdes...

La promiscuité avec mon équipier commence à se faire amèrement sentir. Jean-Louis n'a plus confiance. Il en a marre lui aussi. Il m'en veut de lui avoir promis une traversée dans les alizés. Les conversations se font plus courtes, plus sèches, j'ai l'impression d'être plus facilement irritable, et la moindre petite broutille prend des proportions que mon esprit a bien du mal à résorber.

26 août : Le vent est toujours contraire, mais les rafales se sont estompées pour laisser la place à une brise légère et régulière. La mer se fait plus gentille, ses vagues n'ont plus cette brusquerie des derniers jours, leur crête ne se couvre plus de ce manteau écumant s'écrasant sur le pont. C'est à présent une faible houle que le bateau remonte allègrement.

29 août : Ce jour est à marquer d'une pierre blanche ! Le vent s'est doucement infléchi durant la nuit et nous arrive enfin de travers, le grand largue, les voiles parallèles, un bateau glissant sur des vagues étincelantes à une vitesse me semblant prodigieuse comparée à cette allure de près endurée depuis le départ.

La voûte nuageuse s'est complètement métamorphosée durant la nuit, quelques étoiles se sont mises à scintiller dans de petits carrés s'élargissant à mesure que les premières lueurs de l'aube se profilaient sur un horizon ténébreux. L'aurore nous est alors apparue dans un calme semblant presque magique après le mauvais temps des journées précédentes. Puis le soleil s'est levé dans un flamboiement extraordinaire, offrant enfin la vision sublime de ce que nous espérions tant depuis notre départ d'Afrique, celle de ces petits moutons blancs signe de beau temps et d'Alizé.

La caresse de ses rayons sur mes avants bras produit une fabuleuse sensation. C'est une sorte de jouissance intérieure que j'éprouve en ces instants, presque un long orgasme qui irradie la totalité de mon être et m'immobilise là, sur le pont, dans une attitude instinctive de contemplation.

Laver, puis sécher les vêtements, prendre des relèvements, nettoyer et ranger le bateau, faire une bonne toilette, quelle magnifique journée vivons nous là ! Le bateau avance comme il ne l'avait encore jamais fait depuis le début de cette traversée. Les milles sont avalés à une rapidité foudroyante.

Derrière nous, le continent noir, cette belle Afrique que nous quittions, il y a maintenant seize jours. Huit cents milles nous en séparent. Au-dessous, 4125 mètres d'eau. La terre la plus proche est maintenant celle d'Amérique latine, plus exactement le Brésil à un peu moins de huit cents milles. Mais c'est à Cayenne que nous allons, soit quelque mille cent milles encore devant l'étrave.

3 septembre : Nous venons enfin d'attraper le vent portant. Les alizés sont là, gonflant gentiment les voiles, et poussant mon bateau qui roule en surfant sur de grosses vagues compatissantes.

Le soleil fait une splendide apparition à l'heure de la méridienne. Nous nous situons exactement au 34° ouest et 3°40 nord. Nous venons donc de passer la longitude du rocher Paul et Pierre, situé sur le premier parallèle. Un morceau de cailloux au beau milieu de l'Atlantique. D'un côté, 4000 mètres de fond, de l'autre, 2775 mètres, et cet amas d'écueils au centre. Mieux vaut être sûr de sa position lorsque l'on navigue dans ce secteur.

Après un long crépuscule, alors que la nuit vient jeter sa parure étincelante sur l'immensité visible, nous apercevons, loin devant l'étrave, les lueurs de notre premier cargo.

Ce fanal scintillant, à peine perceptible et se fondant dans les profondeurs ténébreuses à la manière d'une étoile que le gouffre aspirerait, nous apparaît comme quelque chose d'absolument merveilleux. Un cargo, enfin, de la vie, quelque chose qui, après ces trois semaines de souffrance, semble nous rapprocher de la terre des hommes.

Un cargo, ce mot qui me faisait frémir et pour lequel j'avais correctement briffé mon équipier, lui expliquant avec force-précision les dangers que représentent ces énormes masses flottantes pour de petits bateaux comme le nôtre, cette chose encore redoutée il y a peu de temps, m'apparaît à présent comme une sorte de dénouement dans cette interminable épreuve. Un cargo, c'est-à-dire des eaux fréquentées, et la terre, l'Amérique, enfin !

5 septembre : Le bateau file sur l'eau à une rapidité étonnante. Les calculs de la méridienne font apparaître une avance de trois degrés en vingt-quatre heures, soit plus de trois cent trente kilomètres, ce qui me paraît un véritable record. Si nous pouvions tenir ce rythme, la côte de Guyane nous apparaîtrait le surlendemain. Il ne reste que 400 milles devant l'étrave.

Les cargos se font de plus en plus fréquents. Nous longeons la ligne New York - Rio de Janeiro. La mer est superbe. Le vent gonfle magnifiquement les voiles et propulse le bateau qui semble glisser sur les vagues étincelantes. Et c'est un véritable régal que de contempler ces flots moutonneux, ce firmament moucheté de ces nuages de beau temps que l'on nomme cumulus, et sentir la douce caresse de l'alizé sur nos avant-bras.

Le roulis que provoque la position des voiles en ciseau rend l'allure assez inconfortable, mais la vitesse du bateau, qui nous apparaît en contemplant son sillage, est tellement satisfaisante que nous restons de longs moments assis dans le cockpit, à savourer ces délicieux instants.

Nous conservons un cap à l'Ouest malgré que Cayenne se trouve plus au nord. Les forts courants provoqués par l'Amazone, nous entraîneront de toute manière vers la Guyane. À nous de jouer pour que ceux-ci ne nous emmènent pas plus haut que Cayenne, auquel cas nous aurions quelques difficultés pour redescendre.

Au crépuscule, alors que le soleil semble se fondre dans un flamboiement d'or et de pourpre, le vent qui s'était admirablement maintenu durant plus de soixante-douze heures, semble vouloir s'atténuer. Le voilier ralentit l'allure. La mer se fait de plus en plus plate. Les vagues, sur lesquelles le bateau surfait joyeusement en avalant les milles, s'aplatissent peu à peu. Le doux chuintement de l'eau sur la coque se transforme en un clapotis de plus en plus léger, de plus en plus imperceptible.

Alors que l'obscurité de la nuit efface les dernières lueurs du couchant, le bateau semble s'immobiliser sur une mer d'huile. L'alizé a complètement disparu. Nous sommes encalminés.

6 septembre : Le génois pend lamentablement sur le pont. Le soleil est de plus en plus chaud. Et, comme pour clôturer la série, le moteur refuse de démarrer. Durant de longues heures, agenouillés dans le fond du carré arrière, je recherche désespérément la cause de cette panne. Je nettoie les filtres, démonte le circuit d'arrivée du gasoil, et tente une nouvelle fois de le faire partir. Rien n'y fait. Peut-être faudrait-il le faire tourner au démarreur plus longtemps, chose que ma batterie ne me permet malheureusement plus. Alors, la mort dans l'âme, résigné, je range le tout et m'en retourne sur le pont.

La méridienne nous situe à un degré au nord de notre précédent point établi la veille à pareille heure. Les courants sont donc de deux nœuds malgré le peu de distance parcourue en vingt-quatre heures. Cayenne est pourtant là, devant l'étrave, et nous voilà à présent déportés vers le Nord sans rien pouvoir faire d'autre que d'attendre le retour de l'alizé.

Jean-Louis semble complètement indifférent à ce problème. Qu'il n'y ait pas de vent, que le voilier soit encalminé si près du but, que lui importe-t-il en fait ? Nous finirons bien par arriver quelque part un jour ou l'autre ! Et mieux vaut sans doute être encalminé que de devoir subir un vent contraire, dit-il, nous avons assez donné... Alors il s'allonge, heureux, en maillot de bain, sur la plage avant, à l'ombre du génois, et se plonge dans l'un des polars lui restant encore à lire.

Quant à moi, je réfléchis à tout cela... Être encalminé ! Alors que les côtes de Guyane sont là, devant l'étrave, et qu'il suffirait d'une journée de ce vent d'est pour nous y emmener promptement... Il me semble qu'il s'agisse là comme une conclusion évidente à cette traversée insensée.

Être encalminé ! Mais bien sûr, quoi de plus logique en fait que de se retrouver maintenant sans un souffle de vent pour nous rapprocher de Cayenne, à la merci des courants qui nous déporteront suffisamment au nord pour que nous ayons encore une fois à galérer si nous voulons revenir sur nos pas.

Depuis le début de cette traversée, rien ne se passe comme nous l'avions envisagé. Et ce qui aurait pu être une merveilleuse navigation transocéanique s'est immédiatement transformé en une longue épreuve qu'il nous a fallu surmonter jour après jour. Les assauts éprouvants d'une houle contraire, un temps effroyablement humide, un bateau se frayant un chemin dans des vagues parfois hautes et effrayantes, et maintenant, se dessinant face à nous, le spectre d'une implacable dérive sur les côtes du continent sud américain.

8 septembre : Voilà presque trois jours que dure cette situation délirante, trois jours de calme plat, entraînés au large par de forts courants. Je m'installe devant la carte et reste un long moment songeur. L'erreur commise est celle de n'être pas descendu suffisamment au sud. Il m'aurait fallu viser un degré de plus vers l'équateur pour anticiper efficacement cette impitoyable dérive.

Le soleil se fait de plus en plus chaud. L'heure de la méridienne approche. Je sors le sextant, grimpe sur le pont et effectue une première visée. Je descends lentement le disque solaire sur l'océan, puis patiente un peu jusqu'à ce que celui-ci se stabilise complètement. Que se passe-t-il ? La tangente est partout. J'ai beau faire un tour complet sur moi-même, à aucun moment l'astre flamboyant ne décolle de l'horizon. Ce qui veut dire que nous naviguons pile sur sa déclinaison ; Ses rayons nous arrivent à 90°.

Les calculs sont on ne peut plus aisés, un simple coup d'œil sur les éphémérides suffit à donner notre position exacte. Nous nous trouvons à hauteur des îles du salut, à cent cinquante milles au large. Nous avons dépassé Cayenne et sommes déportés vers le Nord à une vitesse de deux nœuds !

Où donc cela nous emmènera-t-il ? Sera-t-il possible de redescendre vers le Sud une fois l'alizé revenu ? Si cette situation perdurait, alors nous serions encore une fois obligés de batailler contre vents et courants pendant peut-être de longues journées ! Après la Guyane, le Surinam, puis le Guyana... Des côtes vierges de tout abri, et dont je ne possède pas la moindre carte de détail.

Les cargos se font de plus en plus nombreux. Il n'est pas un instant où l'un de ces petits points caractéristiques ne nous apparaisse sur le bleu de l'horizon. Étrange ces cargos, certains se rapprochent de façon inquiétante, s'immobilisent durant une dizaine de minutes à un demi-mille, puis repartent sans que nous ayons pu connaître les motifs de cette courte halte.

Ce soir, la lune sera pleine. Nous entamerons la vingt huitième nuit en mer, alors que ce voyage n'aurait pas dû nous prendre plus de trois semaines, si les conditions avaient été ce qu'elles sont habituellement, lors des traversées océaniques.

Il est de plus en plus difficile de varier les menus de nos repas. Corned-Beef - riz, ou saucisses lentilles... Nulle autre alternative ! Les œufs sont épuisés, plus de fruits, plus de légumes, mis à part ces choux suspendus dans la cabine avant et dont nous prenons seulement quelques feuilles chaque jour pour agrémenter les plats.

Le stock de farine, dont nous filtrons quotidiennement la quantité suffisante, nous permet la fabrication d'un gros pain que nous dévorons dans la journée, malgré sa consistance le faisant très dur sous la dent ! Nos réserves de gaz sont bienheureusement suffisantes. Des quatre bouteilles embarquées à Zinguinchor, deux sont encore pleines.

20 heures : La sensation d'une douce caresse sur la peau me fait sursauter. Je regarde autour de moi et observe la surface de l'eau. De légères rides se forment, les voiles se mettent à frémir légèrement. Le bruissement caractéristique de l'eau sur la coque se fait entendre.

Le vent est revenu. Nous voilà enfin traçant un long sillage sur cette mer que les rayons de lune éclairent paisiblement.

10 septembre : Voilà plus de trente-six heures qu'une légère brise nous pousse allègrement vers le Sud-Ouest. La nuit a été merveilleuse. Cette sensation de toucher enfin au but après une traversée aussi difficile, nous a rendus vraiment impatients.

Durant un long moment, je reste là, allongé sur le pont, le regard perdu dans l'infini visible, et savourant cette nuit qui sera sans doute la dernière de cette longue traversée. Il me semble sentir comme un parfum, l'exhalaison de je ne sais quoi arrivant jusqu'au bateau. Cette impression est-elle réelle, ou est-ce seulement le fruit de mon imagination ? Toujours est-il que la couleur de l'eau se transforme peu à peu, passant du bleu océan au marron terreux. Le sondeur attrape des fonds de plus en plus proches, et la mer se fait de moins en moins houleuse à mesure que nous approchons de ce continent.

Il est à peine dix heures lorsque, sans doute averti par cette espèce d'instinct qui semble vouloir nous prévenir par moments, je me retourne et observe l'horizon, face au sud-ouest.

Une sorte de longue ligne noire se dessine sur toute l'étendue visible. Cela est à peine perceptible et se confond avec l'océan, mais il n'y a aucun doute possible : C'est la terre, l'Amérique du Sud, les rivages de Guyane.

J'appelle Jean-Louis qui grimpe l'échelle de descente

Le moment est complètement magique. Jean-Louis semble figé par cette vision sublime se dressant face à l'étrave. Quant à moi, mon esprit s'est vidé de toute pensée. Je suis là, assis sur le passavant, et contemple avec une sorte d'exaltation intérieure cette longue ligne se profilant entre le ciel et l'océan.

La méridienne nous situe à une trentaine de milles du « Conétable » un îlot formé d'un énorme rocher.

16 heures : Le Conétable nous apparaît comme un point noir se détachant de cette ligne continue que forment les rivages boisés. Nous ne

pourrons atterrir à Cayenne avant la nuit, la distance étant encore trop grande. Il est donc préférable de s'arrêter derrière cette espèce d'abri naturel et repartir le lendemain matin. D'autant que le moteur refuse toujours de démarrer et que l'arrivée se fera à la voile.

Nous nous rapprochons lentement de cet énorme bloc de pierre transperçant la surface à la manière d'un poing levé qui surgirait des profondeurs océanes. Une petite brise nous pousse allègrement. À mesure que l'îlot grossit, la mer se fait de plus en plus plate. La houle a complètement disparu alors que nous sommes encore à cinq ou six milles du rivage ; un phénomène sans doute dû à la faible profondeur, le sondeur n'indique que cinq mètres d'eau sous la coque.

18 heures : Le rocher est là, à quelques centaines de mètres seulement. Une nuée d'oiseaux tourbillonne dans les airs. Il semble que ce bloc granitique constitue une sorte de refuge pour ces espèces de cormorans croassant à la manière des corbeaux de chez nous.

Nous contournons lentement l'îlot et immobilisons le bateau sous son vent. La chaîne cliquette, l'ancre touche le fond. L'endroit n'est pas vraiment idéal et ne constitue un abri que pour le vent. Il n'y a pas, ou peu, de houle, mais il se forme comme un ressac qui ballotte le voilier et rend le mouillage inconfortable. Ce qui ne nous empêche pas d'apprécier ce moment ineffable que constitue la première halte après une longue et harassante traversée.

La nuit est douce. Ma vieille lampe à pétrole, accrochée dans les haubans, nous sert de feu de mouillage. Je suis allongé sur un ban de cockpit, bercé par un roulis plus ou moins régulier, et savoure avec une certaine délectation cette première nuit sur la côte guyanaise. Plus de veille aux cargos ! Plus de quart à monter, de cap à surveiller. Ce rythme pris depuis maintenant trente-deux jours, et qui était quasi intégré à notre biologie, semble cependant vouloir maintenir mes sens en alerte, et je me surprends, par une sorte de réflexe incontrôlé, à jeter un œil au compas malgré que le bateau soit à présent correctement immobilisé.

Les piaillements de milliers d'oiseaux survolant le rocher, accompagne l'obscurcissement de l'univers. Personne ne dit rien. Le moment est réellement magique. Cette nuée d'oiseaux fourmillant de toute part, le bruit de la mer et du vent, et la merveilleuse sensation d'avoir enfin touché terre après trente-deux jours de traversée... Tout cela provoque dans mon for intérieur une sorte d'état second. Le moindre détail m'apparaît comme complètement féerique. Je ne regarde pas, je contemple cette fabuleuse vision.

11 septembre : La nuit fut réparatrice, et c'est l'esprit joyeux que nous nous trouvons le lendemain matin sur le pont, prêts à faire route sur Cayenne. À peine l'encre est-elle décrochée que le bateau est entraîné par les courants. J'établis la voilure et reprends un cap au nord-ouest. La mer est plate, le vent assez faible, mais suffisant pour gonfler les voiles et pousser le bateau.

J'ai sous les yeux un vieux livre du capitaine Louis Lacroix, officier de marine au temps des grands voiliers. Il décrit les manœuvres à effectuer lors des atterrissages en rade de Cayenne ! Quelle merveilleuse impression, il y a exactement 32 jours, nous passions l'embouchure de la Casamance, prêts à affronter l'océan, et nous voilà enfin au terminus de cette longue épreuve, longeant les côtes guyanaises et apercevant la balise d'atterrissage devant l'étrave.

Les bouées vertes et rouges sont disposées de telle sorte que, si je veux réellement suivre le chenal, il est nécessaire d'effectuer un incroyable slalom à travers la rade. Cela n'a aucun sens, mais l'eau est haute semble-t-il, il n'y a pas de barre, et puis, à en croire les sondages effectués à l'aide de ma ligne de sonde, les fonds semblent vaseux, ce qui diminue les risques d'échouage. Je me décide donc à couper directement à travers, sans aucunement tenir compte de la position insensée de ces longues perches du service hydrographique (1).

Les voiles sont déployées et cet atterrissage, dans toutes les règles de l'art, me semble comme une sorte de splendide conclusion à cette longue traversée. J'ai l'impression que le moteur, s'il avait bien voulu démarrer, eût été de trop, et que la satisfaction eût été moindre avec la poussée de mon bruyant diesel.

Nous glissons sur une eau terreuse à travers une cinquantaine de voiliers tirant nonchalamment sur leur mouillage. Après avoir repéré un endroit convenable, je largue les écoutes et immobilise enfin le bateau sur son ancre.

(1) J'apprendrai par la suite que, dans les ports d'outre Atlantique, le balisage d'entrée est inversé par rapport à celui du vieux continent. Les balises rouges doivent être laissées non pas à tribord, mais à bâbord, et les vertes à tribord...

XXVI

CAYENNE

Après une telle navigation, il n'est point nécessaire d'avoir un bon mouillage pour apprécier les charmes de la vie en escale. Et les premières journées qui suivirent notre atterrissage se révèlent idylliques.

Jean-Louis quitte le bord pour s'en aller parcourir le continent sud américain. Claudette me rejoint enfin, et nous nous lançons aussitôt à la recherche du petit boulot qui nous permettra de poursuivre ce voyage dans des conditions somme toute plus acceptables.

Claudette trouve une place d'aide soignante à la clinique Véronique, une clinique située à l'autre bout de la ville et qu'il lui faut rejoindre chaque matin avec son vélo pliant. Quant à moi, l'A.N.P.E. locale m'indique l'adresse d'un service de contentieux, le cabinet Péquart, qui m'embauche le jour même en qualité d'agent de recouvrement.

Mon travail consiste à me rendre chez les gens ayant contracté des dettes et essayer de récupérer l'argent, étant payé au pourcentage. Je me retrouve ainsi à parcourir les quatre coins de Cayenne sur mon mini-vélo, une cinquantaine de dossiers liés au porte-bagages par de méchants sandows.

La tâche est intéressante, et pourrait se révéler fort lucrative si les débiteurs acceptaient de régler leurs créances dès mon arrivée ! Au lieu de cela, on me fait revenir, on me promet pour la semaine prochaine, puis celle d'après, on n'hésite pas à m'inviter à manger, certaine femme allant même jusqu'à me faire les doux yeux ! Mais pour ce qui est de donner l'argent... L'affaire est tout autre ! On me paie au compte-goutte ! Et en fin de mois, le montant de mes honoraires ne dépasse guère les deux mille cinq cent francs malgré un travail de forcené, plusieurs dizaines de kilomètres parcourus quotidiennement, à la force des mollets, sous un soleil de plomb.

Au bout de quelques mois de ce labeur de forçat, les gens finissent par me connaître. On m'apostrophe de manière sympathique lorsque, ruisselant de sueur, je parcours les grosses artères de Cayenne. On m'offre à boire. Une personne, un inconnu, me fera même cadeau d'un nouveau vélo pour suppléer au mien qui, rouillé de toute part, devient de plus en plus impossible à utiliser.

L'expérience est bonne, mais la caisse de bord n'y trouve guère son compte, d'autant que je m'aperçois vite que les bons dossiers, ceux concernant les grosses dettes faciles à payer, sont conservés par le patron et son adjoint qui en font leur affaire. Il ne me reste que les miettes, les petits dossiers ennuyeux, ceux dont personne ne veut s'occuper !

Sur les autres bateaux, chacun à son emploi, souvent bien rémunéré. Soudeur, électricien, menuisier, cuisinier... Quelle facilité pour refaire sa caisse de bord lorsque l'on possède une spécialité de ce genre ! Heureusement pour nous, Claudette sauve la mise. Son travail d'aide soignante, à peine plus rétribué que le SMIC, nous permet de ne pas nous éterniser dans ce port vaseux. Nos besoins ne sont guère importants, et, six mois plus tard, les économies effectuées nous offrent une autonomie d'un peu plus de mille francs par mois durant les deux années nous restant à vivre sur notre bateau. Nous levons enfin notre ancre et faisons route sur le Maroni, fleuve frontière.

À ce moment, nous étions encore bien loin de nous douter qu'allait débuter, pour nous, cette fabuleuse aventure qui nous mena de l'Orénoque à l'Amazone…

DOSSIER TECHNIQUE

Argent :

Combien vous faudra-t-il pour mener à bien cette formidable expérience de vie que constitue le voyage en voilier ? À mon sens, cette question ne peut avoir de réponse. Très peu pour les uns, beaucoup pour les autres. Le facteur le plus déterminant n'est pas celui du pays où vous irez poser l'ancre, mais bien l'éducation, la culture que vous aurez reçue dans le milieu où vous aurez vécu avant de larguer les amarres. Là où le fils d'ouvrier mangera 2000 francs, peut-être faudra-t-il 8 à 10.000 francs à celui issu d'une famille plus bourgeoise pour qu'il puisse se sentir bien dans sa peau. La manière dont vous aurez été conditionnés durant votre vie à terre conditionnera également votre vie sur l'eau.

Si l'on se réfère au budget des gens du pays, il serait possible, pour une famille, de vivre sur les trois continents pour moins de 200 francs par mois. Mais cela voudrait dire ne manger que du riz et du poisson, et faire une totale abstraction de l'entretien du bateau, des loisirs, du courrier, etc. En fait, cette vie n'est réellement possible que pour les autochtones, qui la subissent plus qu'ils ne la choisissent.

L'expérience de la pauvreté peut se révéler une expérience très enrichissante, à la condition, bien sûr, qu'elle soit volontaire et que l'on puisse en sortir dès que l'urgence se fait sentir. Du reste, comme je le disais sur mon précédent ouvrage, ne partez pas pour voir les choses, partez pour les vivre !

Bateau :

Nous en venons tout naturellement à parler du bateau. L'un des facteurs les plus déterminants en matière de caisse de bord est bien souvent celui du choix du bateau. Si, tout comme nous, vous faites partie de la classe moyenne et êtes assez limités au niveau du compte bancaire, n'essayez pas de vous procurer la splendide unité de 12 mètres en aluminium, elle est réservée aux gens aisés, ceux possédant les revenus de l'étage supérieur et qui n'auront aucun souci à quitter leur emploi pour voyager sans problème durant parfois de longues années.

Quant à vous, ne sacrifiez pas inintelligemment des années de travail et d'économies pour ce qui me semble être du superflu lorsque l'on n'a pas les moyens. Il est à l'heure actuelle une quantité d'occasions en polyester de huit à dix mètres que vous pouvez presque vous offrir pour le prix d'une petite voiture. Une bonne coque, un gréement sain, des voiles en état, un moteur qui tourne rond, voilà le bateau idéal, pourvu que votre porte-monnaie y trouve son compte...

Quoi qu'il en soit, le risque en navigation est moins le naufrage que la chute en mer de nuit ou par mauvais temps. Alors, si vous tenez vraiment à la sécurité, investissez plutôt dans une combinaison de survie et une balise de détresse... Cela vous permettra peut-être, avec la différence de prix, d'acheter un petit appartement dont les loyers vous offriront l'avantage de naviguer plus longtemps.

Traversée de l'Atlantique :

Une chose qui normalement ne doit poser aucun problème, du moins dans le sens Est-Ouest, si l'on tient compte de la saison. Emmenez de bonnes cassettes audio, de la lecture, et surtout un bon régulateur d'allure. Vous vivrez ainsi des moments divins.

Pour ma part, et comme vous avez pu le constater, je me suis complètement fourvoyé et ai traversé à une époque où il aurait sans doute été plus aisé de revenir en sens inverse. La mousson de sud-ouest, même si elle n'occasionne aucun vent violent, lève une mer très gênante, transformant cette navigation en une véritable épreuve.

Dans le sens retour, la chose est différente. Nous sommes dans des latitudes sujettes aux dépressions, et le coup de vent est toujours possible. Le départ des Antilles se fait généralement au printemps, mais ne partez ni trop tôt, les dépressions se forment plus facilement au mois de mars qu'au mois d'avril, ni trop tard, un départ en juillet vous contraindrait à naviguer en partie dans une zone à cyclones.

Le retour :

Mon frère Thierry, après avoir réussi à obtenir de son patron un petit congé, utilisa la totalité de ses économies pour acheter un billet d'avion aller retour Paris-Guyanne, et vint nous rejoindre à Cayenne après le fameux périple Orénoque-Amazone. Ce qui permis à Claudette de revenir en France avec le billet retour. Mon frère put ainsi vivre une expérience exceptionnelle.

Nous fîmes quelques escales, courtes, mais splendides, aux îles du salut, à l'embouchure du Maroni ainsi que dans le delta de l'Orénoque, avant de faire le plein de vivre à Fort-de-France.

La traversée, je l'ai indiqué plus haut, ne posa guère de problème. Le régulateur d'allure, réparé à Bélem, fonctionna jusqu'à Rouen. Contrairement à la traversée Afrique-Amérique du sud, le vent fut portant d'un bout à l'autre, mis à part au passage de trois petites dépression qui nous envoyèrent du vent contraire et levèrent un peu de mer durant un ou deux jours.

Nous rencontrâmes beaucoup de cargos. Ce fut cependant une traversée assez longue, assez monotone. Parti le 4 juin de Fort-de-France, nous arrivâmes le 11 juillet à Rouen.

La principale difficulté fut l'atterrissage sur les côtes de France. Durant cinq jours, une couche nuageuse nous cacha le soleil, nous forçant ainsi à naviguer à l'estime. Ce fut la côte anglaise que nous aperçûmes la première sur bâbord. Quel fabuleux moment que celui-là.

Mais le problème majeur fut celui du froid. Jamais je n'aurai pu imaginer qu'il fut possible d'avoir aussi froid sous ces latitudes en juin-juillet. Était-ce le fait d'une accoutumance aux chaleurs tropicales sous lesquelles je venais de vivre cinq années durant ? Toujours est-il que j'avais trouvé la solution de déplier mes couvertures survie et les étendre sur la couchette.

Mon plus beau souvenir fut celui d'une singulière vision alors que nous nous trouvions au large des Bermudes. Un arc-en-ciel du lune formant comme une superbe coupole au beau milieu de la nuit. Jamais je n'avais entendu parler d'un pareil phénomène. Un grain passait au loin, et les rayons de la lune se réverbéraient sur la pluie tombante.

Je ne pus cependant m'arrêter ni aux Bermudes, ni aux Açores, n'ayant plus un centime ni sur mon compte en Banque, ni dans aucune de mes poches.

Tempête :

Les navigateurs ayant eu un beau jour à subir une véritable tempête, sont en fait assez peu nombreux. Il existe des saisons et des zones à risque, et il faut les connaître. Toujours est-il que si, avec ou sans expérience, vous parvenez à descendre une centaine de milles au-dessous des îles Canaries, alors vous n'avez plus à craindre quoi que ce soit. Les dépressions ne vont pas au-delà. Entre Afrique noire et Amérique du Sud, ce n'est toujours que du beau temps, du vent parfois contraire comme on a pu le constater en lisant les chapitres de la traversée, mais dont la force n'atteint jamais un seuil critique, excepté dans les grains qui ne sont que de courte durée.

Qu'est-ce qu'un grain, pour ceux n'ayant jamais trop navigué ? Ce n'est en fait qu'une formation nuageuse évoluant à basse altitude et provoquant un phénomène de vents forts et de précipitations parfois violentes lorsque le bateau arrive à sa verticale. Il suffit de baisser les voiles et d'attendre. Un grain ne dure guère plus d'une demi-heure, et n'est pas suffisant pour lever des vagues gênantes.

Il nous fut cependant donné de subir un phénomène étrange, un grain beaucoup plus fort que les autres. Je n'avais pas d'anémomètre, mais il m'a semblé que les rafales étaient nettement supérieures à la normale.

Météo :

Il est possible, à l'heure actuelle, d'obtenir au départ des côtes de France, une estimation météo valable pour trois ou quatre jours. France Inter et RFI diffusent des prévisions météorologiques également assez poussées. Ce qui permet de naviguer dans une relative sécurité sur un large rayon.

La météo pourra donc vous servir jusqu'aux îles Canaries. À la suite de quoi vous n'en aurez plus besoin, le mauvais temps n'existe pas entre Afrique noire et Amérique du sud.

Apprentissage de la voile :

Comme je l'indiquais dans mon premier ouvrage, nous n'avions jamais mis les pieds sur un quelconque bateau avant de recevoir la coque du Neptune 99. Nous sommes champenois, et la Champagne n'est pas vraiment le pays prédestiné pour devenir marin.

Aussi avons-nous dans un premier temps, et un an avant le grand départ, fait l'acquisition d'un dériveur d'occasion de 5,50 mètres, un ponant pour ceux qui connaissent, avec lequel nous fîmes une sorte d'apprentissage sur la Seine, puis sur le lac de la forêt d'Orient, à côté de Troyes. Nous essayâmes également "Rêve d'Eden" sur les côtes de la Manche avec un ami, après la visite d'homologation à Rouen.

Une navigation peu concluante, mais qui nous permis de vérifier cette évidence que les manœuvres, que ce soit sur un dériveur de 100 kilos ou sur un croiseur de 7 tonnes, sont strictement identiques. Les voiles s'établissent de la même manière. La seule différence réside dans la stabilité de l'embarcation. Avec un croiseur de 7 tonnes, l'erreur est permise, pas avec un dériveur de 100 kilos... Nous revendîmes le ponant juste avant de partir, au prix ou nous l'avions payé.

Du reste, comme je l'ai déjà dit, il n'est vraiment rien de sorcier dans ce genre de pratique. En quelques heures, on a tout compris. Le principal problème ne vient pas de la pratique de la voile à proprement parler, mais plutôt de la maîtrise de soi lorsque l'on fait ses premiers pas, seuls, au beau milieu de l'océan. On sait comment faire avancer le bateau, quelle que soit l'allure, mais on doute de tout. La première risée un peu forte, le nuage un peu trop sombre nous fait froncer les sourcils. Et pour peu que le vent se mette à forcir plus que nous ne l'avions prévu, la mer à monter, et le voilier à balancer sur la vague, renversant les livres de la bibliothèque et cassant un peu de vaisselle, et l'esprit peu se troubler, la perception des choses peut alors devenir effrayante.

Quoi qu'il en soit, il est toujours un moment où l'on n'a jamais navigué, et s'il fallait vraiment attendre d'être un as pour partir, les côtes d'Afrique et d'Amérique du Sud seraient vierges de toute navigation à voile ! Toujours est-il que si vous n'avez devant vous que douze petits mois, n'attendez pas le premier jour du départ pour faire vos premiers pas sur l'eau. L'apprentissage serait vraiment du temps de perdu sur le reste.

Pour ce qui est de la navigation à proprement parler, la lecture des cartes, la partie astronomique, etc., une bonne méthode, comme il en existe dans toutes librairies nautiques, nous a amplement suffi.

Notre caisse de bord n'était pas suffisamment garnie pour nous permettre d'investir dans une école de voile, ce qui ne m'a pas empêché, non pas de devenir un véritable navigateur, je serais bien incapable de me distinguer dans une quelconque régate, mais de ne plus appréhender la mer, et de pouvoir naviguer serein entre deux continents.

Femme à bord :

Si votre compagne appréhende le départ, peut-être vaut-il mieux essayer de lui éviter ce qui peut être le plus pénible sur cette route vous emmenant sous les douces latitudes tropicales. Comme je le disais plus haut, si vous devez encaisser un quelconque coup de vent, ce sera sans nul doute entre l'Europe et les Canaries. À la suite de quoi, il est pratiquement impossible de subir une dépression, celles-ci ne descendant guère plus bas que les îles hispaniques.

Certains optent donc pour la solution de partir seuls, ou avec un équipier, jusqu'aux îles Canaries. La famille rejoint ensuite en avion. L'idée est bonne, surtout si l'épouse n'a jamais mis les pieds sur un bateau. Elle peut ainsi s'amariner sans avoir à craindre le coup de tabac qui risquerait de l'écœurer à jamais de la navigation à voile.

Minuteur :

Le minuteur est un instrument dont on ne parle guère dans le milieu de la plaisance. La liste du matériel obligatoire est longue sur un voilier aux longs cours, mais ce petit objet d'apparence anodine n'y figure pas.

La nuit en mer, lorsque la fatigue commence à prendre le dessus, que vous êtes seul, ou que votre quart est loin d'être terminé, lorsque les paupières commencent à se fermer machinalement, il suffit de tourner le bouton du minuteur, le régler sur dix ou quinze minutes suivant la visibilité, faire son tour d'horizon afin de s'assurer que la route est libre, et se laisser aller dans les bras de Morphée.

Lorsque le temps est écoulé, la sonnerie retentit et vous réveille afin que vous puissiez à nouveau faire votre tour d'horizon. Il devient alors possible de prendre un rythme et tenir plusieurs nuits, voir toute une traversée, en ne dormant que de quart d'heure en quart d'heure. Ces courts laps de temps ne sont pas simplement des assoupissements mais bien des instants de réel sommeil, parfois profonds, accompagnés de rêves, et dont on se trouve bizarrement reposé lorsque la sonnerie vous réveille.

Le lendemain matin, chose extraordinaire, on se sent frais et dispos, comme si ces alternances de courts sommeils avaient été suffisantes à notre biologie.

Gaz :

Encore une fois j'y reviens. Durant les trois dernières années de ce périple, notre cuisinière ne fonctionna qu'avec les diverses bouteilles de gaz achetées dans les différents pays visités. Cette utilisation ne pose aucun problème, à condition, bien sur, de changer à chaque fois le détendeur. Et même si une bouteille de gaz grand format ne dure que deux ou trois mois, il est bien sur plus rentable, et plus pratique, d'user de cette manière que d'avoir à vous servir d'un réchaud à pétrole ou d'une bouteille de trois kilos ! Pour le prix d'une simple recharge camping-gaz en France, vous pouvez obtenir, dans certains pays d'Amérique latine, une grosse bouteille pleine avec son détendeur.

Le gaz est plus lourd que l'air et tombe dans les fonds. Ce qui fait qu'en cas de fuite, il est aisé de l'évacuer en vous servant des pompes de cales manuelles. Pour le stockage, laissez votre bouteille sur le pont contre les filières ou sur la plage arrière si votre bateau en est équipé, reliée au réchaud par un long tuyau souple. Et n'ayez crainte, avant que la pluie et les vagues ne viennent la corroder et la rendre inutilisable, vous aurez eu le temps de parcourir quelques milles sous le vent des Alizés...

Ma dernière bouteille achetée à Bélem me servit ainsi jusqu'à mon retour en France.

Attention cependant au mélange gaz-vapeur d'essence. Celui-ci peut se révéler explosif. Si vous devez également vous servir d'essence, alors il devient nécessaire d'étudier l'aménagement du bateau en conséquence.

Survie :

La traversée d'un océan se prépare toujours avec une minutie extrême. Plusieurs listes sont établies, les vivres, la pharmacie, l'outillage, et, bien sûr, la vérification du matériel de sécurité, et plus particulièrement celle du radeau de sauvetage. Notre radeau n'était pas l'un de ces engins qualifiés "survie" par l'administration compétente en la matière et devant être embarqués sur tout voilier dont la première catégorie est retenue pour l'homologation.

Partant pour cinq années sur un itinéraire dont je n'avais pas même idée avant de larguer les amarres, il eut été impensable que je puisse opter pour un système consistant, en cas de grave problème, à attendre l'arrivée d'éventuels secours.

La survie dynamique s'imposait. Le choix de mon engin se portait donc sur un radeau de class. IV, une sorte de canot pneumatique, équipé d'une tente de protection, sur lequel j'avais adapté un gréement et des voiles de dériveur. Le tout fonctionnant parfaitement, même par vent faible. Et, le cas échéant, j'eus pu quitter le bateau, embarquer avec ma femme et mon chien dans cet engin et rallier la terre la plus proche, et ce quelle que soit la distance restant à parcourir. Outre le gréement et les voiles de dériveur, il se trouvait à l'intérieur plusieurs seaux étanches contenant du matériel de pêche, un nécessaire pour la récupération des eaux de pluies, ainsi que celles de poisson écrasé, une quantité d'ustensiles de bricolage et de sécurité, de la pharmacie et, bien sur, un exemplaire de « naufragé volontaire » , le livre d'Alain Bombard. Quoi qu'il puisse arriver, nous étions donc prêts, matériellement et psychologiquement, à affronter ce qui, bienheureusement, ne représente qu'un risque infime lors d'une traversée de ce genre : Le naufrage.

Cette administration paperassière, pour laquelle je n'hésite pas à crier les vérités lorsque l'occasion se présente, m'octroya cependant une dérogation pour la traversée de l'Atlantique. Mon voilier ayant été relégué en troisième catégorie du fait de sa survie « inadaptée », il lui était théoriquement impossible d'effectuer la traversée sans ce papier.

Du reste, passés le Sénégal, bien peu de voiliers au long cours sont encore conformes aux dispositions imposées par la réglementation en vigueur. Si la première catégorie est bien souvent accordée aux bateaux de plus de dix mètres, après une année de vagabondage, la date de révision de la survie est généralement dépassée. Et comment voulez-vous faire réviser un pareil engin sur un continent tel que celui de l'Afrique ?

Si cette disposition de la loi est excellente lorsqu'elle s'adresse aux navigateurs du mois d'août, lorsqu'il s'agit de ces oiseaux au long cours pour qui, de toute manière, le recours à une assistance extérieure est totalement illusoire, cette réglementation s'avère inadaptée.

Santé :

S'il est une chose certaine, c'est que l'on tombe moins souvent malade lorsque l'on navigue. Cette remarque a souvent été établie lors des longues soirées entre amis dans les carrés de nos bateaux. Quelle en est la raison ? Une vie plus saine peut-être, ou plus agréable. On mange moins, le stress n'existe pas, on a le temps de tout. Les soucis sont derrière, et l'on se sent véritablement heureux, d'où une répercussion certaine sur l'organisme.

Des précautions sont cependant à prendre, dans les zones à endémie paludéenne notamment, si vous remontez les fleuves et pénétrez, tout comme nous, au cœur des pays par l'intermédiaire de leurs voies d'eau.

Les thérapies existantes sont en constantes évolutions. Aussi, avant de vous lancer à votre tour dans l'aventure des forêts équatoriales, consultez un médecin spécialisé, dans un hôpital militaire de préférence. Les médecins militaires ont acquis une expérience dans ce domaine qu'aucun médecin civil ne peut se vanter d'avoir. Les troupes stationnées au Cambodge, en Guyane et dans de nombreux pays équatoriaux ont pu expérimenter les différents traitements préventifs et curatifs concernant le palu et tout autre médecine tropicale. Leurs services de santé sont vraiment au top. Et il serait dommage si vous avez vous aussi besoin, ne serait-ce que d'un conseil, de ne pas en profiter.

Les hôpitaux militaires, Bégin, Val de Grace, etc. sont ouverts aux civils qui reçoivent, comme dans tout autres établissements publics, une feuille de remboursement sécurité sociale. Il n'y a pas de discrimination dans ce domaine.

Ceci étant dit, il faut savoir également que, lorsque l'on voyage de la sorte, on ne bénéficie plus d'aucune couverture sociale, mis à part la première année suivant la rupture de votre emploi. Les gens les plus fortunés peuvent cependant opter pour une couverture volontaire quasi inaccessible aux autres car trop onéreuse. Certains, très inquiets au sujet de leur santé, ont trouvé la solution de faire un retour en France une fois l'an, à l'époque des vendanges par exemple, où il est aisé de retravailler une quinzaine de jours, ce qui leur assure une nouvelle année de sécurité sociale. Et ces quinze jours de travail leur payent également le billet d'avion.

Toujours est-il que votre couverture sociale ne vous donnera droit à aucun remboursement au-delà des limites de l'hexagone. Si vous voulez vous faire soigner gratuitement, le retour en France ou dans un département outre-mer est indispensable.

Sachez cependant que le prix des soins médicaux dans les pays dits « sous développés » ou « en voie de développement » est en général très abordable, même pour les petits budgets.

Enfin, pour les célibataires en escale dans une zone à endémie M.S.T., il ne sert à rien de superposer deux préservatifs l'un sur l'autre en pensant augmenter la résistance de sa protection. Au contraire, une telle superposition engendre un frottement qui augmente les risques d'éclatement du latex (sources militaires).

Chaleur :

L'être humain s'adapte à tout. Cette chaleur humide, telle qu'elle peut exister sous les latitudes tropicales lors de la saison des pluies, ne constitue pas véritablement un problème. Ceux la ressentant très mal sont en général ceux arrivés en avion et dont la transition entre nos climats tempérés et les pays équatoriaux n'a été que de courte durée. L'organisme, lorsque l'on arrive en voilier, a le temps de s'adapter, et ce qui peut être ressenti comme étant à la limite du soutenable pour les uns, constitue bien souvent pour les autres rien de moins qu'un temps tout à fait normal.

Nous sommes restés plusieurs mois au cœur de l'une des régions, parait-il, parmi les plus humides de la planète, le bassin Orénoque-Amazone, sans pour autant ressentir le moindre désagrément, mis à part durant les grosses chaleurs de midi où nous avions pris l'habitude de faire la sieste. Une habitude dont je ne saurais à présent me passer malgré mon retour en France.

Vélos :

Il est très utile, lors d'un voyage de plusieurs années, de pouvoir disposer de vélos durant les escales. Ceux-ci vous rendront la vie plus agréable et plus facile. Point n'est nécessaire d'investir dans ces petites merveilles hyper légères comme il s'en fait actuellement, à moins, bien sûr, d'avoir le porte-monnaie garni en conséquence. Sinon, préférez le bon vieux vélo, pliant ou pas, que vous aurez monnayé quatre sous dans une brocante et barbouillé de peinture antirouille.

Quel bonheur de pouvoir ainsi se promener sur les pistes d'Afrique ou dans les petits ports de pêche du Venezuela. La physionomie du voyage en sera complètement transformée. Et si vous n'avez pas la place pour les ranger à l'intérieur lors des navigations, laissez les sur le pont, accrochés aux filières, vous les rincerez à l'eau douce une fois arrivés au port.

Cuisine :

En fait, je n'ai guère de conseil à donner à ce sujet. Durant les 5 années que dura ce voyage, notre alimentation fut, à quelque chose près, la même que celle des gens du pays, caisse de bord oblige. Nous ne nous servîmes que très rarement du four, à l'occasion des fêtes pour la confection de gâteaux, et durant la traversée pour faire notre pain.

Il est cependant un ustensile de cuisine que j'ai découvert il y a peu de temps et qui me semble assez intéressant pour les gens de notre espèce. Cela s'appelle un « grill gaz » et fait office de four d'une manière assez étonnante. En fait, il s'agit d'une sorte de poêle, trouée au centre, et dans laquelle on verse de l'eau. Les aliments sont disposés sur une grille placée au-dessus de cette poêle et recouverts d'une cloche, le tout posé sur le feu de votre réchaud. La cuisson se fait « par chaleur tournante », comme ils disent sur leur prospectus. Mais, avec cet ustensile, les aliments sont cuits plus vite qu'avec un four normal, donc économie de gaz, et il est étonnant de constater que les gâteaux sont excellents, les soufflets au fromage bien montés, et cuits à point en quinze minutes, soit beaucoup moins de temps qu'il n'en faudrait avec une cuisson habituelle. De plus, vous faite un gain de poids, et d'argent, non négligeable par rapport à l'installation d'un four normal.

Cet instrument est commercialisé par la SARL « Le Grill Gaz » à Les Bosses, 85160 Saint Jean de Mont. Tél. : 02.51.59.73.14

Arme à bord :

Indispensable lorsque l'on voyage en famille, loin des côtes de l'occident. Durant les cinq années que dura ce périple, j'étais équipé d'un fusil à pompe chargé en permanence. Et s'il m'avait fallu faire le choix entre le fusil et les fusées de détresse, j'aurais sans nul doute opté pour le fusil.

Soleil et cocotiers sont bien trop souvent synonymes de misère et désespoir sur cette terre rendue difforme par l'iniquité des peuples. Et malgré cela, vous comme moi, à tort ou à raison peut-être, choisissons d'aller exhiber le produit de nos richesses, sous la forme d'un voilier, devant les yeux hagards de pauvres bougres dont le seul souci est celui de pouvoir assurer leur survie quotidienne. À qui la faute ? À vous, à moi, à l'humanité tout entière sans doute. Le fait est qu'il s'agit de protéger sa propre famille, et ce quels que soient nos états d'âme.

Je ne citerai pas d'exemple, il y en a malheureusement de trop, et l'objet de ce paragraphe n'est pas de vous effaroucher, mais bien de vous mettre en garde. La délinquance est un fait de la misère. En pointant l'étrave vers le soleil, c'est bien souvent vers le point zéro de la misère que vous vous dirigez.

Du reste, la détention à bord d'une arme à feu pose moins de problèmes que l'on pourrait se l'imaginer. Les autorités locales auxquelles vous serez confrontés lors des formalités d'entrées comprennent de suite l'utilité d'une arme pour les voyageurs de notre espèce.

Au Maroc, mon fusil fut simplement scellé à l'échelle de descente. Le seul pays où je dus le débarquer fut le Sénégal. Les autorités le rendirent dès mon départ de Dakar. Nulle part en Amérique du sud nous ne furent importunés d'une quelconque manière.

En ce qui concerne le choix de l'arme, privilégiez le fusil à pompe à canon court, qui peut se révéler redoutable tout en étant très maniable. Aux îles Canaries, il se vend des fusils, ainsi que des armes de poing entièrement en inox. Pour ma part, je possédais un fusil à pompe équipé d'un magasin pouvant contenir jusqu'à sept cartouches.

Bibliothèque :

Il est une pratique assez courante dans le monde du bateau, celle de l'échange de livres. Lorsque nous sommes partis de France, nous n'avions que peu de lecture à bord. Le fait est que, mis à part les livres traitant directement de la mer et des voyages, nous étions de bien piètres lecteurs. En navigation, il en va tout autrement. La télévision n'est bienheureusement plus là pour nous enchaîner dans un fauteuil, et l'on redécouvre le plaisir de se plonger dans un bon livre à la lueur d'une chandelle vacillante.

Chaque bateau se constitue ainsi une sorte de bibliothèque dont les ouvrages sont destinés à être échangés après lecture avec d'autres voiliers. La pratique est générale, et, mis à part les nouveaux venus ignorant cet état de choses, chacun possède son stock qu'il balade en annexe, de bateau en bateau, au hasard des mouillages.

Pour les échanges, certains procèdent à raison d'un livre pour un livre. D'autres s'en tiendront à la hauteur de la pile, huit gros livres équivaudront peut-être une pile de dix ou douze suivant l'épaisseur des volumes. Il en est qui apposent leur marque sur les ouvrages et l'on finit par retrouver des livres ayant fait plusieurs fois le tour du globe à bord de différents bateaux avant de venir prendre place dans notre bibliothèque !

Langues étrangères :

En navigation, on a le temps de tout, lire, écrire, jouer d'un instrument, composer des chansons, et surtout établir de réel contact avec des populations parfois bien différentes de celle que nous connaissons en occident. Malheureusement, il existe une barrière dans cette formidable expérience des relations humaines, celle de la langue.

Comme beaucoup de français de notre génération, le seul idiome que nous pouvions entendre au départ de l'hexagone était celui de Voltaire et Hugo. Cette carence fut réellement ressentie comme un lourd obstacle dès notre arrivée sur les côtes d'Espagne ; se faire comprendre avec des gestes et quelques mots issus de notre dictionnaire de poche est assez aisé, mais ne constitue pas vraiment ce qu'il y a de plus enrichissant durant un voyage de cette nature.

Aussi avons-nous décidé d'apprendre l'Espagnol. Nous nous procurâmes une méthode composée d'un livre et une cassette, et à raison de une ou deux leçons quotidiennes, et une pratique permanente avec les autochtones, en un peu plus d'un mois nous fîmes de véritables prodiges.

Du reste, disons le en passant, cette langue est en fait la plus facile qui soit lorsque l'on est francophone. Plus de deux mille mots castillans s'orthographient de la même manière. Seule, la prononciation varie. Quant à la conjugaison, elle est sans conteste beaucoup plus aisée que la nôtre ! Il est donc indispensable, pour ceux ayant des projets de départ, d'embarquer une bonne méthode, et se mettre au labeur dès l'arrivée dans les pays concernés. Et ce quel que soit l'âge, car il semble, à en croire les anciens rencontrés au hasard des escales, que les neurones fatiguent moins vite avec les années qu'il est parfois coutume de le penser.

René et Mireille en sont le parfait exemple. Un premier départ à soixante-trois ans après une carrière de menuisier durant laquelle il peaufina une splendide unité de dix mètres, une langue, l'Espagnol, superbement avalée en six mois, et une seconde, l'Anglais, entamée dès leur arrivée derrière le rocher de Gibraltar ! Et le monde leur appartient ! Car il est tout à fait illusoire de penser qu'un bateau aussi équipé soit-il et une caisse de bord dégueulant son trop plein à chaque escale puissent suffire pour rendre le voyage enrichissant. Vous avez beau être riche, jeune, vaillant et intelligent, si vous ne pouvez communiquer, si les gens que vous rencontrez ne constituent pour vous que de simples visages à peine différents, alors peut-être le voyage ne vaut-il que peu la peine d'être vécu.

Il ne suffit que d'un léger effort, deux heures quotidiennes, et votre satisfaction sera aussi grande que l'expérience vous enrichira. Et vous pourrez réellement dire : Oui, c'est beau la vie en bateau !

Fret :

Il peut être tentant, lorsque l'on navigue avec une caisse de bord peu garnie, de céder à la tentation de faire du commerce entre plusieurs pays. C'est ainsi que bon nombre de voileux achètent du whisky hors taxe aux îles Canaries, du Johny Walker la plupart du temps, avec l'intention de le revendre au détail au Brésil et faire ainsi un petit bénéfice.

J'ai pu de cette manière, et sans même l'avoir prémédité, bénéficier d'une plus value de ce genre en revendant les bouteilles de mon bar à un marchand de Ziguinchor. Ce qui eut pour conséquence immédiate d'alléger mon bateau tout en remettant un peu de soleil dans le porte-monnaie.

Patrick, rencontré à Las Palmas, avait, quant à lui, embarqué dans la cale de son Mélodie, deux vieilles Mobylettes en pièces détachées. Revendues aussitôt son arrivée à Dakar, le bénéfice fut réinvesti dans l'achat de quelques caisses de whisky hors taxe qu'il négocia ensuite à Rio de Janeiro.

Mais ne vous laissez pas piéger comme mon ami Michel, qui emplit ses coffres d'un stock de savon de Marseille avec la ferme intention de le revendre au Venezuela. Un bruit courait en effet que ce genre de produit se négociait fort cher en Amérique du sud ! Ce fut à son arrivée qu'il comprit l'erreur... Le stock était invendable ! Un autre embarqua une cargaison d'oignons à destination... des îles du cap vert ! Sur les pontons, des bruits de toute nature peuvent ainsi vous induire en erreur et vous faire perdre l'argent que vous pensiez avoir si bien investi.

Il est également des pratiques beaucoup moins légales, et de ce fait assez risquées pour l'équipage. Dans certains pays, notamment ceux à dominante musulmane, l'alcool est fortement taxé. Des commerçants ont trouvé la solution pour remédier à ce fâcheux problème de se faire délivrer des bons de commande en blanc par les capitaines de voiliers qui bénéficient de prix hors taxe. Ces derniers apposent simplement le cachet de leur bateau, s'ils ont pensé à s'en faire fabriquer un avant le départ, sur la feuille de commande, en échange de quoi le commerçant leur offre le plein de victuailles pour la traversée, une voiture pour la durée de l'escale, le restaurant, et va même jusqu'à apporter de jolies femmes aux célibataires... C'est dire que l'affaire peut être rentable ! Un stock d'alcool en hors taxe est ainsi constitué par le commerçant qui le revend au prix fort, au nez et à la barbe de l'administration de son pays.

Mais attention, en cas de problème, les geôles africaines ne sont guère confortables...

Jean-Baptiste, un français naviguant sur un petit huit mètres en polyester, a fini par créer sa propre entreprise d'import-export. Il arpente les côtes du monde entier à la recherche du produit nouveau pouvant être commercialisé dans l'hexagone. L'idée est séduisante. Il travaille en relation directe avec des importateurs français à qui il propose des échantillons avant de leur expédier parfois des conteneurs complets sur des cargos en partance pour l'Europe.

Nous l'avons rencontré lors d'une escale à Bélem. Sa dernière trouvaille : Des écharpes brodées. Sa cabine avant en était pleine. Ne restait qu'à les expédier en France. Les importateurs se chargeaient des formalités douanières. Et son affaire semblait vraiment rentable !

Cargos :

Ils pourront vous apporter beaucoup durant votre voyage, surtout si votre caisse de bord n'est pas vraiment au top. En ce qui nous concerne, à plusieurs reprises, des officiers de marine marchande nous permirent de faire notre plein de gaz-oil en nous ravitaillant directement dans ces énormes cuves leur servant de réservoir. Ils nous offrirent également de la peinture antifuling, des pavillons de plusieurs pays, des biscuits de survie, et même des cartes marines.

Les plus sympas sont les Russes. Ils vous accueillent à bras ouverts, vous invitent parfois à manger, et surtout à boire, s'ils possèdent un peu de vocabulaire français, et vous laissent généreusement consulter leurs documentations. Comme je l'ai déjà souligné, les cartes russes n'ont vraiment rien à voir avec celles du SCHOM. Ce ne sont pas simplement des cartes marines. Les routes y figurent, les villages également, et même les pistes de brousse pour certaines.

Partir avec son toutou :

Voyager avec son compagnon préféré n'est pas toujours sans poser quelque problème. Comme nous avons pu le constater, la difficulté principale fut rencontrée lors de notre première hauturière. Michka refusait de faire ses besoins à bord.

Si, tout comme nous, vous envisagez d'embarquer votre gentil toutou, alors habituez le dès le départ, et, si possible, dès son plus jeune âge. Réservez-lui une place bien précise sur le pont. Nous avions réussi à habituer Michka en imbibant une serpillière de l'urine d'un chien et en plaçant cette serpillière sur le puits à chaîne.

D'après un vétérinaire spécialisé dans la psychologie animale, il eût sans doute été plus facile de l'habituer en imbibant la serpillière de sa propre urine.

Toujours est-il qu'il me fallut également poser des prélarts sur les filières, de manière à ce qu'elle ne puisse voir la mer. La vision des vagues, lorsque le vent était un peu fort, la paralysait de peur, et elle se bloquait de nouveau.

Sa présence ne nous posa jamais aucun autre problème. Il n'en aurait sans doute pas été de même si nous avions dû faire escale dans quelques anciennes colonies anglaises du Pacifique ou de l'Océan Indien, où la réglementation à ce sujet relève plus de la paranoïa que d'une quelconque logique sanitaire !

Quant à l'utilité d'un chien à bord, celle-ci ne doit jamais entrer en ligne de compte dans aucun paramètre.

Si vous avez déjà un chien, et que vous l'aimez, alors embarquez-le avec vous, bien sûr. Même dans les pires conditions, un chien ne peut réellement être heureux que lorsqu'il se trouve avec son maître.

Mais si vous n'en avez pas, ne vous dites surtout pas que la possession d'un pareil animal pourrait vous être utile dans certains pays. La seule raison qui puisse humainement motiver l'acquisition d'un chien est, à mon sens, l'amour que l'on porte aux bêtes.

Le prochain bateau :

Quel sera mon prochain bateau ? Le Neptune 99 retapé et remis à flot, malgré l'état dans lequel il se trouve actuellement, ou bien un voilier un peu plus grand acheté d'occasion ?

Il m'arrive assez fréquemment de consulter les petites annonces sur les revues nautiques, et de rêver devant certaines concernant des unités de 11 à 12 mètres. Les prix ont bien chuté depuis quelques années. Mais cela représente encore une grosse somme à investir. Aussi je reste dans l'expectative en conservant la vieille coque de mon "Rêve d'Eden".

Fais-toi sponsoriser, me souffle-t-on de temps à autre.

Les sponsors ne sont pas pour les gens de mon espèce. Et puis qui dit argent donné, dit obligatoirement comptes à rendre, d'où perte de liberté. Quoi qu'il en soit, si l'on proposait de m'offrir un bateau, j'accepterai de suite, bien sûr.

Et s'il est une personne fortunée qui tombe sur ces lignes, alors qu'elle n'hésite surtout pas. Je la remercierai même dans mon prochain bouquin !

Et le reste :

Quantité de sujets peuvent constituer des interrogations, des problèmes à résoudre avant le départ. Dites-vous bien que ce qui importe dans une circumnavigation, ce n'est pas d'avoir un bateau parfait, loin s'en faut, on s'adapte à tout, mais bien un réel désir de partir, s'ouvrir sur autre chose, offrir à son esprit la vision du monde tel qu'il existe réellement, et faire en sorte que sa vie vaille véritablement la peine d'être vécue.

J'ai donc préféré m'en tenir à quelques questions ayant trait à l'essentiel, et les traiter telles que je les ai vécues et ressenties, de manière à ce que ce chapitre puisse servir à autre chose qu'à remplir les pages de ce bouquin déjà trop épais. Quant au reste, la pratique de la voile, l'équipement, etc., il n'est à mon sens point nécessaire de s'y attarder. En peu de temps, vous aurez tout compris et serez peut-être plus à même que moi de donner des conseils.

Il existe quantité d'ouvrages où vous pouvez aisément trouver votre bonheur, le manuel des Glénans, « Mettre les voiles » d'Antoine, etc. Une littérature de qualité à laquelle il serait tout à fait inutile d'adjoindre mon grain de sable.

Et après ? :

Voilà quelque temps déjà que mon bateau est revenu mouiller sa carène sur les eaux troubles de nos rivières françaises. Et bien des choses se sont passées depuis.

Comme tant d'autres couples, le nôtre n'a pas survécu à ce retour en zone « civilisée », et la femme avec qui j'espère bien, cette fois-ci, terminer mon existence sur cette terre, n'a plus rien à voir avec celle qui m'accompagnait, quelques années auparavant. La roue tourne. La vie n'est qu'une longue expérience !

Un fils est né, puis une petite fille. Une petite famille à qui j'espère, un beau jour, faire découvrir quelques pans de cette planète si énigmatique.

Le bateau n'est malheureusement plus en état de naviguer. Après avoir été squatté, puis pillé, puis à nouveau squatté par des jeunes de la région de Romilly-sur-Seine, il n'en reste plus à présent qu'une coque, un pont et un mat ! Dois-je réellement m'en plaindre ? N'ai-je pas eu ma part dans cette société où la vie semble si difficile pour beaucoup d'entre nous ?

J'ai bienheureusement retrouvé mon travail, et, d'ici quelques années, je pourrai enfin goûter à la liberté perpétuelle que m'offrira demi-retraite, une proportionnelle comme on dit.

Il me faudra cependant trouver un compromis qui puisse me permettre d'allier l'éducation de mes enfants et cette vie de découverte que constitue le voyage sur l'eau.

Je commence à tracer des plans, dont les lignes sont encore assez confuses. J'entrevois certaines ébauches, qu'il me faudra approfondir le moment venu. Plutôt que de bloquer quelques années d'une seule traite, peut-être préfèrerai-je la solution du "six mois oui, six mois non". Mes enfants ne louperont ainsi qu'un trimestre scolaire, le dernier, durant lequel ils suivront des cours par correspondances, ou par Internet. Ils me rejoindront aux vacances de Pâques et ne reprendront l'école qu'au mois de septembre.

Quant à moi, je reviendrai en France de mi-septembre à mi-février renflouer la caisse de bord en vendant mes bouquins sur les principaux salons.

Cette solution ne pourra cependant être envisageable que si mes prochains livres se vendent de la même manière que "De l'Orénoque à l'Amazone", ce qui constitue pour l'instant une interrogation. Si ce premier ouvrage a engendré un phénomène de curiosité du fait de la particularité de la route suivie, qu'en sera-t-il lorsqu'il s'agira du récit tout banal d'un voyage en famille sous des latitudes très tranquilles ?

Ce second tome devrait pouvoir m'apporter un premier élément de réponse.

Écrire son livre :

Ce que j'ai vécu au retour de mon voyage, lors de l'écriture, puis de la parution de mon livre mérite, je pense, d'être conté. Il est en effet des choses dont on ne se doute guère dans le domaine de l'édition, d'où la raison de ce chapitre un peu plus long que les autres.

Beaucoup de voileux ramènent de leur navigation, outre des photos et souvenirs divers, une quantité de notes et d'écrits dont la compilation peut constituer ce que l'on appelle un récit de voyage. J'avais pour ma part, après ces cinq années de vagabondage, rapporté plus de 500 pages descriptives sur les us et coutumes, les problèmes de navigation, la vie à bord, etc.. Le but initial était de passer des articles dans les revues spécialisées, et améliorer ainsi l'ordinaire du bord. Mais les premières années de voyage n'intéressèrent guère que les petites revues associatives du genre « Le progrès de la Gendarmerie » ou le bulletin de l '« Unité Amateur ».

Toujours est-il que cette quantité d'écrits me permit, au retour, après un long travail de réécriture, de constituer les 300 pages de mon premier livre « De l'Orénoque à l'Amazone sur un voilier de dix mètres », et puis celles de celui que vous avez entre les mains. Arrivé là, tout allait bien. J'étais confiant et ne doutais à aucun moment de la réussite de mon projet qui devait aboutir, cela me semblait évident, à la signature d'un contrat avec une maison d'édition.

C'est à ce moment que la galère commença. Les premières consultées, les plus grosses également, Laffon, Gallimard, Albin Michel, etc., me le refusèrent d'emblée. Chez les plus petites, et certains éditeurs spécialisés du genre Editions du Plaisancier, les refus furent également catégoriques ! Durant pratiquement deux années consécutives, je tentai une centaine de maisons d'édition françaises... sans qu'aucune ne l'accepta.

Je pensai alors que tout était vain, que ce manuscrit, malgré la quantité de travail consacré, malgré tout l'espoir que j'y avais placé, n'était tout simplement pas éditable, et que ces pages que j'avais plaisir à lire et relire, ne constituaient peut-être pour les autres qu'une suite de phrases bancales et discordantes.

Cela me faisait mal quelque part. Le but de ce voyage n'était bien sûr pas d'écrire et être édité, mais ce livre représentait une somme de travail considérable, j'avais investi ce qu'il y avait de meilleur en moi. Un livre n'est pas simplement un assemblage de feuilles de papier, c'est aussi de la pensée, des réflexions, parfois profondes. Il y avait là l'expression de mes émotions, mes sentiments, mes révoltes, c'était mon for intérieur tout entier qui était contenu à travers cette couverture brochée, ces 300 pages de papier dactylographié, et ces planches de photo couleur. Peu de gens peuvent se vanter de mieux connaître un auteur que ceux ayant lu son livre. Cette fausse image que l'on nomme apparence, et qui dérègle parfois bien des systèmes, ne vient en rien fausser la réalité lorsque la pensée du lecteur rencontre celle de l'auteur par l'intermédiaire de ses écrits.

Au salon du livre de Paris, je rencontrai cependant un éditeur canadien, une sorte de farfelu, un vieux barbu à l'accent sympa, mais ne dédaignant apparemment pas l'alcool et ne pouvant s'empêcher, entre deux phrases, d'avaler un verre de whisky. Je discutai quelques minutes avec lui, contant mon histoire, sans pour autant m'en plaindre, puis revins deux jours plus tard lui apporter un exemplaire du manuscrit.

Peu de temps après cette rencontre, je reçus du Canada un courrier indiquant que mon ouvrage serait édité dans les trois mois. Je ne savais que penser. Ce livre n'intéressait pas les français, mais qui sait si là-bas, au Canada, les goûts littéraires n'étaient pas différents... Je ne me voyais pourtant pas payer un billet d'avion pour aller faire des signatures à Montréal !

Le livre sortit simultanément au Québec et en France. Ma première séance de signature fut donnée à Concarneau, à l'occasion du salon du livre maritime en juillet. Je me trouvais à côté d'une autre maison d'édition québécoise, et face au stand des Editions du Plaisancier, ce qui me permit de discuter avec l'un des membres de cette société commerciale, un homme ayant eu mon manuscrit entre les mains, l'ayant lu et pouvant porter un jugement de « professionnel ». L'histoire est très intéressante, me confia-t-il, mais il aurait fallu, avant de pouvoir l'éditer, la réécrire complètement, et c'est la raison pour laquelle le projet a été refusé !

Son jugement me mit du noir dans les idées durant un long moment. Je réussis cependant à vendre une quarantaine de livres pendant les 3 jours de cette manifestation.

Quatre mois plus tard, l'éditeur canadien fit faillite, et je ne touchai pas un centime de mes droits d'auteur sur les 5 à 600 exemplaires déjà vendus.

C'est au salon de Paris que je rencontrai mes premiers lecteurs, des gens ayant acheté le livre à Concarneau ou La Rochelle, et venant me faire part de leur impression.

J'avais le sentiment dans un premier temps que l'on m'abusait. Certains prétendaient l'avoir adoré. L'un affirmait même l'avoir lu trois fois de suite. Durant un long moment, je ne sus que penser. Ces compliments étaient-ils sincères ? Ou cela est-il de coutume de vouloir faire plaisir à l'auteur, même si son livre n'est pas vraiment excellent ? Est-il possible qu'il puisse exister, en France, une telle dissension entre le goût des lecteurs et celui des éditeurs ? Puis d'autres lecteurs arrivèrent et le discours était toujours le même. Le livre avait plu, il semblait même être considéré comme un très bon livre.

Je me retrouvais cependant de nouveau sans éditeur. Aussi, fort des conseils de mon ami Gérard Janichon, l'auteur du fabuleux « Damien »(1), je décidai de me lancer dans l'auto édition.

C'est ainsi qu'allait commencer une autre aventure, bien différente de celle qui me mena de l'Orénoque à l'Amazone, celle du business. Et là

---

(1) : A propos de « Damien », le livre vient d'être réédité aux éditions Transboréal.

je m'adresse à tous ceux qui seraient tentés de franchir le pas de l'auto édition : Attention.

Vous pouvez avoir fait le tour du monde du nord au sud, en mauvaise saison, avoir rencontré les gens les plus fabuleux qui soient, réalisé la plus belle des navigations et l'avoir relaté sur un manuscrit digne du plus génial de nos auteurs contemporains, si aucun éditeur n'en veut, et si vous n'avez pas, en plus de vos talents d'écrivain, la fibre du commerce, alors laissez tomber, cela vous évitera de perdre de l'argent. Car si l'aventure et l'écriture sont deux choses différentes, le business en est malheureusement une troisième.

Chaque livre vendu, il vous faudra le gagner. Vous devrez raconter dix mille fois votre histoire, persuader les gens, encore et toujours, sans jamais vous décourager. Vous devrez être partout, dans toutes les manifestations, tous les salons du livre, du plus gros au plus petit, et si vous voulez que l'on parle de votre bouquin dans les médias, il vous faudra ruser car un auteur auto édité n'est pas un auteur reconnu, ni par la presse, ni même par le public, il est donc inutile de perdre du temps avec ce qu'il écrit. Certaines librairies vous le refuseront, ou pire, vous l'accepteront, mais ce sera une véritable galère pour vous faire rembourser.

Mais lorsque, à force de patience et d'obstination, vous parviendrez à faire en sorte que l'on dise de votre livre « C'est vraiment un bon bouquin, et les éditeurs l'ayant rejeté ne sont que de véritables charlots » Alors vous aurez gagné, et votre bonheur sera ineffable, vous aurez réussi à créer une faille dans un système qui vous rejetait, et ce sera pour vous une victoire sans doute aussi belle que celle qui vous permit de réaliser tout ce que vous aurez conté dans vos écrits.

Quoi qu'il en soit, à Paris, ce sont plus de 300.000 personnes qui passent devant mon stand…Et même si le pourcentage de ceux me l'achetant est assez faible, le résultat obtenu est bien au-delà de tout ce que j'avais pu espérer avant de m'auto-éditer.

Vous risquez donc de me voir durant encore un long moment dans les salons de Paris et La Rochelle. Avec mes deux premiers livres, bien sûr, mais également, pourquoi pas, avec ceux qui suivront dans quelques années. Car quel que soit l'endroit où je pourrai me trouver, je reviendrai, chaque décembre, dédicacer mes livres au salon nautique.

Pour ce qui est de "Trois places au soleil", un roman écrit directement à la suite du premier livre, il s'est passée une chose assez bizarre. Celui-ci intéressa, dans un premier temps, un agent littéraire travaillant, entre autre, pour Albin Michel, un certain Eric Dumont. Le manuscrit avait plu, disait-il, et il envisageait même la possibilité d'une adaptation cinématographiques ! Il me demanda cependant quelques petites modifications au niveau d'un chapitre. Six mois plus tard, quelle en est la raison ? Cela ne me fut pas expliqué ; toujours est-il que le livre ne l'intéressait plus !

Je renonçais cependant à me lancer une seconde fois dans cette galère qui consiste à envoyer des manuscrits aux 700 éditeurs de l'hexagone, préférant l'éditer sous le nom des Editions Eau d'Automne, de manière à faire profiter mes lecteurs et leur offrir à chacun un exemplaire lorsqu'ils m'achèteront "Mon képi pour un océan" sur les salons.

Conférences :

On me demande assez souvent de faire des conférences, pour des comités d'entreprises ou des associations diverses. Je ne suis pas un conférencier, loin s'en faut. Faire des dédicaces dans un salon ne me pose aucun problème, mais organiser une discussion, assis en haut d'une estrade, devant une assemblée compatissante, cela ne me fut jamais très aisé. Et c'est l'une des raisons pour lesquelles je ne me suis jamais lancé dans le circuit des conférences, malgré que cette activité puisse se révéler, à ce qu'il paraît, assez lucrative. Je ne le fais qu'épisodiquement.

Je n'ai, du reste, jamais eu l'impression d'avoir accompli un quelconque exploit en réalisant le périple amazonien, j'ai simplement eu pas mal de chance, voilà tout.

Toujours est-il qu'à plusieurs reprises, j'ai eu le merveilleux bonheur de rencontrer des enfants et adolescents ayant découvert la lecture grâce à mon premier livre "De l'Orénoque à l'Amazone sur un voilier de dix mètres". Quelle fantastique récompense que celle-là, rencontrer ces petits bouts de choux tout heureux de pouvoir parler à l'auteur du livre les ayant plongé, pour la première fois, dans ce fabuleux univers que représente la lecture. A ce moment, j'ai véritablement eu l'impression que l'utilité de mon voyage pouvait aller bien au-delà de tout ce que j'avais pu en attendre.

Aussi m'arrive-t-il, de temps à autre, de prêter quelques dizaines de livres à des écoles difficiles, de ces écoles comme on en rencontre malheureusement de trop dans les grosses agglomérations. Puis, après une quinzaine de jours, venir dans les classes, projeter des diapositives et répondre aux questions des élèves, devenus parfois des lecteurs. L'expérience est formidable, et mériterait d'être approfondie, mais je ne peux malheureusement la rééditer très souvent, par manque de temps.

Ce sont là des conférences que je suis vraiment heureux de réaliser, malgré qu'elles ne me rapportent pas un centime !

LE BATEAU :

Le voilier avec lequel nous avons effectué ce périple est un dériveur lesté de dix mètres. Un Neptune 99, fabriqué en fibre de verre. Comme vous avez pu le lire au début de cet ouvrage, il s'agit d'une construction semi-amateur, une coque pontée, aménagée et équipée par moi-même.

Le choix de cette unité ne fut guidé par aucune considération technique. N'étant jamais monté sur un quelconque voilier, et n'ayant du voyage qu'une expérience livresque, il m'aurait été bien difficile de définir moi-même les paramètres idéals d'un bateau de grand voyage. Simplement ce voilier était le seul proposé par un petit chantier installé juste derrière chez moi, à Dijon.

Ce fut une chance inouïe, car sans même n'avoir aucune idée de la route que nous suivrions, j'avais choisi un modèle qui, avec le recul de temps, me paraît à présent être parmi les mieux adaptés à la navigation tout terrain que nous avons effectuée.

Il s'agit donc d'un dériveur lesté de dix mètres. L'architecte, Daniel Tortarolo, eut sans doute un trait de génie en concevant cette unité ; elle est quasi parfaite. Cet espèce de bourrelet placé en dessous de la coque lui confère une stabilité de route exceptionnelle. Ce qui nous rendit un grand service lors de la traversée de l'Atlantique, le pilote automatique ayant rendu l'âme et le régulateur ne fonctionnant plus après le passage d'une grosse vague, nous pûmes naviguer durant une dizaine de jours, la barre amarrée, sans rencontrer trop de problèmes.

La construction de ce voilier s'est donc effectuée à partir de la coque nue et pontée d'un Neptune 99. Le gros oeuvre était fait, les cloisons et contre moulages posés, il ne me restait qu'à installer les aménagements, le moteur et l'accastillage.

« Rêve d'Eden » (Neptune 99)

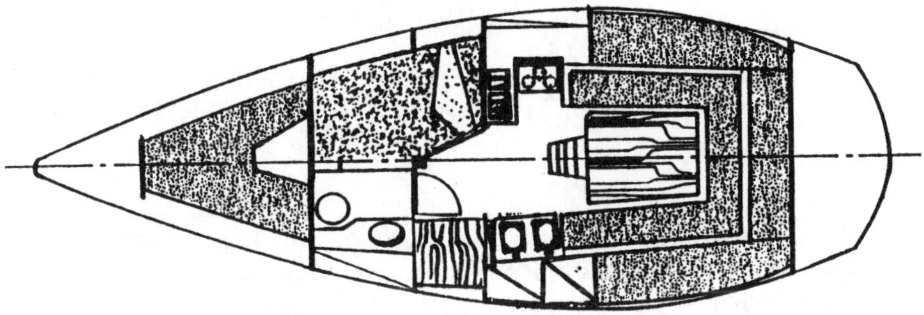

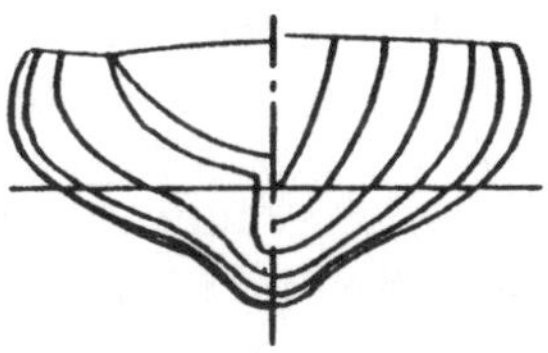

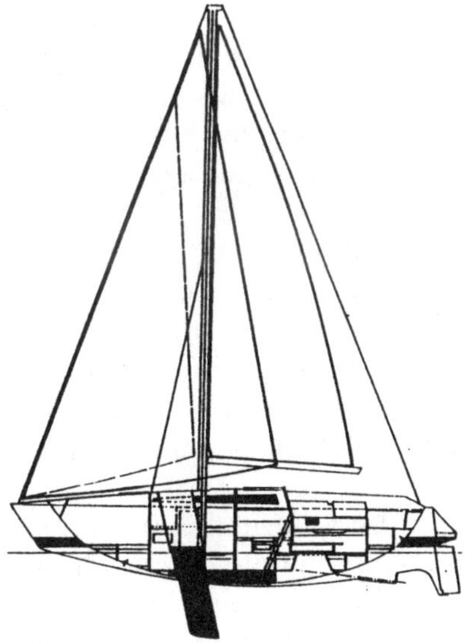

CARACTÉRISTIQUES :
Longueur de coque : 9,92 m
Longueur de flottaison : 8,60 m
Tirant d'eau dérive haute : 0,96 m
Tirant d'eau dérive basse : 1,96 m
Largeur maxi : 3,53 m
Déplacement lège : 6,2 tonnes
Poids du lest : 2000 kg
Poids de la dérive : 145 kg
Jauge en douane : 9,92 tonneaux
Surface de voile : 55 m2
Moteur : VOLVO MD11 C 23 CV.
Coque en fibre de verre, pont en sandwich.

"Nul ne sera tenu en esclavage, ni en servitude, l'esclavage et la traite des esclaves sont interdits sous toutes leurs formes"

Article 4 de la Déclaration Universelle des Droits de l'Homme, 10 Décembre 1948.

L'ESCLAVAGE DANS LE MONDE

L'esclavage ? Cela n'existe plus ! Rien de plus faux. Cent cinquante ans après son abolition dans les colonies et possessions françaises par Victor Schœlcher, la résurgence de ce fléau laisse pantois.

Selon le Bureau international du travail, on compte de cent à deux cents millions d'esclaves.

Des dizaines de pays sont concernés, en Afrique, en Orient, Extrême-Orient... Et ce que l'on imagine, depuis le pont de notre voilier, comme étant des paradis terrestres, ne constitue bien souvent, pour une partie de la population, qu'une reproduction de ce que serait l'enfer, si celui-ci pouvait exister ailleurs que sur cette terre.

Les femmes et enfants, plus vulnérables, sont les grandes victimes de cette pratique infâme. Je ne cite que quelques exemples, parmi tant d'autres malheureusement.

En Mauritanie, l'esclavage persiste effroyablement. Une loi l'interdit (ordonnance n° 81-234 du 9 novembre 1981). Mais à ce jour, l'état islamiste n'a encore pris aucun texte d'application. Il existe même un étonnant vide juridique qui en favorise sa pratique. Les esclaves ne disposent d'aucune juridiction de recours. Aucun texte ne prévoit des pénalités criminelles contre ceux qui pratiquent l'esclavage. Les autorités locales ne reçoivent pas les plaintes d'esclaves et refusent d'enregistrer leurs réclamations.

En Mauritanie, il est donc encore possible, en 1999, de s'approprier en toute impunité du corps et du travail d'êtres humains impuissants.

Pour les femmes, outre un instrument de travail et de plaisir, le corps est également un instrument de reproduction. Ses enfants appartiennent au maître, qu'il en soit le géniteur ou non. Il en dispose à sa guise. Ils sont utilisés comme leur mère, à des taches domestiques, artisanales, agricoles, à l'industrie du sexe... Ils peuvent également être revendus et exportés vers d'autres pays, sans pour cela que les autorités mauritaniennes ne s'en préoccupent.

Il est vrais que, dans ce pays, ces mêmes autorités ne s'interrogent guère sur le problème du travail des enfants, qui est une normalité, esclaves ou pas.

L'esclave mère échappe difficilement au joug de son maître. Elle subit, parfois toute une vie durant, humiliations et mauvais traitements. Lorsqu'elle réussi à s'enfuir, elle est en butte aux tracasseries de la ville. Elle a du mal à trouver un travail lui permettant de vivre de manière décente et indépendante. Aucune structure d'accueil n'existe pour son émancipation. Elle n'a d'autre choix que la prostitution ou l'embauche comme servante mal rétribuée dans une famille moyenne.

Les enfants, s'ils ont également réussi à fuir avec elle, finissent dans la rue. Tout comme leur mère, ils n'ont généralement pas d'état civil ; ils n'existent pas. Ils ne vont donc pas à l'école et doivent parfois travailler très dur pour survivre. Le sort des esclaves qui se sont affranchis par eux-mêmes n'est donc guère enviable aujourd'hui, et ne fait que peu d'émules auprès de ceux ou celles vivant toujours sous l'autorité du maître.

Quoi qu'il en soit, arrivé à un certain âge, l'esclave, ne pouvant plus servir utilement, est jeté à la rue. Il ne lui reste alors que le recours à la mendicité.

Le Soudan constitue à l'heure actuelle le pays où la pratique de l'esclavage est la plus répandue, quoi qu'en disent les autorités. Ce sont des centaines de femmes et d'enfants qui sont enlevés lors de rafles effectuées par les milices gouvernementales. La dernière en date, à l'heure où ce sombre chapitre voit le jour sur l'écran de mon ordinateur, fut effectuée le 4 février 1999, dans le secteur de Warawar. Ce sont 409 femmes et enfants qui ont été enlevés et emmenés vers le nord pour y être revendus comme esclaves.

Les atrocités de ces raids sont absolument effroyables et vont bien au-delà même de ce que l'esprit humain peut imaginer.

Monsieur Gaspar Biro, ancien Rapporteur Spécial des Nations Unies dénonce, depuis des années, la pratique de l'esclavage au Soudan, publiant de nombreux rapports sur ce sujet. En vain.

Dans ce pays, après avoir été vendus, les esclaves sont marqués au fer rouge. Des milliers de femmes et d'enfants connaissent chaque années le même sort.

Au Liban, un pays de quatre millions d'habitants, on dénombrerait 150.000 esclaves ! Une proportion record…

Contrairement aux autres pays esclavagistes, ces esclaves ne peuvent être employés qu'à des tâches domestiques. Car au Liban, il existe un Code du Travail. Mais ce Code ne s'applique pas aux employés de maison… Dès lors, tous les abus sont possibles.

Elles arrivent d'Ethiopie, du Sri Lanka, de Madagascar… Elles partagent toutes le même sort, quelle que soit leur nationalité : Travail obligatoire non rémunéré, ou très peu payé pour certaines, violences physiques, viol, avortement forcé, privation de nourriture et de soins. Certaines sont tabassées à mort. Toutes ont leur passeport confisqué dés leur entrée au Liban, après avoir été importées de leur pays d'origine par des "agence de placement", esclavagistes des temps modernes.

D'après Sœur Angéla, une religieuse d'origine Sri Lankaise vivant à Bérouth et ayant créé un centre d'accueil à leur intention, seules 10 % d'entre elles sont relativement bien traitées par leur maître. Pour les autres, c'est l'enfer au quotidien ! Beaucoup se suicident. Le quotidien en langue arabe El Nahar titrait récemment en parlant de ces malheureuses "Nos animaux domestiques"…

Pour les défendre, elles ne peuvent compter que sur une poignée de militants des droits de l'homme, d'avocats et de religieux. Leur propre ambassade, quand il y en a une, préfère le plus souvent étouffer les affaires pour ne pas avoir de contentieux avec les autorités libanaises. Des autorités qui ferment les yeux…

Au Pakistan, il est courant que des enfants servent de monnaie d'échange entre tribus, ou soient tout simplement revendus. Lorsqu'une famille ne peut rembourser une dette, elle se voit obligée de donner un ou plusieurs enfants pour s'en affranchir. Ces enfants deviennent alors esclaves domestiques ou prostitués. Ils sont parfois mutilés pour la mendicité. Ils peuvent également être exportés vers d'autres pays, notamment ceux du Golfe, pour y être exploités par des familles bourgeoises.

Il existe encore à l'heure actuelle des marchés d'esclave dans certains pays d'Afrique ou de l'Inde.

Nous ne pouvons malheureusement parler de tous les pays concernés, ils sont trop nombreux, et il y aurait trop à dire. Quoi qu'il en soit, il n'est guère utile d'aller très loin pour rencontrer ce genre de pratique. Certaines associations se battent actuellement pour tenter d'éradiquer ce fléau… sur le sol français !!! Car, aussi incroyable que cela puisse paraître, en 1999, l'esclavage, tel que l'a défini la Société des Nations en 1926 : "état ou condition d'un individu sur lequel s'exercent les attributs du droit de propriété ou de certains d'entre eux", existe encore sur ce sol qui a vu naître la déclaration des droits de l'homme et du citoyen[1].

Je vous donne les coordonnées de l'une des principales associations de lutte contre cette pratique féodale :

Comité Contre l'Esclavage Moderne,
4, place de Valois
75001 PARIS
Tél. 01.55.35.36.55
e-mail : ccem@imaginet.fr

Et, pendant ce temps, la Poste présente son petit timbre commémorant l'abolition de l'esclavage…

Derrière les cocotiers et le sable chaud des pays où vous irez sans doute un jour poser votre ancre, il y aura peut-être une réalité bien différente, mais malheureusement pas toujours visible pour les yeux non avertis, que celle à laquelle vous aviez préparé vos esprits lors de vos projets de départ !

(1) Lire absolument l'excellent ouvrage de la reporter Dominique Torrès : ESCLAVES, Editions Phébus, coll. "Liberté sur parole". Une renversante enquête sur l'esclavage au Maroc, Koweït, Sierra Leone, Chine, et dans bien d'autres pays, dont l'Europe, France comprise !

Adresses utiles

Amnesty International :
4, Rue Pierre Levée
75011 PARIS
Tél. : 01.49.23.11.11

Anti Slavery International
Broomgrove Road
London SW9 9TL
Tél. : 0.171.924.95.55
e-mail : slavery@gn.apc.org

Comité Contre l'Esclavage Moderne,
4, place de Valois
75001 PARIS
Tél. 01.55.35.36.55
e-mail : ccem@imaginet.fr

Médecins du Monde :
62, Rue Marcadet
75018 PARIS
01.44.92.15.15

Médecin Sans Frontière :
8, Rue Sabin
75011 PARIS
Tél. : 01.40.21.29.29

Observatoire International des Prisons :
16, Avenue Berthelot
B.P. 7083
Lyon cedex 07
Tél. : 04.72.71.83.83

UNICEF
Comité Français pour l'UNICEF
3, Rue Dugay Trouin
75006 PARIS
Tél. : 01.44.39.77.77

REMERCIEMENTS

Beaucoup d'entre vous ont pu me rencontrer à l'occasion des salons emplissant les pages de notre calendrier. J'étais présent à chacun, distribuant ainsi mon livre qui a fini par se vendre bien plus que jamais je n'aurais osé l'espérer. La sortie de *« Mon képi pour un océan »* en a également été grandement facilitée.

Mais si j'ai pu ainsi me libérer malgré une activité professionnelle parallèle, c'est incontestablement grâce à la gentillesse des personnels de l'unité où je suis actuellement affecté.

Je tiens donc à remercier tout d'abord l'adjudant **Jean-Paul Briche,** un gradé alliant une compétence professionnelle à une gentillesse inégalable. C'est lui qui organise le service de chacun. Et il va sans dire que si vous avez pu, un beau jour, me rencontrer dans un salon quelconque, acheter et lire mon livre, c'est en grande partie grâce à lui qui a su trouver les arrangements nécessaires malgré de bien difficiles contraintes en cette période de vigipirate.

Jean-Paul Briche, appelé à d'autres tâches, à depuis peu été remplacé par le chef **Alain Flomet**, un brillant gradé qui poursuit de manière très efficace l'œuvre de son prédécesseur.

Je remercie également le Capitaine **François Revel**, commandant l'Unité de Protection, pour son ouverture d'esprit et sa souplesse de caractère, très efficacement remplacé, depuis peu de temps, par le

Lieutenant **Pascal TELLE**, ainsi que mes camarades gendarmes et gradés qui m'ont apporté toute leur sympathie durant cette longue période. J'aurai sans nul doute l'occasion d'y revenir lors d'un prochain ouvrage d'ici quelques années.

Je dois également un grand merci à une dame de Romilly-sur-Seine, **Madame Rosette Camuset**, responsable du magasin **« Le Coq Sportif »** et propriétaire d'un verger à Marcilly. Alors que je me trouvais dans un embarras profond, n'ayant aucun endroit où laisser mon bateau, cette dame m'accorda l'autorisation de mettre "Rêve d'Eden" en cale sèche dans son verger, me soulageant ainsi de ce gros problème de stationnement en bord de Seine.

En ce qui concerne la vente de mon livre en librairie, certaines d'entre elles firent preuve d'une grande gentillesse à mon égard. Celle m'en ayant vendu le plus est sans conteste la librairie **Bateau, 26, quai Rive Neuve, à Marseille**, qui me le commandait non pas par cinq ou dix, mais par cartons complets. J'en profite donc pour remercier **Dany** et **Christian Forest**, grâce à qui ce livre a pu acquérir une certaine notoriété dans la cité phocéenne.

D'autres librairies se sont également distinguées en offrant en permanence, et en recommandant à leurs clients, et ce depuis plus de quatre années, des exemplaires de mon premier livre *"De l'Orénoque à l'Amazone"*. Je ne connais les libraires que par les relevés de commandes que m'adresse chaque mois mon distributeur, mais je leur dois toute ma sympathie.

Je vous en cite quelques-unes :

- Librairie de la **Fnac Montparnasse**, Boulevard du Maine à **Paris**,
- Librairie **MOLLAT** à **Bordeaux**,
- Librairie de **l'Espace Culturel** de **Quimper,**
- Librairie **Paroles et Musique** de **Vanne**,
- Librairie nautique **Le Yacht**, avenue de la Grande Armée à **Paris**.

Lorsque l'on est auteur auto édité, on ne bénéficie pas, bien sur, des avantages qu'offrent les sociétés commerciales d'édition. Un manuscrit édité chez Laffond, Galimard, Albin Michel, Editions du Plaisanciers, ou autres, est, la plupart du temps, revu et corrigé avant sa parution en librairie. Il existe des professionnels de la littérature agissant dans l'ombre, des nègres comme on dit couramment, qui s'occupent de revoir le style, la syntaxe, l'orthographe…

En ce qui me concerne, pour le style, la syntaxe, je n'ai jamais eu recours à personne. Je me débrouille seul.

Je dois cependant un grand merci à mon ami **Alain Naura**, qui procéda aux corrections orthographiques des trois cents pages du manuscrit "Mon képi pour un océan". Et je vous prie de croire qu'il y avait du travail...

Le manuscrit *"De l'Orénoque à l'Amazone"* avait été, quant à lui corrigé par un instituteur en retraite de la région de Romilly sur Seine, Monsieur **Pascal Perrin**, je l'en remercie également.

Il est cependant à noter que si l'auto-édition présente quelques inconvénients, elle offre un gros avantage : Je suis libre d'écrire ce que bon me semble. Aucun frein, aucune contrainte ne m'handicape dans la relation de mon voyage.

La misère humaine n'est pas commerciale, me suis-je un jour entendu dire. Les gens veulent du rêve, pas des moribonds en haillons. Le soleil, les cocotiers, les plages de sable fin, d'accord. Ce qu'il y a derrière, non ! Prendrait-on les lecteurs pour des imbéciles ?

Je tiens à remercier **Serge Nicot**, de la revue **"Bateau"**, pour l'aide qu'il m'apporte dans la promotion de mes bouquins, en m'accueillant sur son stand, à l'occasion de certaines manifestations nautiques.

Il est également des personnes à qui je dois non seulement des remerciements, mais également des excuses. Tous ceux ayant lu mon livre et m'ayant écrit de bien belles lettres. J'ai toujours été très touché par ces élans de sympathie, mais je n'ai malheureusement pas toujours trouvé le temps de répondre.

Certaines se sont même directement proposées de m'aider lors d'un prochain départ, une aide sans arrière pensée, publicitaire ou autre. Je les en remercie également.

Il s'agit de Madame **Edith SASIA-LALANDE**, pour **Accastillage BERNARD à Mandelieu**,

et Monsieur **Eric SURZUR**, de **VOGUE MARINE à Vannes**.

Leurs propositions sincères et spontanées m'ont vraiment fait chaud au cœur. Merci mille fois.

Il est une sympathique équipe à laquelle je dois également un grand merci. Il s'agit de **Jean-Luc**, **Christian**, **Romain et Pierrot**, employés au service des panneaux des Aéroports de Paris. Depuis le début de mon aventure littéraire, ils n'ont pas cessé de me venir en aide à l'occasion des différents salons où je dédicaçais mes livres. Les panneaux que vous avez pu voir ont été conçus par eux, avec des chutes récupérées pour la circonstance, ce qui me permit d'améliorer considérablement la présentation de mes stands, et par la même de vendre sans doute plus de livres qu'avec une simple planche sur deux tréteaux. Merci les gars.

Et je ne dois pas, bien sûr, oublier mon frère **Thierry**, qui, durant les cinq années que dura ce périple, avec de bien petits moyens, m'aida comme il put, et sans ménager sa peine. Ainsi que mon ami **Michel** Cusey, qui répondit toujours présent lorsque nous avions besoin. **Michel**, tu ne peux malheureusement plus lire mes livres, tu ne pourras plus jamais en lire aucun, mais dans trois ou quatre ans, tu y goutteras aussi aux vagues océanes, je te le promets.

Il y a des gens vraiment sympas sur cette terre. Et lorsque l'on en rencontre, cela nous fait vraiment chaud au cœur. **Reinhard Neubert** est un de ceux-là.

Etant auteur auto édité, j'essaye d'exploiter tous les moyens possibles pour exercer une diffusion permanente de mes livres auprès du public. Outre les salons et la pub dans les revues nautiques, il y a à présent ce fabuleux outil que l'on appelle Internet.

Je me suis donc lancé dans la création d'un site. Mais quelle galère lorsque l'on a ni le temps, ni les connaissances adéquates. Le résultat était absolument médiocre, et, du reste, cela ne fonctionnait pas. J'avais réussi, par je ne sais quel miracle, à afficher la page index, mais aucun des liens hypertexte ne me renvoyait sur les autres pages.

Et l'affaire urgeait du fait de la sortie de mon livre en langue allemande. Les allemands sont beaucoup plus en avance dans ce domaine. Une grosse majorité des foyers d'outre-Rhin sont connectés depuis déjà quelques années.

J'ai donc lancé un appel sur le net, une sorte de S.O.S. qui fut entendu par **Reinhard Neubert**, alias **"Wilson 734"**, un allemand professeur à l'université de **Berlin**. Un homme généreux, bienveillant, comme j'ignorai que cela puisse encore se faire. Il commença par me donner des conseils par échange de courrier électronique, puis voyant que je ne comprenais vraiment pas grand-chose à son jargon, il rectifia lui-même les erreurs commises dans ma programmation. Pour finir il reprit complètement le site et le transforma littéralement. 44 pages illustrées pour la plupart de photos. Ce ne sont pas des heures, mais peut-être des journées de travail pour arriver à ce résultat. Et tout cela simplement pour rendre service à quelqu'un qu'il ne connaissait pas, qu'il n'avait même jamais vu, et dont il n'avait reçu qu'une seule chose : Un message d'appel à l'aide sur le net.

Si, en plus de constituer l'un des plus formidables moyens de connaissance, Internet contribue à rapprocher les hommes, alors oui, j'adhère sur le champs. !

Mon site est donc à présent tout à fait opérationnel. Vous pouvez le visiter à cette adresse :

http:/Members.aol.com/JFDine/

Merci Reinhard.

BLÂME

Comme je le disais dans mon livre précédent, s'il est un devoir de remercier lorsque les services rendus le sont de la manière la plus désintéressée, blâmer lorsque la situation l'oblige, en est un autre, tout aussi important, sinon plus peut-être.

Il y a à peu près vingt ans, mon ami Michel Cusey se lançait dans la construction totale d'un voilier de 11 mètres en férociment. Ses faibles moyens ne lui permettaient guère d'avancer rapidement. Il réussit cependant à le terminer il y a deux ans, à force de patience et d'obstination, et grâce à une vie réduite au plus strict minimum.

Malheureusement, Michel ne naviguera jamais sur son bateau. Le destin en a voulu autrement. Il est devenu aveugle l'année passé. Son voilier est au port de Dijon, et il cherche à présent à le vendre.

Michel s'adresse donc à l'architecte lui ayant vendu les plans et lui demande si par hasard il ne connaîtrait pas une personne susceptible d'être intéressée. L'homme, tout en ayant connaissance de sa maladie, lui répond qu'il peut effectivement lui fournir une liste de gens, à la condition... qu'une somme de 20 000 francs lui soit offerte si la vente venait à être conclue.

Devant la surprise de Michel, ce Monsieur consent à réduire cette somme à 5 000 francs.

Un fait de ce genre mériterait d'être porté à la connaissance du public, la notoriété constituerait, je pense, le pire des châtiments. Mais Michel a pardonné. Je ne citerai donc pas le nom de cet architecte au demeurant très connu dans le milieu de la plaisance.

LEXIQUE

Accastillage : Ensemble des pièces utilisées sur le pont des bateaux.
À couple : Contre un autre bateau.
Affaler : Baisser les voiles.
Alizé : Vent régulier soufflant toute l'année de l'Est, sur la partie orientale du Pacifique et de l'Atlantique comprise entre 30°N et 30°S.
Annexe : Embarcation légère destinée à descendre à terre lorsque le bateau est au mouillage.
Antifouling : Peinture sous-marine protégeant la carène contre la formation d'algues et de coquillages durant un certain temps.
Bâbord : Tout ce qui est à gauche du bateau lorsque l'on regarde vers l'avant.
Balcon : Garde-corps en inox situé à l'avant et l'arrière du bateau et protégeant d'une éventuelle chute à l'eau.
Bas-hauban : Câble maintenant latéralement le mât, approximativement au deux tiers de sa hauteur.
Bitte d'amarrage : Pièce située sur le pont du voilier ou sur les quai et servant à l'amarrage du bateaux.
Bôme : Longue pièce horizontale, prise sur le bas du mât, et sur laquelle est amarrée la grand voile.
Bordé : Enveloppe extérieur d'un bateau.
Border : Tendre les écoutes d'une voile pour la raidir.
Bout : Morceau de cordage.
Cabestan (winch) : Treuil vertical sur lequel on enroule un cordage (en général les écoutes de voiles).
Cap : Direction prise par le bateau.
Cape courante : Manœuvre destinée à ralentir le bateau, ou même le stopper, lorsque l'état de la mer, ou la force du vent, ne permet plus de faire route au près. La voile d'avant est bordée au vent, alors que la barre est maintenue amarrée sous le vent. Il se forme ainsi une sorte d'équilibre.

Cape sèche : Manœuvre d'attente, à sec de toile, permettant, en cas de vent contraire, ou de gros temps, d'attendre que les conditions s'améliorent.
Carénage : Nettoyage de la coque.
Carré : Ce qui peut être considéré comme la salle de séjour du bateau.
Carène : Partie de la coque du bateau au contact avec l'eau.
Chenal : Le passage le plus profond (dans une embouchure ou à l'entrée d'un port par exemple) que doivent suivre en conséquence les bateaux.
Choquer : Détendre un cordage.
Cockpit : Partie extérieur du pont destiné à accueillir l'équipage.
Compas : Boussole marine.
Déclinaison : Angle formé par la direction du nord géographique et celle du nord magnétique.
Déferlante : Vague qui se brise en roulant sur elle-même.
Degré : L'équateur et le méridien d'origine forment autour de la terre deux cercles imaginaires. Les 360 degrés de ces cercles servent de référence pour matérialiser notre position sur la carte. Au niveau de l'équateur, ainsi que sur tous les méridiens, un degré équivaut exactement à 60 milles marins, et un mille marin équivaut à 1852 m
Dérive : Déviation d'un navire par rapport à sa route vraie (occasionnée en général par les vents et courants).
Dérive : Pièce du bateau se présentant généralement sous la forme d'un plan latéral allongé, et destinée, lorsque celle-ci est immergée, à réduire la dérive (voir définition ci-dessus) du bateau.
Drisse : Cordage servant à hisser les voiles.
Droite de hauteur : Résultat des calculs après un relevé astronomique. La droite de hauteur est matérialisée sur la carte par un trait sur lequel se trouve la position du bateau. Pour trouver son point exact, il est nécessaire de faire plusieurs relevés avec un intervalle plus ou moins long en fonction de la vitesse du bateau. Les droites de hauteur formeront alors un petit triangle qui définira la position exacte sur la carte. Une seule droite de hauteur peut cependant vous apporter de bonnes indications lorsque, par exemple, cette droite coupe longitudinalement une côte comme celle de Guyane au Venezuela. Un simple relevé au sondeur vous permettra de vous positionner sur cette droite.
Écoute : Cordage servant à orienter les voiles, à en régler la tension.
Enfourner : Se dit lorsque l'étrave d'un bateau s'enfonce dans la vague.
Ephémérides : Tables astronomiques se présentant sous la forme d'un livre assez épais et donnant à chaque instant la position des astres.
Étai : Câble maintenant le mat sur l'avant du voilier et sur lequel on pose généralement les voiles d'avant (foc, génois…).

Étale : Moment ou la mer ne monte plus ou ne baisse plus (situé entre le flot et le jusant).

Étrave : Pièce formant la proue (l'avant) d'un voilier.

Eviter : Un bateau évite lorsqu'il se trouve au mouillage et qu'il tourne autour de son ancre sous l'action du vent ou des courants de marée.

Fanal : Lanterne d'un navire, électrique ou à pétrole, lui permettant de signaler sa position (des fanaux).

Faseyer : Battre au vent.

Ferler : Serrer étroitement une voile contre son espar.

Filière : Câbles de sécurité maintenue par des chandeliers à 60 ou 70 centimètres de hauteur et entourant le bateau aux extrémités du pont.

Flot : Lorsque la marée monte.

Franc-bord : Hauteur entre la ligne de flottaison et le pont du voilier.

Francisation (livret de) : Constitue en quelque sorte la carte grise (certificat d'immatriculation) de votre bateau. Un bateau francisé représente un petit morceau du territoire français, quel que soit l'endroit où il se situe dans le monde.

Fuite : Allure de vent arrière généralement utilisée dans le très gros temps.

Génois : Voile d'avant.

Gisement : Angle de la direction d'un point avec celle du voilier.

Gîte : Inclinaison du bateau (angle de gîte).

Gonio : Appareil servant à mesurer l'angle d'une balise radio.

Grand largue : Allure d'un voilier dont le vent arrive de travers.

Grain : Formation nuageuse évoluant à basse altitude et provoquant un phénomène de vents forts et de précipitations parfois violentes lorsque le bateau arrive à sa verticale. Un grain est généralement de trop courte durée pour générer des vagues gênantes. Il suffit donc de réduire la voilure et attendre que cela se passe.

Gréement : Ensemble des pièces nécessaires à la manœuvre des voiles.

Grand voile : Voile principale, généralement lattée et ferlée sur le mât et la baume.

Harnais de sécurité : Harnais destiné à s'accrocher sur le pont et éviter ainsi une chute à la mer.

Hauban : Câble maintenant latéralement le mat et sur lequel est généralement amarrée la voile d'avant.

Hauturière : Navigation hors de vue des côtes.

Hiloire : Partie surélevée du pont destinée à protéger de l'eau roulant sur les passavants.

Isobathe : Ligne reliant, sur une carte marine, des points d'égale profondeur.

Jusant : Lorsque la marée descend.
Lame : Vague, généralement écumante et déferlante.
Largue : Allure d'un voilier dont le vent arrive au trois quarts arrière.
Lest : Matière lourde, plomb ou fonte, positionnée dans les fonds du bateau et assurant sa stabilité.
Loch : Appareil marquant la vitesse d'un bateau.
Latitude : Coordonnées d'un point par rapport à l'équateur (latitude nord ou latitude sud).
Longitude : Coordonnée d'un point par rapport au méridien d'origine, (méridien de Greenwich). Les longitudes sont comptées positivement sur 180 degrés vers l'ouest et négativement sur 180 degrés vers l'est (longitude ouest ou longitude est).
Méridien : Ligne imaginaire formant, autour de la terre, un cercle passant par les deux pôles. Le méridien d'origine, celui de Greenwich, sert à déterminer la longitude.
Méridienne : Moment précis où le soleil, dans sa course apparente, passe juste au-dessus de la longitude sur laquelle nous nous trouvons (midi vrai). Un relevé effectué à ce moment donne un point précis, longitude et latitude, avec très peu de calculs, et en se servant uniquement du sextant, de la montre et des éphémérides nautiques. La méridienne idéale est celle où la position du soleil se trouve pile au-dessus de votre tête. Ses rayons vous arrivent alors à 90 degrés. Le relèvement est assez caractéristique, la tangente est partout. Vous avez beau faire un tour complet sur vous-même, le soleil ne décolle pas de l'horizon. Il suffit d'ouvrir les éphémérides pour connaître sa latitude et longitude sans qu'il soit nécessaire d'effectuer une quelconque opération. Cette méridienne idéale ne peut se produire, bien sûr, que deux fois chaque années lorsque vous vous trouvez entre Cancer et Capricorne.
Mille marin : Distance équivalant à 1852 m.
Morte-eau : Période de faible marée, lorsque la mer monte ou descend avec une faible amplitude, en opposition avec vive-eau.
Mouillage : Ensemble chaîne et ancre servant à maintenir le voilier sur un emplacement déterminé. Etre au mouillage : Lorsque le bateau est uniquement retenu par son ancre et sa chaîne.
Nœud : Unité de vitesse équivalant à un mille à l'heure.
Pare battage : protection destinée à protéger la coque du bateau lorsque celui-ci est au mouillage. Les pare battages peuvent être constitués simplement de pneus usagés.
Parallèle : Ligne imaginaire située dans un plan parallèle à l'équateur.
Passavant : Partie du pont servant de passage entre l'arrière et l'avant du voilier.

Pataras : Câble maintenant le mat sur l'arrière.
Portant : Allure de vent arrière.
Pot au noir : Région de calme plat, entrecoupé de grains, également appelé "Zone Intertropicale de Convergence", et constituant ce que l'on pourrait nommer l'équateur vrais. Cette zone varie à mesure de l'inclinaison de la terre par rapport au soleil et délimite les deux anti-cyclones, celui des Acores et celui de Saint Hélène.
Poupe : Arrière d'un bateau.
Point : Endroit où se trouve le bateau (longitude et latitude). Faire le point : Mesurer sa longitude et sa latitude.
Prés : Allure de vent contraire.
Prélart : Bâche de protection.
Proue : Avant d'un bateau.
Quart : Temps durant lequel un ou plusieurs membres d'équipage s'occupent de la bonne marche du bateau, (quart de 3 heures, quart de 6 heures…).
Relèvement : Angle d'un point.
Ressac : Retour des vagues sur elles-mêmes après avoir frappé un obstacle.
Ris : Bandes horizontales sur lesquelles on replie la grand voile en la faisant maintenir par des garcettes, ceci afin d'en diminuer la surface.
Rouleau : Vague se brisant est ayant la forme d'un rouleau.
Sextant : Appareil permettant de mesurer l'angle d'un astre avec l'horizon.
Skipper : Capitaine d'un voilier.
Taquet : Pièce d'accastillage sur laquelle se fixe les divers cordages.
Tangente : Lors d'un relevé astronomique, la tangente constitue le moment ou, par le biais du jeu des miroirs du sextant, le bord inférieur de l'astre observé touche l'horizon. Il est alors nécessaire de noter l'heure exacte, à la seconde près, pour ensuite effectuer les calculs à l'aide des tables de navigation (tables américaines H0 249 en ce qui nous concerne) et des éphémérides nautiques.
Tangon : Bras permettant de maintenir une voile à l'extérieur du pont, perpendiculairement à la coque.
Tangonner : Action de positionner le tangon sur la voile d'avant.
Taud : Bâche de protection.
Tirer des bords : Remonter au vent.
Toubab : Mot familier utilisé par les autochtones d'Afrique de l'Ouest pour désigner les Européens.
Tourmentin : Voile de gros temps.
Tribord : Ce qui est à droite du bateau lorsque l'on regarde vers l'avant.

Vaigrage : Revêtement intérieur des membrures d'un navire.
Vent (être au vent de…) : Avoir le vent qui va dans la direction de…
Vent (être sous le vent de…) : Avoir le vent qui arrive de la direction de...
Vent debout : Vent contraire
Vive-eau : Période de forte marée, lorsque la montée et la descente de l'eau sont de forte amplitude, en opposition avec morte-eau.
Winch : Voir cabestan.

TABLE DES MATIERES

Cartes et illustrations : Thu Thuy

Achevé d'imprimer sur les presses
de l'Imprimerie du Corrézien
19460 NAVES
Imprimé en France - Mai 1999
N° imprimeur :
Dépôt légal : 2e trimestre 1999